Business Administration Classics

21世纪工商管理系列教材

组织理论与设计

（第2版）

Organization Theory and Design (Second Edition)

陈俊梁　袁　炜　陆静丹　编著

中国人民大学出版社
· 北京 ·

第2版前言

PREFACE

拥抱新时代

《三国演义》开篇有一句极具哲理的话："话说天下大势，分久必合，合久必分。"任何事物都是一个矛盾的复合体。矛盾的双方在对立中寻求自身的优势，在竞争中促进事物的发展进步。其实，对于企业组织何尝不是如此?!

现代企业组织起于毫末（家庭作坊、工场手工业等），分散的小型组织与当时的生产力水平相适宜。工业革命之后，随着机器大工业的出现，组织逐渐向"大而全"发展，出现了"大马不死"这样的企业信条。与之相对应，组织理论追求的是严格的层级管理控制、严密的规章制度、高耸的组织结构。在20世纪后半叶社会面临巨大变革时，组织逐渐朝更加灵活、弹性的方向发展，甚至出现了"小的即是美好的"这样的企业信条（以英国经济学家舒马赫（E. F. Schumacher）的名著《小的是美好的》为代表）。伴随着传统巨头纷纷倒下，一些新兴企业迅速崛起。企业不再追求"大而全"，而是追求"务实而灵活"，一些企业甚至牺牲一些过去看来非常重要的职能，譬如，苹果公司不去生产，富士康不去设计产品，美特斯邦威不去搞销售，等等。在快速多变的形势下，企业重新审视自身的生产经营流程，发掘自身优势，在全球视野内寻求优势互补的合作伙伴，实现最快捷地推出产品占有市场的目的。这一时期，组织结构的扁平化、内部管理的人性化、组织边界的模糊化成为组织的重要特征。

最近十年，移动互联网迅速普及，极大程度地改变了生产、生活、交际的方方面面，对组织理论也提出了新的挑战。移动互联网、人工智能、移动支付对组织的内部结构与外面形态影响很大，出现了滴滴打车、摩拜单车、京东商城等平台型组织。平台型组织的大量涌现对组织理论的影响是革命性的。平台型组织以平台为核心，以网络为纽带，将众多的商品（或服务）提供者、闲置资源的拥有者与同样众多的商品（服务）需求者、闲置资源的利用者联系在一起，成为笼罩在平台周围的"云一样的存在"。平台与它吸引到的各个主体共同构成一个巨大的球形组织。这类组织从结构上与原子内部的结构非常相似：有"原子核"（平台及其管理者、技术保障者、客服），还有围绕其旋转的"电子"（众多的服务提供者，譬如滴滴司机等），因此，我们可以称之为具有原子型组织结构。这种具有原子型组织结构的组织似乎正随着移动互联网在无所不能地扩张，似乎在朝"大而全"的方向回归。

新的时代孕育出新的组织，新的组织呼唤新的组织理论。本书再版正是想将最新的组织实践及其理论探索成果吸纳进来，以期为众多学者及广大师生提供更为新鲜的精神食粮。本书的再版得到中国人民大学出版社熊鲜菊老师的大力支持和帮助，得到林影、袁宇娴等同学的试读建议与校对支持，在此一并表示诚挚的谢意！

第1版 PREFACE 前言

如果组织是一艘航船

现代社会是高度组织化的社会，每一个人都身处一个或几个组织之中，并从中获得适应现代社会生存的能力和保障。但是，究竟什么是组织，为什么要组织，如何设计一个高效的组织，却是值得研究与探索的重要课题。从古典组织理论到行为组织理论再到系统组织理论，对组织理论的研究视角不同、方法不同、立场不同，设计出的组织也不同。组织进化无止境，对组织的研究也永无止境。

如果把现代组织比喻为一艘船，那么我们对于这艘船有如下问题需要思考。

第一，这艘船驶向哪里，如何驶向目标？这艘船是要驶向小河的对岸，还是驶向太湖中的小岛，抑或是驶向太平洋的彼岸？这艘船是要运输原油，还是运送人员，抑或是袭击对方的船只？这是我们设计并驾驶这艘船必须首先考虑的问题。对于组织来说，船驶向哪里，如何驶向目标，这就是组织的战略目标和使命问题。这个组织为什么会存在，存在的价值在哪里？组织要在哪些领域为社会创造价值，以怎样的方式去创造价值？因此，在组织理论与设计中，我们首先要进行组织的战略设计。

第二，当航船的目标、用途确定之后，船本身的设计就基本可以确定了。如果只是驶向小河的对岸，我们造个小舢板、小木船就行，造一艘战列舰就无法施展；如果驶向太湖中的小岛，我们造个快艇或者小型客船就行，造一艘航空母舰显然就大材小用了；如果要跨越太平洋，那就必须造有足够续航能力和抗风浪能力的大船才行；如果用于战争用途，我们还可以考虑航空母舰、战列舰、潜水艇等多种式样的船。船的目标和使命决定了船的基本结构和形状。对于组织来说，目标和使命确定之后，组织的基本结构也就确定了。不同使命的组织，需要不同的组织结构，可以是直线制组织，也可以是职能制组织、事业部制组织、矩阵制组织等。不同目标的组织、不同发展阶段的组织需要的组织结构不同，没有最好的组织结构，只有最适宜的组织结构。因此，我们在组织战略目标设计之后，要进行组织结构的设计。

第三，目标和使命明确了，船体结构造好了，这艘船还不会自己行驶，还需要有合适的人驾驶操纵，需要有足够的燃油动力（或者其他动力，如核动力），才有可能完成其历史使命。什么样资质的人掌舵，什么样资质的人司炉，什么样资质的人维系通信等，这艘船人多了不行，人少了同样也不行，当合适的人与合适的船相结合时，这艘船才可能真正地有意义。对于组织来说，目标和使命清晰、组织结构明确后，就要选择合适的人力资源来填充组织和各个部门岗位。只有合适且受过专业训练的人才能胜任组织工作，只有做好人力资源规划，才能使组织在合适的时间招到合适的人，并且在人员流动（晋升、辞职、自然减员等）

中保证组织的正常运转而不至于“掉链子”。因此，组织需要做好人力资源的规划与设计。

第四，船造好了，任务也明确了，人员也配齐了，但怎样才能保证三者协调一致呢？这就需要一个明晰的船务守则，使这艘船上的所有职能部门、所有人员明确自己应该在什么时候做什么样的事情，达到什么样的标准。对于组织来说，组织制度就是贯彻战略、控制部门、协调人力资源的基本规范。组织制度通过其内在的一致性特征，使组织各部门之间、各部门内部知道自己应该做什么，达到什么样的标准，与其他部门如何配合等。这就是所谓的组织制度设计。

第五，当这艘船以上各事项都齐备后是否就一定能达到目标呢？也未必。因为在行驶过程中，有可能遇到各种急、难、险、重的情况，都不一定能在船务守则中找到现成的答案。这时，船上人员的经验、智慧就显得尤其重要了。对于组织来说，组织文化便是组织的“性格”，决定了组织判断、处理事物所持的价值观与方法论。组织在发展过程中，总会有许多制度协调不到的东西，这时组织文化便是化解矛盾、危机的有效途径。组织文化深深地烙有组织核心人物的特征，看似无形，却又实实在在地影响着组织的发展。因此，组织也需要有意识地反省和设计一个健康的组织文化。

本书正是基于以上逻辑关系构建起组织理论与设计的基本框架。上篇为组织理论与设计总论及组织理论的历史回顾与评析，下篇为如何设计好一个组织（从战略、结构、人员、制度、文化五个维度展开）。本书给各级组织管理者提供了一个全面深刻思考组织发展的基本范式，也为人力资源管理工作者进行组织变革与设计提供了基本框架。本书可以作为人力资源管理专业本科生或其他管理类专业研究生的教材使用。

本书由陈俊梁统筹全稿，并编写了第1，2，3，7章，陆静丹老师编写了第4～6章，袁炜老师编写了第8～10章。另外，史现、汪梦琪、李姝、朱栋、周慧、陈清等同学参加了本书的试读与校对工作，提出了很多好的建议，向他们的付出表示诚挚的谢意！

本书内容既有对前人研究成果的梳理与总结，也有编著者对当下组织理论与设计的独立思考。本书在编著过程中参考了大量学者的书刊文章，也参考了许多互联网资源，作者已尽其可能详列于参考文献中，但也难免有疏漏，在此一并向各位参阅对象表示崇高的敬意与衷心的谢意！

目录

CONTENTS

上篇

下篇

M 上　篇

第 1 章　组织理论与设计总论

第 1 节　关于组织的全面认识

一、古代中国汉语的组织含义

（一）何为组和织

据《说文解字》解释，组系形声字，从糸（mì），且（jǔ）声，与丝织品有关，故从糸。早期组的含义是丝线。譬如，司马迁在《史记·高祖本记》中有言："秦王子婴素车白马，系颈以组，封皇帝玺符节，降轵道旁。"其中，子婴脖子上的"组"就是刘邦随时可以终结其生命的丝带，其降刘之诚意，通过"系颈以组"跃然纸上。后来组的含义出现延展，分化出名词与动词两种词性。组作名词时泛指同具有某一属性的若干对象，譬如将某班同学分为几个小组；作动词时指使特定对象具有某种属性或功能，如组阁、组建等。织系形声字，从糸，埴（zhí）声。织从古到今含义未发生重大变化，均是将操作对象纵横交错编织成更具使用价值的物品。

（二）古代的组织含义

早期的组织一词多用作动词，是指将"组"经纬相交，织作布帛。如《辽史·食货志上》有"饬国人树桑麻，习组织"之说，意即告诫国人广种桑麻，推广纺织技艺，以富民强国。《诗》曰："执辔如组"，汉朝高诱所做批注为："组读组织之组。夫组织之匠，成文于手，犹良御执辔于手而调马口，以致万里也。"可见，好的骑手驾驭马匹就如同好的织手可以编织出美丽的锦缎。

到南北朝时期，组织已开始突破织锦这一狭小区域，用来表示对词汇的组织与安排。南朝梁刘勰在《文心雕龙·诠赋》中有言："丽词雅义，符采相胜，如组织之品朱紫，画绘之著玄黄。"《文心雕龙·原道》："雕琢情性，组织辞令。"可见，组织辞令就是要将言辞进行有效的组织，以便最具有说服力，最具有格律美感。

自此，组织的含义相对稳定地发展到清末时期。它一般表示为了使组织对象具有更大的使用价值，或者为了让组织对象具有更美好的视觉、听觉效果，而对组织对象进行刻意的、有意识的安排。

二、现代汉语中的组织含义

（一）组织的现代含义

组织的现代含义更多是反映英文 organization 的含义，它是人与社会联系和沟通的中介，是人类社会普遍存在的社会现象。现代社会中，组织一词既可作动词，也可作名词。

组织作为动词时，主要是指将作用对象按照一定的目的、功能、形式整合在一起的行为。我们不仅可以组织“丝带”，还可以组织词汇、人、抽象的想象等。譬如，组织得好的石头成为建筑，组织得好的词汇成为文章，组织得好的想象成为诗篇，组织得好的企业资源形成一个有效益的企业。在管理学中作为动词的组织是与计划、指挥、协调、控制并列的管理基本职能之一，主要指组织结构的设计、创立、运行和变革。①

组织作为名词时，主要是指两个及以上的人组成的具有特定目标、资源、结构、管理机制，能够与环境交互作用的开放系统（巴纳德），如政党组织、军队组织、企业组织、公益组织等。作为名词的组织是人的集合体，是构成现代社会的基本单元，是整个社会赖以生存和发展的基础。从系统论角度看，组织作为一个系统应该具有整体性、目的性、结构性、功能性、层次性、动态性等特点。组织作为一个开放的系统，必须时刻与环境互动，并依赖环境、服务环境而存在。

（二）组织的构成要素

1. 资源——组织的基础要素

任何一个组织要想存在和发展都必须掌握一定的资源，正所谓巧妇难为无米之炊，资源是组织赖以实现目标的基础性保障。这里的资源是广义的资源，既包括人力资源，也包括物质资源，还包括其他无形资源（譬如专利等知识产权资源）。其中，最基本、最主要的是人力资源，它是组织中唯一具有主观能动性的要素。

2. 目标——组织的前提要素

共同的目标是组织获得成功的必要条件。组织目标反映了组织存在的理由，是凝聚组织成员意志的载体。组织的目标应该与员工个人的目标相辅相成。员工应该在组织目标实现过程中实现自己的目标，这样组织目标将成为全体员工努力的方向。同时，组织也必须最大限度地整合组织成员共同感兴趣的目标，使之成为组织目标的有机组成部分。当然，目标可以分为远期目标和近期目标，也可以分为整体目标与局部目标。目标对组织成员应具有强烈的认同感和激励性。

3. 结构——组织的载体要素

组织将成员集中在一起必然要对成员进行分工与协作的制度安排，否则，组织将成为一群乌合之众。组织结构是组织成员为实现组织目标，在工作中进行分工协作，在职务范围、责任、权力方面所形成的结构体系。它是实现目标的一种手段，反映员工间的分工协作关系。组织结构不同，组织的效率也会有显著差异。

4. 管理（协调）——组织的维持要素

为了实现目的，组织应该拥有一套计划、控制、组织和协调的流程，以协调组织的资源。管理手段与策略是动态的，不是一成不变的，需要依据环境的不同、资源禀赋的差异、

---

① 刘松博，龙静．组织理论与设计．2版．北京：中国人民大学出版社，2009：5.

目标实现的难易程度，及时地调整组织结构，优化组织制度，以计划、执行、监督、控制等手段保证目标的实现。

（三）组织的类型及本书的研究对象

1. 组织的类型

组织作为现代社会的重要细胞，广泛地存在于我们的工作和生活当中。依据不同维度有不同的分类方法，常见的组织分类方法主要有：

（1）按人数多少可分为小型、中型和大型组织。通常100人以下的称为小型组织，100～1 000人的称为中型组织，1 000人以上的称为大型组织。

（2）按组织属性差异可以分为政治组织、经济组织、文化组织、体育组织、卫生组织、艺术组织等。

（3）按组织的社会功能差异可以分为进步组织、反动组织、公益组织、营利性组织等。

（4）按组织的规范化程度可以分为正式组织和非正式组织。

（5）按区域范围可分为国际组织、地区组织、国内组织、地方组织等。

2. 企业组织

企业组织作为现代社会最重要、最普遍的一种组织，以营利为目的，但同时也发挥着为社会提供有价值的产品和服务，为公民提供就业岗位，为社会增添活力的重要作用。它集合并运用各种生产要素（土地、劳动力、资本、技术和企业家才能等），通过自身的价值创造，向市场提供商品或服务。企业组织因社会分工的深化而成长壮大，是社会发展和进步的产物。企业存在三类基本组织形式：个人独资企业、合伙制企业和公司制企业（有限责任公司、股份有限公司等），公司制企业是现代企业中最主要、最典型的组织形式。现代企业组织在追求利润的同时，担负着平衡客户、员工、消费者、所在社区利益关系的社会责任，是自主经营、自负盈亏、独立核算的法人实体。

本书将主要以企业组织为研究对象，当然其他类型的组织也可以从中得到借鉴与启示。

三、为什么要组织

组织是在人类社会长期进化中出现的一种社会现象，是物竞天择、适者生存法则下的必然结果。

（一）一般意义上的组织存在价值

1. 组织使组织对象具有更高的使用价值

组织不仅可以使细软的丝变成给我们遮挡风寒的衣物，还可以美化我们的生活；组织不仅可以使一地碎石变成一道坚固的城墙，还可以修建起雄伟的建筑；组织不仅可以使语言成为人们交流的工具，还可以成为陶冶情操的手段；组织不仅可以使人发挥特长，还可以使人在协作中创造财富。

2. 组织使组织对象具有更多的生存机会

不论是自然界还是社会界，人与自然、人与人、组织与组织的竞争都是异常激烈的，正所谓英雄难敌四手，恶虎还怕群狼。单独的一匹狼有时甚至打不过一条狗，但一群有组织、有分工体系的狼却可以与恶虎争食。组织使成员在相互抱团取暖中增强了抵御风险的能力，得到了更多的生存机会。

3. 组织使组织对象具有更多的创造机会

组织的意义在于寻求 1+1>2 的效果。因为分工，成员可以专注于某一技能的熟练与提高；因为合作，彼此的联系更加紧密而不可分割。在分工与合作中，组织不仅为成员创造出更多的发明创造机会，也可以满足个体成员在组织中找到“归属与爱”的需求，使社会呈现加速发展的态势。

4. 组织化程度提高是社会进步的根本标志

人类社会从蒙昧走向文明，从丛林走向地球上几乎每一个角落，都伴随着组织化程度的提高。从原始社会的部落组织到国家成立后的暴力组织，从家庭小作坊到机器大工业组织，从国内组织到国际协调组织，人们在社会中的分工日渐加深，协调与合作日渐加强，人类社会的文明形态更趋完美。发达国家与落后国家的区别、文明社会与野蛮社会的区别，体现了组织对于个体及社会的重要意义。组织化程度是社会进步的根本标志之一。

（二）企业组织的存在价值

1. 企业组织的产生缘于对市场的替代

关于企业组织产生的缘由，传统观点认为，分工和协作是资本主义的逻辑起点，也是企业产生的条件，企业就是一个“黑箱”，一端输入投入，一端输出产品。现代企业理论认为，企业本质上是“一种资源配置的机制”，其能够实现整个社会经济资源的优化配置，降低整个社会的“交易成本”。关于企业组织本质的经济学解释，美国经济学家科斯有深刻的解读。

科斯认为，企业是作为市场的对立物而出现的，是以“契约”为基础的经济活动组织形式，从经济学角度看：（1）企业因市场交易成本太大而存在（用组织契约替代市场）；（2）企业的边界取决于市场交易成本与企业组织成本的相互比较。即企业最初之所以会产生，缘于个体到市场上购买的搜寻成本、议价成本、监督保障成本太高，于是，个体开始雇用人员，购买材料，然后通过分工、协调、指挥、控制实现更有效率的生产，在此基础上，规模由小到大，由个别到普遍，企业就产生了。因此，企业存在的合理性在于它集合了大量的生产要素（资源），以比市场更具规模经济和效率的方式，满足人们的需求。

2. 企业组织更好地满足了人的社会属性要求

人不仅有自然属性，更具有社会属性。人的社会属性要求人必须置身于社会群体，并在其中找到自己的位置，这样才能生存、发展，并最终实现自身的价值。人与人之间的个性差异、能力差异以及个体之间的聚合效应使“社会的人”比“自然的人”更具有合理性，因此，人类总是不断地追求其在社会群体中的价值。企业的出现在很大程度上满足了人的社会属性要求，突破了农耕文明时期个体只能在家族、村落中寻找自身位置的局限，使人的社会属性得到更广范围的彰显。张维迎把人与人之间经营能力的差别作为企业存在的原因（因为具有经营能力的人与不具有经营能力的人相结合组成企业有利可图）。① 如果我们对此观点进一步剖析，就会发现正是企业满足了人的社会属性。人与人的结合总是在特定的条件特别是社会条件下实现的，结合、合作必然形成特定的关系。这里的关系不仅受到个人能力因素的影响，还受到当时的社会条件的决定性影响。

---

① 张维迎．企业的企业家——契约理论．上海：上海三联书店，上海人民出版社，1995.

3. 现代企业组织可以履行更多的社会责任

除了可以高效率地创造产品与提供服务，给股东创造利润，现代企业正承担起越来越多的社会责任。古典经济学将企业目标假设为“股东价值最大化”，但企业的社会功能则决定了企业目标的另一个重要方面——企业的社会责任。企业的社会责任本质上是社会对企业的客观要求，指企业在守法、“做好自己”以及在此基础上对利益相关各方和社会环境承担的各种道德义务与责任。例如，在生态方面，环境保护和可持续发展已经成为全球共识，各国也以此为目标，积极倡导改变经济发展、增长的模式。企业社会责任不仅建立在公司良知的基础上，而且现代国家还建立了各种实现企业社会责任的外部约束机制。在我国，作为企业社会责任制度基础的法律法规包括《公司法》《劳动法》《环境保护法》《消费者权益保护法》等。不仅如此，各国还积极构建各种落实企业社会责任的“软制度”，如舆论监督，依靠消费者、社会公众、债权人等利益相关者的制约，来推动企业积极履行社会责任。企业社会责任实际上就是企业站在国家、世界的角度来认识自己的责任，意味着企业在决策过程中平衡整体需求和各个方面的利益。令人鼓舞的是，我们看到越来越多的企业正在用自己的实际行动自觉地践行企业社会责任，用实际行动诠释企业的营利目的与承担社会责任的现代关系——效率目标下的公平追求。

延伸阅读

罗纳德·哈里·科斯（1910年12月29日—2013年9月2日），芝加哥大学著名经济学家，产权理论的创始人。因揭示并澄清了经济制度结构和函数中交易费用和产权的重要性，获得1991年诺贝尔经济学奖。

《企业的性质》是新制度经济学的创始人科斯在25岁时构思并写就，于1937年发表的论文。此文奠定了现代企业理论的基础，而且是让其获得1991年诺贝尔经济学奖的两篇论文之一（另一篇是《社会成本问题》）。在这篇并不长的文章里，科斯通过回答两个基本的问题为企业理论做出了历史性的贡献。这两个问题就是：企业为什么会存在？企业的规模由什么因素决定？对这两个问题的回答——市场成本论与组织成本论——构成了《企业的性质》的核心内容。

其核心观点包括：第一，企业组织与市场价格是两种可以替代的资源配置机制。他认为，传统经济学家已经意识到经济体制是由价格机制来协调的，但同时也存在一定的经济计划（组织内部）。为了对此进行解释，马歇尔把组织作为第四种生产要素引入经济学理论，克拉克赋予企业家以统筹职能，奈特则强调了经理的协调作用，他们统一的观点是认为在企业之外，价格变动决定生产，这是通过一系列市场交易来协调的。在企业之内，市场交易取消，伴随着交易的复杂的市场结构被企业家替代，企业家指挥生产。但科斯认为，他们并没有解释既然生产和管理可以通过价格机制来实现，组织为什么还要存在？同时，他提出了企业的显著特征就是作为价格机制的替代物这一论断。

第二，市场的运行是有成本的，通过形成一个组织，并允许某个权威（一个“企业家”）来支配资源，就能节约某些市场运行成本。当存在企业组织时，某一生产要素（或它的所有者）与企业组织内部同他合作的其他一些生产要素签订一系列契约的数目大大减少了，一系列契约被一个契约替代了。

第三，企业组织的边界由市场交易成本与组织内部协调成本的比较决定。他认为，企业的扩大必须达到这一点，即在企业内部组织一笔额外交易的成本等于在公开市场上完成这笔交易所需的成本，或者等于由另一个企业家来组织这笔交易的成本。科斯这样解释：当企业扩大时，企业内部每追加一笔额外的交易，交易的边际成本都是递增的。其原因是当企业内部交易增加时，企业家不能更准确地将生产要素用在它们价值最大的地方。而企业内部没有价格信号，资源配置到哪个方面主要依靠企业家的自我感觉、经验和判断，随着内部交易的扩大，各种生产要素的调配更加复杂，经验和判断的失误也会增多，这就使新增资源的使用效率逐渐降低，也就决定了企业不可能无限制地扩大，以至于完全替代市场的作用。

由此可见，企业扩张造成的交易的多样性约束了企业家的才能，这使企业扩大时效率趋于下降。另一方面，一切有助于提高管理技术的变革（电话、电报、互联网技术的应用）都将导致企业规模的扩大。

资料来源：Ronald H. Coase Biographical.［2018－03－01］. http：//www.nobelprize.org/nobel_prizes/economic-sciences/laureates/1991/coase-bio.html.

第2节　为什么要进行组织设计

一、组织设计的定义

（一）广义的组织设计

从广义上说，组织设计（organizations designing）是对组织从目标使命到业务构成，从组织结构形式到制度、文化的全方位设计与再造过程。具体可以包括对组织战略的设计、组织结构的设计、组织人员的设计、组织制度的设计、组织文化的设计等。本书下篇将按广义的组织设计展开讨论。

（二）狭义的组织设计

狭义的组织设计就是指组织结构的设计。它是通过对组织资源（以人力资源为主）的整合和优化，确立企业某一阶段最合理的管控模式，实现组织资源价值最大化和组织绩效最大化。也就是说，通过对实现目标与拥有资源的分析，合理确定职能分工、层次分级，建立权力链、功能组合的过程。通过组织设计使组织构建起纵向层级结构与横向部门结构，使组织成员配置在组织结构中，明确各部门、各岗位之间的职责和相互协作关系，从而提高组织的执行力和战斗力。

狭义的组织设计可以适用于新建立的组织，也可以适用于已经建立的组织。对于已经存在一定时期的组织来说，由于内外部环境条件发生变化，组织的结构可能已经不适应新的内外部环境，在这种情况下，我们经常会对组织结构进行调整，组织从最高层到最低层的层级数量可能会发生变化，组织的职能部门也会根据新的环境进行分化或者重组，即所谓组织结构的重新设计。在组织结构重新设计之后，组织内部职能部门之间的分工合作关系会发生些许变化，各部门的权责关系、协调方式也会做出相应的调整。因此，组织结构设计必然伴随着组织制度的调整与设计。

从最新的观念来看，企业的组织结构设计实质上是一个组织变革的过程，它是把企业的任务、流程、权力和责任重新进行有效组合和协调的一种活动。根据时代和市场的变化，进行组织结构设计或组织结构变革（再设计）的结果是大幅提高企业的运行效率和经济效益。

二、为什么要进行组织设计

（一）组织之间存在极大的效率差异

在日常生活中不乏这样的情况：由同样一些成员组成的组织在不同的阶段，不同的领导者领导，不同的组织战略、结构、制度、文化环境下，会表现出截然不同的组织效率。

现在我们思考这样一些问题：你是否同意外资企业员工的素质高于国有企业或民营企业员工的素质？反过来，你是否同意国有企业或民营企业员工的素质高于外资企业员工的素质？进一步追问，中国人与外国人的素质哪一个更高？过去中国为什么贫穷落后、被动挨打？对这些问题的思考有利于我们理解组织设计的必要性。

首先，外资企业员工的素质是否高于国有企业或民营企业员工的素质？至少从表象上看，似乎外资企业员工具有更强的工作能力与更高的工作绩效。但我们假设这样的场景，如果把同样的外资企业员工放在国有企业或民营企业中会有怎样的变化？或许工作能力与绩效会显著下滑！员工表现的状态不仅取决于员工个体的特征，同时还取决于组织的特征。

其次，大家都知道，中国人勤劳、智慧、勇敢，创造了辉煌的人类文明，但为什么会有“一个中国人是龙，三个中国人就变成虫”的说法呢？这些问题的答案就在于，随着人类文明进步，组织理论也有了跨越性的发展，个体之间的竞争被组织之间、团体之间的竞争取代。近代中国对组织理论、组织设计、组织制度、组织文化的研究远远地落后于西方，当大刀面对枪炮、当小生产遇到专业化分工所导致的大规模产业化生产时，中国落后挨打就成为必然的趋势。

（二）优秀的组织设计可以激发系统合力，产生协同放大效应

“三个和尚没水吃”的典故众所周知，类似“三个臭裨将，胜过诸葛亮”的故事也耳熟能详，其实这就是组织结构设计的功效。从现代管理研究的最新成果看，一个企业是否优秀、能否长寿，不是看企业的领导者多么伟大，而是看企业的组织结构是否能让平凡的员工通过不平凡的努力，创造伟大的业绩。那么，是什么导致了这两种截然不同的组合效果？或者说，为什么“整体可能大于各部分的总和”，也可能相反呢？其根本的原因就在于组织结构不同，要素组合在一起的方式不同，从而造成了要素间配合或协同关系的差异。

组织结构设计得好，可以形成整体力量的汇聚和放大效应。否则，就容易出现“一盘散沙”，甚至造成力量相互抵消的“窝里斗”局面。也许正是基于这种效果，人们常将“组织”誉为与人、财、物三大生产要素并重的“第四大要素”。正因如此，美国钢铁大王卡耐基这样说道：“将我所有的工厂、设备、市场、资金夺去，但只要公司的人还在，组织还在，那么，4 年之后我仍会是钢铁大王。”由此不难看出组织及组织工作的重要性。

近年来，对于企业竞争优势的关注开始集中于组织内部结构和组织行为。有学者提出企业竞争力和竞争优势的核心不是依赖于拥有特定的组织资源或能力，这些通常可能被其他公司模仿或购买。更准确的表述是，竞争优势来源于组织内部的运行机制，它确保企业经营的不同方面得以协调，如市场范围、技能、资源和程序。企业可以被视为其构成要素相互依赖

的系统，所有的要素都必须在市场中保持协调一致，正是这些要素复杂而模糊的互补关系及组织协调战略目标的能力和执行程度，给了企业一些特殊的、难以完全模仿的能力，形成了组织竞争优势的来源。

（三）现代组织需要有意识地设计

如果说早期的组织现象具有模糊性、非自觉性，现代组织越来越成为人类有目的、有意识雕琢设计的结构和协调活动系统的社会实体。现代组织呈现出精巧性、系统性、严谨性、适应性，而非随意的要素资源集结。从韦伯的官僚组织结构到目前的矩阵制组织结构，从注重组织内部分工到注重组织内部人性化调动，从注重组织与环境的适应性再到组织之间的虚拟化联合，组织的发展越来越受理论的指导与影响。不研究组织设计就无法保证组织健康发展。现代组织设计具有丰富的内容，往往从组织战略定位与目标设计入手，精心设计组织结构、资源配置、制度、文化等，进一步还涉及组织治理结构、责权体系、管理流程、业务流程、控制体系等一整套工程，组织是实施战略的保证。

在知识经济时代，组织需要变革，需要在新的环境、形势下重新审视自我。20世纪末发端于美国的企业流程再造、无边界组织、矩阵制组织、虚拟组织等，都是针对传统组织结构只注重命令链、层级与控制力、职能分工，不能适应信息时代产品更新换代快、信息沟通手段多元化与便捷化的要求而进行的以组织扁平化为重要特征的变革。组织需要变革，变革需要设计。

由此，我们可以得出结论：组织效率的差异可能来源于组织战略制定、组织结构、组织人力资源、组织制度和文化等方面的差异，而这种差异是可以通过组织设计弥补和修复的。同时，如何进行有效的组织是一门有其内在规律的学问，需要用心经营和设计。

第3节　组织理论与设计的基本框架

组织理论是对组织发展过程中基本经验与基本规律的系统概括与理性分析。组织设计是组织理论的重要组成部分，也是组织理论应用于实践的作用过程。第一层面的设计主要包括以下五个方面：战略目标与使命的定位与设计、组织结构的设计、组织人力资源的设计、组织制度的设计、组织文化的设计。

一、组织理论的主要内容与发展阶段

（一）组织理论的主要内容

组织理论是人类在社会组织活动中按一定形式安排事务的理论，它一方面是组织发展过程中不断积累与深化的经验性认识，另一方面又是指导组织实践的行动指南。随着人类社会分工日益复杂多变，人类社会的组织化程度日渐提高，组织规模、种类、结构、文化呈现出变化万千的特征，组织理论也逐渐由一株小小嫩芽成长为一棵参天大树。

组织理论依据研究视角不同包括如下内容：组织目标、组织价值系统、组织结构、组织制度、组织文化；正式组织与非正式组织及其关系；组织成员的激励、沟通与控制过程；权力、职权与影响；群体行为和个体行为；管理策略和技术；系统组成部分及其相互关系；组织与环境的平衡；组织的稳定与发展等。总之，组织理论研究组织的生存、适应和发展，它综合了行政学、政治学、社会学、人类学、社会心理学、哲学、经济学等多个学科的研究成果。

（二）组织理论的发展阶段

1. 古典组织理论阶段

古典组织理论是以效率和经济为出发点，从组织结构、组织规范角度研究组织的目标、分工、结构、指挥、协调和责任的理论。古典组织理论将主要研究重点集中在组织职能分工、结构设计、管理幅度和管理层级、协调机制、权力关系、集权和分权等硬件建设方面，构建了组织理论的基本框架，论述了组织管理的一般原则，提出了科层制的组织模型。古典组织理论只从技术角度研究组织效率，几乎不考虑人的社会属性及其影响，视员工为整个机器设备中的一个零件，认为员工只是具有逐利动机的“经济人”。这一时期的组织理论强调组织结构严谨、分工严密、等级服从、制度僵化。

2. 行为组织理论阶段

20世纪30年代后，组织理论的研究突破了古典组织理论只注重组织的机械面、忽视人性面的局限性，将研究重点转向组织中人的心理、行为及其组织影响，逐步发展并形成了以人际关系理论为代表的行为组织理论。该理论一反传统组织理论的静态研究方法，着重研究人和组织的活动过程，如群体和个体行为、人和组织的关系、沟通、参与、激励、领导艺术等。在否定古典组织理论“经济人”假设的基础上，行为组织理论提出了“社会人”的假说，认为对于组织中的人要强调从其社会属性出发分析可能的行为，以及组织应当采取的策略行为。

3. 现代组织理论阶段

管理实践推动组织理论继续向前发展。第二次世界大战后，世界在较长时期陷入冷战的格局，政治、军事、经济的竞争空前激烈。激烈的竞争也触发了新技术革命的引信，世界进入一个经济全球化、市场一体化，科技日新月异、生产急剧扩张、市场思想日趋多元的时代。在这样一个快速多变的时代，一方面，传统的组织理论已经无法解释和指导现代组织的健康发展；另一方面，组织对环境的适应能力、生存能力，组织的“弹性”越来越多地被管理学者关注。于是，运用系统论的原理、方法、思想来分析组织的内部结构、管理活动与环境的关系，就成为组织理论最前沿的思想成果。

二、组织设计的框架

（一）组织使命与战略的设计

1. 组织使命

组织不是一种盲目的存在。组织作为一种客观存在有其存在的价值和意义，当其没有存在价值时，也正是组织消亡之时。组织使命是一种广泛的意向，体现了组织的根本目的；既反映了外界社会对本组织的要求，又体现着组织的创办者或高层领导者的追求和抱负。组织使命进一步可以通过组织愿景、组织价值观清晰化、具体化。

组织使命通过宗旨、宣言等方式向社会确认其存在价值，即承诺向社会提供何种有价值的产品或服务，也就是要确定组织的业务活动范围（scope focus）。例如，摩托罗拉曾经的使命是“为人类的沟通提供良好的服务”，该使命清楚地界定了摩托罗拉的价值存在与活动领域。组织的生存、发展是以能很好地履行其使命为前提的，当难以承担使命时，组织将面临巨大的生存危机，就如同摩托罗拉所承担的使命受到苹果、三星、华为、小米等后起之秀的挑战一样。

组织使命的作用主要包括以下几点：指导组织制定目标、战略规划、行动计划并组织实施；保证组织内部成员对组织的主要活动取得认识上的一致，形成共同的语言以及共同的价值观，便于协同行动；为资源的取得、调配、使用（投入）以及业绩的取得（产出）提供依据及衡量标准；便于吸引志同道合的人才。

小资料

几个著名公司的使命愿景

微软公司使命（2010年）：致力于提供使工作、学习、生活更加方便、丰富的个人电脑软件；愿景：计算机进入家庭，放在每一张桌子上，使用微软的软件。

微软公司使命（2017年）：为智能云端（intelligent cloud）与融入人工智能（AI）的智能边缘（intelligent edge）打造一流的平台和生产力，借此提升竞争力并成长、发展。

苹果电脑公司使命：推广公平的资料使用惯例，建立用户对互联网之信任和信心；愿景：让每人拥有一台计算机。

惠普公司使命：为人类的幸福和发展做出技术贡献；愿景：我们对人充分信任与尊重，我们追求高标准的贡献，我们将始终如一的情操与我们的事业融为一体，我们通过团队、通过鼓励灵活与创新来实现共同的目标——我们致力于科技的发展是为了增进人类的福利。

IBM使命：（1）带动人类的进步；（2）以人为核心，向所有用户提供最优质的服务；（3）为职工利益、为顾客利益、为股东利益三原则；（4）尊重个人、服务、完全主义三信条。

百度使命（初期）：让人们最平等便捷地获取信息，找到所求。

百度使命（现在）：用科技让复杂的世界更简单。

华为使命：提供有竞争力的通信解决方案和服务，持续为客户创造最大价值。

2. 组织战略

组织战略是指组织对有关全局性、长远性、纲领性目标的谋划和决策，即组织为适应未来环境的变化，对生产经营和持续稳定发展中的全局性、长远性、纲领性目标的谋划和决策。组织战略是表明组织如何达到目标、完成使命的整体谋划，是提出详细行动计划的起点，但又凌驾于任何特定计划的各种细节之上。战略反映了管理者对于行动、环境和业绩之间关键联系的理解，用以确保已确定的使命、愿景、价值观的实现。

组织战略可以分成发展战略、经营战略、职能战略三个层次。发展战略决定组织的发展目标和努力方向，是对组织承担使命的具体化载体，是实现组织愿景的阶段性特征。经营战略主要是为实现组织战略目标而采取的经营策略，是扬长避短、确保在竞争中获取必要优势的手段。职能战略是组织内部各职能部门承担的责任及其实现途径。

（二）组织结构设计

组织结构设计就是在组织发展战略、经营战略的指导下，对组织内部纵向分层级、横向分部门，从而形成相对稳定的权责结构系统的过程。组织结构没有最好，只有最适宜。不同规模、不同产品（服务）、不同行业、不同政治经济社会环境的组织，对组织结构的需求不一样。有些组织严谨严密、坚如磐石，具有很强的执行力；有些组织则宽松自由、弹性十足，具有很强的创造力。有些组织百变莫测，可以适应各种不同的环境；有些组织则呆板僵化，一旦环境变化就很难适应。组织结构设计的意义正在于根据组织发展目标，寻找最适合自身发展的组织结构。组织结构的类型大致可以划分为简单型组织、直线制组织、职能制组织、直线职能制组织、事业部制组织、矩阵制组织、子公司制组织、虚拟企业联盟等类型。

从最新的观念来看，企业的组织结构设计实质上是一个组织变革的过程，它是把企业的任务、流程、权力和责任在新的环境下重新进行有效组合和协调的一种活动，以便大幅提高企业的运行效率和经济效益。因此，组织结构可以从职能、框架、协调方式等角度设计。

（三）组织人力资源规划与设计

组织人力资源规划与设计是从组织战略规划和发展目标出发，根据其内外部环境的变化，预测组织未来发展对人力资源的供给和需求，以及为满足供求平衡提供人力资源的活动过程。人员设计的目的在于正确认识人在组织中的主观能动性，做到人尽其才、人岗匹配。人力资源规划设计是一项系统的战略工程，内容包括两个层次，即总体规划及各项业务计划。总体规划是有关计划期内人力资源开发利用的总目标、总政策、实施步骤及总的预算安排。各项业务计划包括配备计划、退休解聘计划、补充计划、使用计划、培训开发计划、职业计划、绩效与薪酬福利计划、劳动关系计划。

人力资源规划是组织发展战略的重要组成部分，同时也是实现组织战略目标的重要保证。人力资源部门必须分析组织人力资源的需求和供给之间的差距，制定各种规划来满足对人力资源的需求。人力资源规划是企业人力资源管理的基础，由总体规划和各种业务计划构成，为管理活动（如确定人员的需求量、供给量，调整职务和任务，培训等）提供可靠的信息和依据，进而保证管理活动的有序化。人力资源规划有利于调动员工的积极性和创造性，有利于控制人力资源成本。人力资源规划与设计使组织成员与组织本身融为一体，成为具有强大凝聚力与向心力的组织。

（四）组织制度设计

1. 组织制度

制度为什么需要设计？我们不妨看一个小故事：

从前有七个和尚住在同一个庙里，生活比较拮据，他们每天分食一大桶粥，可是粥的量不够，只够五个人吃。为了兼顾公平，使每个和尚都基本能吃饱，和尚们想用非暴力的方式解决分粥的难题。

为公平起见，他们决定轮流分粥，也就是一周之内每人分一天粥。然而，这样做的结果是每次轮到自己分粥的时候就能吃得很饱，而其余六天就会忍饥挨饿。他们认为，照这样下去恐怕大家都难以支撑下去。

于是，他们决定改变分粥的方法。经过大家反复讨论，他们决定推选出一位德高望重的老和尚为大家分粥。新办法实施之初一切尚好，老和尚尽职尽责公平分粥。但是，没过几天，庙里的风气就悄然发生了变化——大家竞相向主持分粥的老和尚献媚示好。一时间庙里的风气变得乌烟瘴气。

之后，大家又想出一个方法：成立一个三人分粥委员会和四人评选委员会，共同决定分粥事宜。然而这样做的结果也很不理想，因为他们之间常常互相攻击、扯皮，吵来吵去，最后粥吃到嘴里全是凉的。

以上三种分配方法都存在问题，第1种分粥方法导致的结果是不公平，第2种分粥方法导致的结果是官僚，第3种分粥方法导致效率很低。最后，他们总结经验教训，想出一个办法，就是每人轮流值日分粥，但分粥的那个人要等到其他人都挑完后再拿剩下的最后一碗。令人惊奇的是，在这个制度下，七只碗的粥每次都几乎是一样多，就像用科学仪器量过一样，这是因为每个主持分粥的人都认识到，如果七只碗里的粥不一样，他无疑将享用分量最少的那碗，这样和尚们都能够均等地吃上热粥。

同样是七个人，不同的分配制度，就会有不同的风气。所以一个单位如果有不好的工作习气，一定是机制问题，一定是没有完全公平公正公开，没有严格地奖勤罚懒。如何制定这样一个高效的制度，是每个领导者需要考虑的问题。

组织制度是关于组织权力归属、组织运营管理等一系列行为的规范和模式的总称。组织制度体系是组织内全体成员在企业生产经营活动中必须共同遵守的规定和准则的总称，其表现形式或组成包括法律与政策、组织结构（部门划分及职责分工）、职位工作说明、专业管理制度、工作流程、管理表单等各类规范文件。

2. 组织制度设计

组织制度设计就是在组织战略、组织结构设计已经确定的前提下，为使组织减少沟通成本而对例行事务所做的规定性安排。制度作为秩序的形成机制，在秩序的建立和维持中，发挥着四种基本功能，具有四个方面的价值，即形成预期、提供激励、获得宽容、达成妥协。也就是说，制度是自由主体之间取得合作所需的相互信任的预期机制，是激发个体发挥能动性以推进组织发展的激励机制，是主体获得相互宽容的机制，是矛盾和冲突的主体之间达成妥协的权力与利益的分享机制。作为四种整合力量，它们分别从稳定、发展、博爱、共享四个方面形成组织秩序。依靠这四种秩序机制，人们较为有效地克服了不确定性，使多元互动的主体能够在稳定的预期下获得相互的信任和本体性的安全感；较为有效地克服那种时断时续的发展模式，使发展获得充分、稳定的动力；有效地抑制现代竞争所具有的惨烈性和后遗症，使相互竞争的人们能够相互宽容和容忍；克服一切独断和专制，为人们共享合作成果提供制度性的支持。

3. 组织制度的一般作用

组织制度的基本作用体现在三个方面：

（1）定分止争。就社会作用而言，制度的首要作用就是定分止争，也就是明确物的所有权。法家之一慎到对此做了一个很浅显的比喻："一兔走，百人追之。积兔于市，过而不顾。非不欲兔，分定不可争也。"（《商君书·定分》）意思是说，一只兔子跑，很多人去追，但对于集市上的那么多只兔子，人们却看也不看。这不是不想要兔子，而是所有权已经确定，不能再争夺了，否则就是违背法律，要受到制裁。现代组织权利主体应该是清晰的、确定的，这是市场经济条件下大家相互交往的制度基础。

（2）兴功惧暴。制度就是一方面要鼓励人们立战功，另一方面要使那些不法之徒感到恐惧。兴功的最终目的还是富国强兵，取得兼并战争的胜利，引导行为，趋利避害。法家认为，人都有"好利恶害"或者"就利避害"的本性。管子说："夫凡人之情，见利莫能勿就，见害莫能勿避。其商人通贾，倍道兼行，夜以续日，千里而不远者，利在前也。渔人之入海，海深万仞，就波逆流乘危百里，宿夜不出者，利在水也。故利之所在，虽千仞之山无所不上，深源之下，无所不入焉。”商鞅也认为：“人生有好恶，故民可治也。”自古以来，法家都强调运用制度规范引导人们的言行。

（3）协调步调。协调步调就是要使制度管辖的个体相互间保持一定的对应关系，成为一个具有较高效率的整体。正如孙武练兵一般，在制度的统辖下，保证个体能够协调有序地开展活动。

4. 组织制度需要设计

组织制度不是凭空臆造的，需要用智慧加以设计，并随着客观环境的变化不断做出修正和发展。对于现代企业组织来讲，最主要的制度体现在三个层面之上，即企业组织的产权制度、组织制度、日常管理制度。这些制度在不同的组织发展阶段发挥着不同的作用，同时也会随着经济社会形势的变化而做出调整。因此，组织制度需要精心地设计才能更好地发挥控制、激励、协调的作用。比如分餐制与圆桌制吃饭，其经济成本是不一样的。

组织制度与组织战略、组织结构、组织人力资源的关系是：通过组织制度贯彻组织战略，通过组织制度控制和协调组织结构（部门），通过组织制度激励组织人力资源，通过组织制度将三者整合到一起。战略是组织形成与发展的指引和方向；组织是实施战略的载体；人力资源是支持组织达成战略目标的条件和资源保障；战略、组织、人力资源这三个要素构成了组织管理的基础平台。制度管理解决了组织发展过程中的管理提升问题。

（五）组织文化设计

我国古代“文化”一词主要指“教化”“文治”，如“敷文化以柔软”等。在现代，从广义上说文化是指人类社会历史过程中所创造的物质财富和精神财富的总和；狭义上说文化指“社会意识形态”，包括人的价值、信仰、道德、理想、艺术等因素，如“文学艺术”“文化领域”等；更狭义地讲是指某种较突出的社会生活习惯、风俗，如“饮食文化”“茶文化”“水文化”等。

组织文化是组织在长期的发展中逐步凝结形成的，由价值观、信念、处事方式、规章制度、仪式、各种标志符号等组成的多元素集合。组织文化以组织共有的价值观念、审美标准、思维方式等精神元素为核心，以组织制度体系为框架，以各种外在器物为表象载体，形成物质层、制度层和精神层三个层次的内容构成的同心圆体系。物质层作为组织文化的表层部分，是形成制度层和精神层的必要条件；制度层是组织文化的中间层次，是指对组织及其成员行为产生约束影响的规范性部分，集中体现了组织文化的物质层和精神层对组织及其行为的要求；精神层则主要反映了组织全体成员共同信守的基本理念、价值标准、职业道德、精神面貌，是形成物质层和制度层的基础和原则。组织文化反映民族的特征、历史的积淀、文化的底蕴；反映经济的气息、政治的折射和社会的现实。文化无先进和落后之分，是制度的催生物。反过来，文化又影响并决定组织战略的制定、组织结构的形成、对人的态度、企业的制度等，文化整合着组织的管理。

□ 本章小结

组织是两个或两个以上的人组成的，具有特定目标、资源、结构，依据共同遵守的制度协调而形成的，不断与外部环境交流互动的系统。组织可以通过激发自身的系统合力，创造出比单独个体之和更大的活动效率，从而提高个体生产效率和抵御外界风险的能力。组织是人类进化的产物，是社会进步的载体，现代社会是高度组织化的社会。

组织的效率是有差异的。组织效率的差异可能来源于组织战略、组织结构、组织人力资源、组织制度和组织文化等方面的差异，而这种差异是可以通过组织设计弥补和修复的。因此，如何有效地进行组织是一门有其内在规律的学问，我们需要用心经营和设计。

随着人类对组织运行规律认识的不断深化，依次产生了古典组织理论、行为组织理论、现代组织理论。在社会发展的不同阶段，组织的结构与外在特征呈现出不同的特点。从僵化、高耸的金字塔形组织结构到弹性、无边界化的虚拟组织结构都有其存在的合理性。

□关键术语

组织　企业组织　组织结构　组织设计　组织使命　组织制度

□复习题

1. 什么是组织？组织的意义有哪些？
2. 广义的组织设计包括哪些内容？它们之间有何联系？
3. 组织结构设计包括哪些内容？
4. 组织理论的发展大致经历了哪几个阶段？

第 2 章　古典组织理论

导读案例

UPS 的快递标准化操作

泰勒的科学管理原理虽然已经问世 100 多年了，但科学管理原理所揭示的组织内部的客观规律仍然在某些行业发挥着巨大的作用。

联合包裹服务公司（United Parcel Service，UPS）1907 年作为一家信使公司成立于美国华盛顿州西雅图，是一家全球性的公司。它是世界上最大的快递承运商与包裹递送公司，同时也是运输、物流、资本与电子商务服务的领导性提供者。UPS 雇用了 15 万名员工，平均每天将 900 万件包裹送到美国各地及 180 个国家和地区。为了实现其宗旨“在邮运业中办理最快捷的运送”，UPS 的管理当局系统培训他们的员工，使他们以尽可能高的效率从事工作。UPS 的工业工程师对每一位司机的行驶路线都进行了时间研究，并对每种运输、暂停和取货活动都设立了标准。这些工程师记录了红灯、通行、按门铃、穿过院落、上楼梯、中间休息喝咖啡甚至上厕所的时间，将这些数据输入计算机中，从而给出每位司机每天工作的详细时间标准。

为了完成每天取送 130 件包裹的目标，司机必须严格遵循工程师设计的程序。接近发送站时，他们松开安全带，按喇叭，关闭发动机，拉起紧急制动，把变速器推到 1 挡上，为送货完毕的启动离开做好准备，这一系列动作严丝合缝。然后，司机从驾驶室下到地面上，右臂夹着文件夹，左手拿着包裹，右手拿着车钥匙。他们看一眼包裹上的地址把它记在脑中，然后以约每秒钟 1 米的速度快步走到顾客的门前，先敲一下门以免浪费时间去找门铃。送货完毕后，他们在回到卡车上的路途中完成登录工作。

资料来源：根据互联网新闻改编。

农业文明时期，为了抵御自然和社会风险（包括异族侵害），人们守望互助，形成了最初的家庭、族群、部落、村落等自治组织，并通过不断的兼并战争，最终形成了国家这样一个暴力机器。这个时期，人们对组织的认识非常简单、朴素，虽然没有明确的组织理论或原则，但组织的基本形态已在不经意间形成。进入工业文明时期后，以追求利润最大化为目的的企业组织成为人们赖以生存、交往的组织载体，成为人们主动研究与构建的社会现象。19 世纪末至今，组织理论的发展大致经历了古典组织理论、行为组织理论和现代组织理论三个阶段。早期的组织理论是从研究组织结构入手的，经历了 100 多年的发展，组织理论从一棵小苗长成现在的参天大树。其中，弗雷德里克·温斯洛·泰勒（Frederick Winslow Taylor）、亨利·法约尔（Henri Fayol）、马克斯·韦伯（Max Weber）在组织理论体系构建方面研究成果丰硕，从而成为古典组织理论的代表人物。

第1节 泰勒的科学管理理论

一、泰勒及其组织理论研究背景

（一）科学管理理论的提出背景

19世纪70年代后，科学技术的不断进步推动生产工具的革新和生产组织形式的改变。工业革命不仅引起了工业生产技术的变革，形成了大机器生产，也引起了工业生产组织的变革，建立了工厂制度。第二次工业革命使电力取代蒸汽动力，不断促进生产力的提高，出现了规模巨大的垄断组织。而当时的管理仍停留在手工业时代的传统管理水平上，即依靠企业主个人的主观经验和臆断行事，缺乏理论指导。当时的车间管理如劳动的专业化、操作的标准化和程序化都没有建立起来，更谈不上工作的协调化、一体化和系统化，不仅造成了极大的浪费，而且效率低下，生产的潜能得不到发挥。另一方面，机器对劳动的替代也使劳资关系急剧恶化：资本家对工人态度蛮横，工人生活艰苦，而资本家个人却过着奢侈的生活；工人不断通过捣毁机器和加入工会组织领导的大罢工来争取自己的权利。现实的矛盾冲突迫切需要新的理论加以指导。在这种背景下，泰勒和他的科学管理理论应运而生。

小资料

弗雷德里克·温斯洛·泰勒简介

弗雷德里克·温斯洛·泰勒1856年3月20日出生于美国费城杰曼顿一个富有的律师家庭。在接受中学教育后不久进入埃克塞特市菲利普斯·埃克塞特专科学校学习。1874年考入哈佛大学法律系，不久后因眼疾辍学。1875年，进入费城恩特普里斯水压工厂当模具工和机工学徒。1878年，转入费城米德维尔钢铁公司（Midvale Steel Works）工作。从机械工人做起，历任车间管理员、小组长、工长、技师等职，在该厂一直工作到1890年。在此期间，泰勒通过用心观察与思考，逐渐建立起管理学的理论基础。

（二）科学管理的价值和意义

1911年出版的《科学管理原理》集中反映了泰勒的科学管理思想，受此启发，人们逐渐重视“管理”，将企业家才能视为继土地、劳动和资本之后的第四种生产要素（1776年的《国富论》并未将企业家才能归为生产要素）。泰勒对科学管理做了这样的定义，他说：“诸种要素——不是个别要素的结合，构成了科学管理，它可以概括如下：科学，不是单凭经验的方法；协调，不是不和别人合作，不是个人主义；最高的产量取代有限的产量；发挥每个人最高的效率，实现最大的富裕。”[①] 这个定义既阐明了科学管理的真正内涵，又综合反映了泰勒的科学管理思想。泰勒科学管理理论的核心是管理要科学化、标准化，要倡导精神革命，劳资双方利益一致。实施科学管理的结果是提高了生产效率，而高效率是雇员和雇主实现共同富裕的基础。因此，泰勒认为用科学化、标准化的管理替代传统的经验管理，才是实现最高工作效率的手段。

科学管理之“科学”，不是我们所理解的一般意义上的自然科学，它是相对于“经验”来说的。科学管理之前，工厂中工人的工艺、技能是通过前人继承，自己探索、积累，或者说全凭工人的经验得来的。在这个过程中，没有统一的标准，没有规范的教与学。科学管理则是通过对工人工作的每个动作的研究，找出最高效的方法，得出所谓的科学的工作方法。

二、泰勒科学管理理论的主要观点

（一）专业化分工与计划统筹

泰勒认为，“在老体制下，所有工作程序都由工人凭他个人或师傅的经验去干，工作效率由工人自己决定。”[②] 泰勒坚信这不是最高效率，必须用科学的方法来改变。为此，泰勒主张，“由资方按科学规律去办事，要均分资方和工人之间的工作和职责”，要把计划职能与执行职能分开并在企业设立专门的计划机构。泰勒把计划的职能和执行的职能分开，改变了凭经验工作的方法，而代之以科学的工作方法，即找出标准，制定标准，然后按标准办事。要确保管理任务的完成，应由专门的计划部门来承担找出和制定标准的工作。

具体来说，计划部门要从事全部的计划工作并对工人发布命令，其主要任务是：（1）进行调查研究，以便为制定定额和操作方法提供依据。（2）制定有科学依据的定额和标准化的操作方法、工具。（3）拟定计划，发布指示和命令。（4）把标准和实际情况进行比较，以便进行有效的控制。在现场，工人或工头则承担执行的职能，按照计划部门制定的操作方法或指示，使用规定的标准工具，从事实际操作，不能自作主张、自行其是。泰勒的这种管理方法使得管理思想的发展向前迈出了一大步，将分工理论进一步拓展到管理领域。

（二）标准化管理与考核

1. 标准化是效率提高的基础

泰勒认为，在科学管理的情况下，要想用科学知识代替个人经验，一个很重要的措施就是实行工具标准化、操作标准化、劳动动作标准化、劳动环境标准化等标准化管理。这是因为只有实行标准化，才能使工人使用更有效的工具，采用更有效的工作方法，从而达到提高劳动生产率的目的；只有实现标准化，才能使工人在标准设备、标准条件下工作，才能对其工作成绩进行公正合理的衡量。用这一方法对工人的操作方法、使用的工具、劳动和休息的时间进行合理搭配，同时对机器安排、环境因素等进行改进，消除种种不合理的因素，把最好的因素结合起来，这样就形成了科学管理的雏形。

2. 标准化动作研究

泰勒认为，要对绩效优异者的动作开展观察研究，通过对比绩效优异者与绩效低下者的

---

① 泰勒．科学管理原理．北京：机械工业出版社，2007：33.

② 泰勒．科学管理原理．北京：机械工业出版社，2007：33.

动作，找到合理的动作要素组合，形成标准的工作方法并加以推广。

3. 标准化工作量考核

泰勒在动作分解与作业分析的基础上进一步观察和分析工人完成每项动作所需要的时间，结合为满足一些生理需要的时间和不可避免的情况而耽误的时间，制定出标准作业时间，以此为基础确定工人的劳动定额，即一天合理的工作量。

泰勒认为标准化对劳资双方都是有利的，不仅每个工人的产量大大增加，工作质量大幅提高，得到更高的工资，而且使工人建立一种科学的工作方法，使公司获得更多的利润。

（三）职能工长制

泰勒不但提出将计划职能与执行职能分开，而且提出必须废除当时企业中军队式的组织而代之以“职能式”的组织，实行“职能式的管理”。

泰勒认为，在企业里工段长和班组长的责任是复杂的，需要相当的专门知识和各种天赋，所以只有本来就具有较高素质并受过专门训练的人才能胜任。泰勒列举了在传统组织中作为一个工段长应具有的几种素质，即教育、专门知识或技术知识、机智、充沛的精力、毅力、诚实、判断力或常识、良好的健康情况等。但是每一个工段长不可能同时具备这几种素质。为了事先规定好工人的全部作业过程，必须使指导工人干活的工段长具有特殊的素质。因此，为了使工段长职能有效地发挥，就要进行更进一步的细分，使每个工段长只承担一种管理的职能，为此，泰勒设计出八种职能工段长，来代替原来的一个工段长。在这种情况下，工人不再听一个工段长的指挥，而是每天从八个不同头头那里接受指示和帮助。

泰勒的职能工长制是根据工人的具体操作过程进一步对分工进行细化而形成的。他认为每个职能工长只承担某项职能，职责单一，对管理者培训花费的时间较少，有利于发挥每个人的专长等。泰勒认为职能工长制有许多优点，但后来的事实证明，这种单纯“职能型”的组织结构容易形成多头领导，造成管理混乱。所以，泰勒的这一设想虽然对以后职能部门的建立和管理职能的专业化有较大的影响，但并未真正实行。

（四）定额管理与差别计件工资制

1. 定额管理

泰勒认为，企业有必要设立一个专门制定定额的部门或机构，这样的部门不但在管理上是必要的，而且在经济上也是合算的；要制定出有科学依据的工人的“合理日工作量”。因为当时美国的企业大多实行经验管理，矛盾频发。一方面，资本家不知道工人一天到底能干多少活，他们总嫌工人干活少，拿工资多，于是就往往通过延长劳动时间、增加劳动强度来加重对工人的剥削；另一方面，工人也不确切知道自己一天到底能干多少活，但总认为自己干活多，拿工资少。当资本家加重对工人的剥削时，工人就用“磨洋工”的方式消极对抗，这样就造成了恶性循环，企业的劳动生产率当然不会高，企业的精神面貌也不会好。

泰勒认为，计划部门要确立一个合理的定额，这个定额是以“第一流的工人在不损害其健康的情况下，维持较长年限的速度”为标准，这种速度不是以突击活动或持续紧张为基础，而是以工人能长期维持的正常速度为基础的。

2. 差别计件工资制

泰勒认为，在定额管理的基础上，实行差别计件工资制，使工人的贡献大小与工资高低紧密挂钩，会有许多好处：第一，有利于充分发挥个人积极性，有利于提高劳动生产率，能够真正实现“高工资和低劳动成本”。第二，由于计件工资与日工资率是经过正确观察和科学测定的，又能真正做到多劳多得，因此这种制度能更加公平地对待工人。第三，能够迅速地剔除所有低能的工人，吸收适合的工人来工作。因为只有真正好的工人，才能做到又快又准确，可以取得高工资率。泰勒认为这是实行差别计件工资制最大的优点。

为此，泰勒在总结差别计件工资制的实施情况时说："制度（差别计件工资制）对工人士气的影响效果是显著的。当工人感觉受到公正的待遇时，就会更加英勇、更加坦率和更加诚实，他们会更加愉快地工作，在工人之间和工人与雇主之间建立互相帮助的关系。"

（五）例外原则

泰勒认为，规模较大的企业不能只依据职能原则来组织和管理，而必须应用例外原则。所谓例外原则，是指企业的高级管理人员把一般的日常事务授权给下级管理人员去负责处理，而自己只保留对例外事项、重要事项的决策和监督权，如重大的企业战略问题和重要的人员更替问题等。这种例外的原则至今仍然是管理中极为重要的原则之一。泰勒提出的这种以例外原则为依据的管理控制方式，后来发展为授权原则、分权化原则和实行事业部制等管理体制。

（六）劳资双方的密切合作

泰勒在《科学管理原理》一书中指出："资方和工人的紧密、组织和个人之间的合作，是现代科学或责任管理的精髓。"他认为，没有劳资双方的密切合作，任何科学管理的制度和方法都难以实施，难以发挥作用。

那么，怎样才能实现劳资双方的密切合作呢？泰勒指出，必须使劳资双方实行"一次完全的思想革命"和"观念上的伟大转变"。泰勒在《在美国国会的证词》中指出："科学管理不是任何一种效率措施，不是一种取得效率的措施；也不是一批或一组取得效率的措施；它不是一种新的成本核算制度；它不是一种新的工资制度；它不是一种计件工资制度；它不是一种分红制度；它不是一种奖金制度；它不是一种报酬职工的方式；它不是时间研究；它不是动作研究……我相信它们，但我强调指出这些措施都不是科学管理，它们是科学管理的有用附件，因而也是其他管理的有用附件。"

三、泰勒对组织理论的贡献与局限

（一）贡献

1. 在历史上第一次使管理从经验上升为科学

泰勒的科学管理理论使人们认识到了管理学是一门建立在明确的法规、条文和原则之上的科学，它适用于人类的各种活动，从最简单的个人行为到经过充分组织安排的大公司的业务活动。科学管理理论对管理理论和管理实践的影响是深远的，直到今天，科学管理的许多思想和做法至今仍被许多国家参照采用。

泰勒的管理理论之所以被尊称为科学管理理论，原因在于他首次突破了管理研究的经验途径这一局限性视野，提出要以效率、效益更高的科学性管理，来取代传统小作坊师父个人经验传带或个人自己积累经验的经验型管理。这就告诉我们，经验对于管理虽然是重要的、基础性的，但却远非决定性的、唯一的。任何工作和业务流程通过科学的探讨都能够接近并在一定程度上达到完美。从此，人们认识到在管理上引进科学研究方法的重要性和必要性。

2. 讲求效率的优化思想和调查研究的科学方法

科学管理的贡献还在于泰勒提倡在管理中运用科学方法和他本人的科学实践精神。泰勒科学管理的精髓是用精确的调查研究和科学知识来代替个人的判断、意见和经验。泰勒在进行科学管理的研究与推广时遇到了巨大的阻力，有来自工人阶层的，也有来自雇主的。但他没有屈服，坚忍不拔，百折不挠，为科学管理献出了自己的毕生精力。

泰勒理论的核心是寻求最佳工作方法，追求最高生产效率。泰勒和他的同事创造和发展了一系列有助于提高生产效率的技术和方法，如时间与动作研究技术和差别计件工资制等。这些技术和方法不仅是过去，而且是近代合理组织生产的基础。科学管理与传统管理相比，一个靠科学地制定操作规程和改进管理，另一个靠拼体力和时间；一个靠金钱刺激，另一个靠饥饿政策。科学管理确实带来了很大的进步。

3. 率先提出工作标准化思想，是标准化或基准化管理的创始人

泰勒提出以作业管理为核心的管理理论是为了达到现实生产条件下的最大生产效率。其作业管理的研究成果是以组织各个环节和要素的标准化为表现形式的。这是一个很重要的标准量化管理的研究成果，开启了标准化管理的先河。现在的ISO，GMP等标准化管理体系沿用的仍然是泰勒的思想方法和工作方法。标准化管理已经成为现代管理而不仅仅是生产管理的普遍性核心构成部分。

（二）局限

1. 泰勒对工人的看法是片面的

他认为工人的主要动机是经济的，工人最关心的是提高自己的金钱收入，即坚持“经济人”的假设。他还认为工人只有单独劳动才能好好干，集体的鼓励通常是无效的。

2. 泰勒的管理内涵略显狭窄

泰勒的科学管理主要解决了一些具体工作的作业效率问题，却没有解决企业作为一个整体如何经营和管理的问题。他的研究范围比较小，内容比较窄，侧重于生产作业管理。另外，泰勒对于现代企业的经营管理、市场营销、财务等都没有涉及。

3. 泰勒忽视了资本家的贪婪无度

泰勒理所当然地认为，类似计件工资制等做法导致的工作效率不一定会让资本家提高日工作量定额，效率提高所带来的效益一定会在资本家与工人之间分享，从而实现双赢的局面。对人性假设的局限性限制了泰勒理论的视野和高度。但这些也正是需要泰勒之后的管理大师们创建新的管理理论来加以补充的地方。

第2节　法约尔的一般组织理论

一、法约尔及其与泰勒的对比

亨利·法约尔（1841—1925）是古典管理理论的主要代表人之一，被称为管理过程学派的创始人。他出生于法国一个中产阶层家庭，15岁时就读于里昂一所公立中等学校，两年后经考试及格转入圣艾蒂安国立矿业学院，19岁毕业时取得矿业工程师资格。之后，从工程师一直做到总经理。在漫长而成绩卓著的经营生涯中，他积累了丰富的管理经验。法约尔于 1916 年首次发表了《工业管理与一般管理》，奠定了他作为古典理论代表人物的基础。

总体上看，法约尔与泰勒同属于古典管理学派，二人都出生在比较富有的家庭，接受过良好的教育。但法约尔是在一个强调以传统为基础的法国文化环境中出生并被培养成管理雄才的，而泰勒则是在新教徒伦理和美国开放式文化环境中，从底层通过自己的艰苦努力而取得地位的。泰勒的理论侧重于在工厂中提高劳动生产率的问题，而法约尔则侧重于高层管理理论，他们的理论互为补充。

从社会影响看，泰勒的理论问世之初便广受重视，并引起巨大争议，泰勒为之奔波解释。然而法约尔的管理思想集中体现于《工业管理与一般管理》一文，1925 年此文作为著作正式出版，但是这本书的英译本 1929 年才问世，而直到 1949 年法约尔的思想才在美国受到广泛的重视。法约尔没有遭到有组织的工人的敌视，他在把他的方法介绍给工厂实施时从未遭到过反对；而泰勒的科学管理则同时受到雇主和工会的强烈反对，以至于他不得不到美国国会的听证会上面对雇主和工人的尖锐提问而慷慨陈词。法约尔工作不久就担任副经理，从经理的观点出发创立了一般管理理论，并将其应用于下一级的组织机构；泰勒刚进入工厂时则是一名工人，首先在工厂（特别在车间）中实施他的方法，然后从中归纳出一般性的结论。由于泰勒提出的职能工长制（这一观点后来并没有实施）与法约尔提出的管理工作 14 项原则中的第 4 项——统一指挥明显对立，一些人认为法约尔与泰勒的理论是相互竞争和有明显差别的，但法约尔自己则一再强调他们两人的著作是相互补充的，因为他们都想努力通过不同的分析方法来改进管理工作。法约尔于 1918 年退休，之后直到去世一直担任由他创办的以推广法约尔主义为宗旨的行政管理研究中心的领导人。这个团体在法约尔去世后不久同在法国推广泰勒主义的组织合并为法国组织全国委员会，从而使古典管理理论中的两大流派在法国合流。

二、法约尔对组织理论的贡献

(一) 对组织管理职能进行了一般性界定

亨利·法约尔对古典组织理论的贡献在于总结概括了组织管理的一般规律，构建了一般组织理论的基本框架。法约尔第一次对管理的职能做出了界定。他认为组织管理活动由 5 种要素构成，即计划、组织、指挥、协调、控制。

1. 计划

计划就是探索未来，制定行动方案。计划是法约尔着重强调的一个重要因素。他认为制定计划需要组织中所有人的共同参与。一个良好的计划应该具有统一性、连续性、灵活性、精确性 4 个特点。法约尔还认识到了制定长期计划的重要性。

2. 组织

组织就是建立企业的物质和社会的双重结构，包括有关组织体系，结构框架，活动内容与规章制度，员工的选拔、任用、奖惩、培训。法约尔还认为组织中的管理人员要具备健康的体魄、旺盛的精力、道德品质、教养、管理能力和一般业务知识这 6 种才能和条件。成员的素质和首创精神决定了组织的效率。对于员工的培训方面，他主张注重管理培训。

3. 指挥

指挥简单说就是使员工发挥自身潜力的一种领导艺术。法约尔主张在组织管理中采用参谋职能制而不是泰勒的职能工长制，这样可以确保对员工进行统一指挥。法约尔认为指挥人员应具备8个条件：（1）对自己的手下人员有深入的了解；（2）淘汰不胜任的人；（3）制定约束企业和员工的合同；（4）树立榜样；（5）定期检查账目；（6）召集主要助手参加会议以便统一指挥和集中精力；（7）不要把精力浪费在细节琐事之中；（8）要使员工保持团结努力、勇于创新的工作精神。

4. 协调

协调即调动一切可以联合的力量实现组织目标，使企业的一切工作都和谐进行并且相互配合。法约尔认为应从3个方面对协调进行分析：（1）各个部门的工作是否与其他部门协调一致；（2）各个部门的各个部分对自己应承担的责任和彼此之间的义务是否明确清楚；（3）每个部门的计划是否做到随时间和其他情况的变化而有所调整。

5. 控制

即根据所制定的方案、规定的原则和下达的命令检查企业的各项工作是否与之相符，目的在于及时纠正工作中出现的缺点和错误，避免重犯。为了有效控制，控制活动必须马上执行，伴以适当的奖励和惩罚。由于工作性质和对象的不同，控制应采取不同的方式。

法约尔指出，管理五要素并不仅限于企业经理或领导者的个人责任，它应该与企业其他工作一样，是分配于管理者和全部组织成员之间的职能。法约尔管理五要素的提出影响了整个20世纪的管理学，以后许多管理学者在法约尔管理理论的基础上继续研究，逐渐形成了管理过程学派，也称管理职能学派，法约尔是这一学派的奠基人。法约尔还指出，不要把管理同领导混为一谈，领导是从企业拥有的资源中寻求获得尽可能大的收益，引导企业达到既定目标，保证企业各类工作顺利进行的高层次工作。

（二）提出了组织管理的一般原则

法约尔在总结其60年管理经验的基础上，提出了一般管理的14项原则。

1. 劳动分工原则

法约尔认为，劳动分工属于自然规律。劳动分工不仅适用于技术工作，而且适用于管理工作。应该通过分工来提高管理工作的效率。但是，法约尔又认为："劳动分工有一定的限度，经验与尺度感告诉我们不应超越这些限度。"

2. 权力与责任原则

有权力的地方，就有责任。责任是权力的孪生物，是权力的当然结果和必要补充。这就是著名的权力与责任相符原则。法约尔认为，要贯彻权力与责任相符原则，就应该有有效的奖励和惩罚制度，即"应该鼓励有益的行动而制止与其相反的行动"。实际上，这就是现在我们讲的权、责、利相结合的原则。

3. 纪律原则

法约尔认为纪律应包括两个方面，即企业与所属人员之间的协定和人们对这个协定的态度及遵守情况。法约尔认为纪律是一个企业兴旺发达的关键，没有纪律，任何一个企业都不能兴旺繁荣。他认为制定和维持纪律最有效的办法是：要有好的各级领导；要有尽可能明确且公平的协定；要合理执行惩罚。因为"纪律是领导人造就的……无论哪个社会组织，其纪律状况都主要取决于领导人的道德状况"。

4. 统一指挥原则

统一指挥是一个重要的管理原则，按照这个原则的要求，一个下级人员只能接受一个上级的命令。如果两个上级同时对同一个人或同一件事行使他们的权力，就会出现混乱。在任何情况下，都不会有适应双重指挥的社会组织。

5. 统一领导原则

统一领导原则是指："对于力求达到同一目的的全部活动，只能有一个领导人和一项计划……人类社会和动物界一样，一个身体两个脑袋，就是个怪物，就难以生存。"统一领导原则讲的是，一个下级只能有一个直接上级。它与统一指挥原则不同，统一指挥原则讲的是，一个下级只能接受一个上级的指令。这两个原则之间既有区别又有联系。统一领导原则讲的是组织结构设置的问题，即在设置组织结构的时候，一个下级不能有两个直接上级。而统一指挥原则讲的是组织结构设置以后运转的问题，即当组织结构建立之后，在运转的过程中，一个下级不能同时接受两个上级的指令。统一指挥中指挥一词词义偏重于动词，而统一领导中领导一词偏重于名词，指的是组织结构这一环节。

6. 个人利益服从整体利益原则

法约尔认为这个原则是大多数人都十分明白清楚的原则，但是，往往"无知、贪婪、自私、懒惰以及人类的一切冲动总是使人为了个人利益而忘掉整体利益"。为了能坚持这个原则，法约尔认为，成功的办法是："（1）领导人的坚定性和好的榜样；（2）尽可能签订公平的协定；（3）认真地监督。"

7. 人员的报酬原则

没有报酬激励的行为是不可持续的。员工的报酬首先要考虑的是维持员工的最低生活消费和企业的基本经营状况，这是确定人员报酬的一个基本出发点。在此基础上，再考虑根据员工的劳动贡献来决定采用适当的报酬方式。对于各种报酬方式，法约尔认为不管采用什么报酬方式，都应该尽可能做到人员报酬公平，具有持续的激励性，保持合理的报酬限度。

8. 集中的原则

法约尔认为，集中或分散是一个简单的尺度问题，关键在于找到适合该企业的程度。在小企业中，可以由上级领导者直接把命令传达到下层人员，所以权力就相对比较集中；而在大企业中，高层领导者与基层人员之间还有许多中间环节，因此，权力就比较分散。影响一个企业是集中还是分散的因素有两个：一个是领导者的权力；另一个是领导者对发挥下级人员积极性的态度。"如果领导人的才能、精力、智慧、经验、理解速度……允许扩大活动范围，他则可以大大加强集中，把其助手降低为普通执行人。相反，如果他愿意一方面保留全面领导的特权，一方面更多地采纳协作者的经验、意见和建议，那么可以实行广泛的权力分散……提高部下作用重要性的做法就是分散，降低这种作用重要性的做法则是集中。"

9. 等级制度原则

等级制度就是从最高权力机构直到低层管理人员的领导系列，而贯彻等级制度原则就是要在组织中建立一个不中断的等级链。这个等级链说明两个方面的问题：一是它表明了组织中各个环节之间的权力关系，通过这个等级链，组织中的成员就能明确谁可以对谁下指令，谁应该对谁负责。二是它表明了组织中信息传递的路线，即在一个正式组织中，信息是按照组织的等级系列来传递的。贯彻等级制度原则有利于组织加强统一指挥原则，保证组织内信息联系的畅通。

10. 秩序原则

法约尔所指的秩序原则包括物品的秩序原则和人的社会秩序原则。对于物品的秩序原则，他认为，每一件物品都有一个最适合它存放的地方，坚持物品的秩序原则就是要使每一件物品都位于它应该放的地方。对于人的社会秩序原则，他认为，每个人都有他的长处和短处，贯彻社会秩序原则就是要确定最适合每个人的能力发挥的工作岗位，然后使每个人都在最能使自己的能力得到发挥的岗位上工作。为了贯彻社会的秩序原则，法约尔认为首先要对企业的社会需要与资源有确切的了解，并保持两者之间经常的平衡。秩序原则要注意消除任人唯亲、偏爱徇私、野心奢望和无知等弊病。

11. 公平原则

法约尔把公平与公道区分开来。他说："公道是实现已订立的协定。但这些协定不能什么都预测到，要经常地说明它，补充其不足之处。为了鼓励其所属人员能全心全意和无限忠诚地执行他的职责，应该以善意来对待他。公平就是由善意与公道产生的。"也就是说，贯彻公道原则就是要按已订立的协定办。但是在未来的执行过程中可能会因为各种因素的变化使得原来制定的公道的协定变成不公道的协定，在此情形下，即使严格地贯彻公道原则，也会使员工的努力得不到公平的体现，从而会使员工有挫败感。因此，在日常管理中要贯彻的公平原则就是公道原则加上善意地对待员工。也就是说在贯彻公道原则的基础上，还要根据实际情况对员工的劳动表现进行善意的评价。

12. 人员的稳定原则

法约尔认为，一个人要适应他的新职位，并做到能很好地完成他的工作，需要时间的历练。按照人员的稳定原则，要使一个人的能力得到充分的发挥，就要使他在一个工作岗位上相对稳定地工作一段时间，使他能有一段时间来熟悉自己的工作，了解自己的工作环境，并取得别人的信任。但人员的稳定是相对的而不是绝对的，年老、疾病、退休、死亡等都会造成企业中人员的流动。因此，人员的稳定是相对的，而人员的流动是绝对的。对于企业来说，要掌握人员的稳定和流动的合适的度，以利于企业中成员的能力得到充分的发挥。

13. 首创精神原则

法约尔认为："想出一个计划并保证其成功是一个聪明人最大的快乐之一，这也是人类活动最有力的刺激物之一。建议与执行的自主性也都属于首创精神。"法约尔认为人的自我实现需求的满足是激励人们工作热情和工作积极性的最有力的刺激因素。对于领导者来说，"需要极有分寸地，并要有某种勇气来激发和支持大家的首创精神"。当然，纪律原则、统一指挥原则和统一领导原则等的贯彻会使组织中人们首创精神的发挥受到限制。

14. 团队精神原则

人们往往由于管理能力的不足，或者由于自私自利，或者由于追求个人的利益等而忘记了组织的团结。法约尔认为管理者需要确保并提高劳动者在工作场所的士气，培养个人和集体积极的工作态度。为了加强组织的团结，法约尔特别提出在组织中要禁止滥用书面联系。他认为在处理一个业务问题时，当面口述要比书面传达快，并且简单得多。"由此得出，每当可能时，应直接联系，这样更迅速、更清楚，并且更融洽。"

（三）率先实践了职能制组织结构

法约尔认为劳动分工是属于自然规律的范畴，是关于劳动专业化的古典概念，实行劳动的专业化分工可以提高人们的工作效率，一样的劳动由于进行了劳动分工可以得到更多的东西。法约尔认为劳动分工不仅适用于技术工作，在管理方面和职能的权限划分方面也同样适用。但需要注意的是专业化分工要有一定的限度，不能超出这个限度，如果分工过细或过粗，效果都不好。

职能制结构起源于 20 世纪初法约尔在其经营的煤矿公司担任总经理时所建立的组织结构形式，故又称“法约尔模型”。它是按职能来组织部门分工，即从企业高层到基层，均把承担相同职能的管理业务及其人员组合在一起，设置相应的管理部门和管理职务。如把所有同销售有关的业务工作和人员都集中起来，成立销售部。

（四）提出了“跳板”原则

在讲到等级原则时，法约尔特别强调等级秩序在保证决策目的一致性中的重要作用。但是，如果过分强调职能分工并严格按照等级服从进行信息传递与沟通的话，则可能由于信息沟通的路线太长而使得信息联系的时间延长，同时容易造成信息在传递的过程中失真，从而造成适得其反的低效率状况。因此，应该将尊重等级制度与保持行动迅速结合起来。为了解决这个矛盾，法约尔设计了一种“联系板”的方法，以便组织中不同等级线路中相同层级的人员能在有关上级同意的情况下直接联系，即后人所谓的“法约尔桥”或者叫“跳板”。如图 2－1 所示，A 代表这个组织的最高领导，按照组织系统，F 与 P 之间发生了必须两者协商才能解决的问题，F 必须将问题向 E 报告，E 再报告 D，如此层层由下而上，由上而下到达 P，然后 P 将研讨意见向 O 报告，层层上报到 A，再经过 B，C……最后回到 F。这样往返一趟，既费时又误事，所以法约尔提出做一“跳板”，使 F 与 P 之间可以直接商议解决问题，再分头上报。

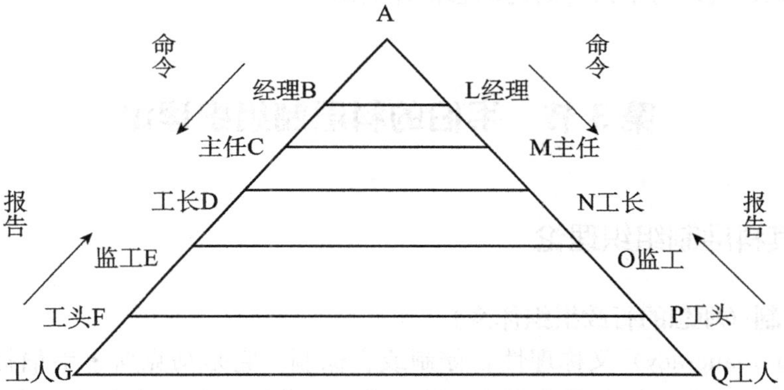

图 2－1 法约尔桥

如果工头 F 想同工头 P 联系，他可以直接进行联系，而不用向上级报告（F 通过 E 到 A）以及按顺序 A 向下传递给 P。但是这种联系只有等级中所有各方都同意而且上级人员随时都了解情况的时候才能进行，E 与 O 同意各自的下属 F 和 P 直接联系，就“捍卫了等级原则”；F 与 P 分别向各自的上级汇报了情况，“整个情况就完全合乎规则”。因此，“跳板”原则使得侧向联系可以迅速有效地进行，而且既不使路线负担过重，又维护了统一指挥原则，捍卫了等级原则。法约尔的等级制度倾向于所有的员工安排均有明确的等级结构，但他也意识到上下级之间存在沟通问题，因此，他也提倡适当的横向联系。

（五）倡导了管理学教育

法约尔意识到，管理不是先天的素质，而是一种可以后天教育与培养的技能。法约尔曾呼吁应该普及管理教育。

法约尔认为，管理教育在小学教育中可以浅尝辄止，进入中学后可以进行基础教育，到了大学，管理应该作为一门专业的学科进行授受。实现管理教育的首要前提是形成一种管理理论，因为没有管理理论，又没有方法，许多管理人员将永远是一个“初学者”，只能墨守以往技术、商业等方面的成规。法约尔还认为，管理教育不是为了把所有的学生都培养成好的管理者，如同技术教育不是为了把所有的学生都培养成优秀的技术人员一样，只是要求起到像技术教育那样的作用，即引导青年理解并运用他们的经验教训。每个人或多或少都需要管理的知识。

因此，法约尔事实上担当起创立管理理论的重任。他提出了他的理论依据：（1）管理是一种可应用于一切机构的独立的活动；（2）一个人在某机构内地位越高，管理活动越重要；（3）管理是可以教授的。法约尔创立的管理理论的核心是对管理的原则和管理的要素的论述。

三、法约尔一般管理理论的局限性

法约尔的一般管理理论虽然使组织理论成为一门具有内在一致性、体系完整性的学科，但不可否认，它还只是框架性的、概括性的组织学说。他既无法像泰勒一样微观具体地创造出一些具体的管理技巧与方法，也无法像梅奥、马斯洛、赫茨伯格、麦格雷戈等后人一样，清晰具体地揭示组织中人的社会属性对组织发展的影响；当然，我们更无法要求他像切斯特·巴纳德、霍曼斯、卡斯特、罗森茨韦克和利克特等人一样，系统地研究和揭示组织与环境、组织与组织、组织与个人之间的动态依存关系。

第3节　韦伯的科层制组织理论

一、韦伯及其科层制组织理论

（一）科层制（理想的行政组织体系）

科层制（bureaucracy）又称理性官僚制或官僚制。它是马克斯·韦伯提出的，建立在组织社会学的基础之上，体现了德国式的社会科学与美国式的工业主义相结合的社会组织理论。按照通行的解释，官僚制指的是一种权力依职能和职位进行分工和分层，以规则为管理主体的组织体系和管理方式，也就是说，它既是一种组织结构，又是一种管理方式。

小资料

韦伯其人

马克斯·韦伯（1864—1920）是德国著名社会学家、政治学家、经济学家、哲学家，是现代最具生命力和影响力的一位思想家。韦伯最初在柏林大学开始教职生涯，并陆续在维也纳大学、慕尼黑大学等大学任教。对于当时德国的政界影响极大，曾前往凡尔赛会议代表德国进行谈判，并且参与了魏玛共和国宪法的起草设计。与泰勒和法约尔属同一历史时期，并且对西方古典管理理论的确立做出了杰出贡献，是公认的现代社会学和公共行政学最重要的创始人之一，被后世称为“组织理论之父”。

在汉语中官僚制多带有贬义，但在英文中，bureaucracy是一个中性词，专指一种职位

分工与权力授予的组织体制，并不带有贬义。韦伯的原意是通过职务或职位而不是通过个人或世袭地位来管理。要使行政组织发挥作用，管理应以知识为依据进行控制，管理者应有胜任工作的能力，应该依据客观事实而不是凭主观意志来领导，因而这是一个有关集体活动理性化的社会学概念。韦伯的理想行政组织结构可分为三层，其中最高领导层相当于组织的高级管理阶层，行政官员相当于中级管理阶层，一般工作人员相当于基层管理阶层。无论企业采用哪一种类型的组织结构，这三层结构都是组织结构的基础性框架。

韦伯指出，现代的行政组织存在一种正式的管辖范围的原则，这种管辖范围一般是由规则（即法律或共同认可的原规则）确定的。这意味着：按行政方式控制的机构目标所要求的日常活动，是作为正式职责来分配的；执行这些职责所需要的权力是按一种稳定的方式来授予的，并且由官员通过肉体的、宗教的或其他的强制手段来严格地加以限制；对于正常且持续地履行职责和行使相应权力的方法应有所规定，只有按一般规定符合条件的人才会被雇用。这三项要素在国家范围构成为一个行政组织体系的机关，在经济领域则构成为一个行政组织体系的企业。

（二）科层制组织应具有的特点

在韦伯看来，科层制是一种“理想的行政组织体系”。其中所谓“理想的”，并不仅仅指这是一种符合人价值观念的、中意的组织体制，更是指它还是一种“纯粹的”组织形态，类似数学中的“极限”概念。因为在现实生活中，组织受各种主客观因素的影响，不可能那么“纯粹”，只可能是各种组织形态的结合或混合，只可能是对“理想”组织形态的逼近。这种“理想的行政组织体系”只是为了进行理论分析而描绘出的一种理想形态。

科层制组织具有以下特点：

（1）科层制组织具有明确的目标意识。机构是根据明文规定的规章制度组成的，并具有确定的组织目标。人员的一切活动都必须遵守一定的程序，其目的是实现组织的目标。

（2）科层制组织以劳动分工促进组织目标实现。组织为了达到目标，把实现目标的全部活动进行划分，然后落实到组织中的每一个成员。在组织中的每一个职位都有明文规定的权利和义务，这种权利和义务是合法化的，在组织工作的每个环节上，都是由专家来负责的。

（3）科层制组织按等级制度形成一个指挥链。这种组织是一个井然有序且具有完整的权责相互对应的组织，各种职务和职位按等级制度的体系来进行划分，每一级人员都必须接受其上级的控制和监督，下级服从上级。但是他也必须为自己的行动负责，这样，作为上级来说必须对自己的下级拥有权力，发出下级必须服从的命令。

（4）科层制组织在人员关系上，主张建立指挥和服从的关系。这种关系不是由个人而是由职位所赋予的权力决定的，个人之间的关系不能影响到工作关系。

（5）科层制组织主张职位的专业化管理。承担每一个职位的人都是经过挑选的，也就是说必须经过考试和培训，接受一定的教育，获得一定的资格，由需要的职位来确定需要什么样的人来承担。人员必须是称职的，同时也是不能随便免职的。

（6）科层制组织实行从上到下的委任制。组织中所有的管理人员都是委任的，而不是选举的（一些特殊的职位必须通过选举的除外）。

（7）科层制组织中的管理人员可以不是这些企业或组织的所有者。

（8）科层制组织实行严格的制度管理。管理人员有固定的薪金，并且有明文规定的升迁制度，有严格的考核制度。管理人员的升迁完全由他的上级来决定，下级不得表示任何意见，以防止破坏上下级的指挥系统，通过这种制度来培养组织成员的团队精神，要求他们忠于组织。

（9）科层制组织崇尚组织纪律的严肃性。管理人员必须严格地遵守组织中的法规和纪律，这些规则不受个人感情的影响，而适用于一切情况。组织对每个成员的职权和协作范围都有明文规定，使其能正确地行使职权，从而减少内部的冲突和矛盾。[①]

（三）科层制的应用

科层制在营利经济的企业里，或者在慈善机构或者任何其他追随个人的思想目的或者物质目的的企事业单位里，以及在政治的或者僧侣统治的团体里，都可以应用。例如，在私人诊所以及在修道院医院和教会医院里，其官僚体制在原则上是相同的。也就是说，把“职务”工作和“私人”活动区分开来，是典型的官僚体制的现象。同样，大的资本主义企业（而且企业越大情况越是如此）、政党和官僚体制的军队的运作，也同样如此。在官僚体制中，专业业务资格的范围在日益扩大，即使政党和工会的官员也需要专业的知识。为实现其目标所需要的全部活动被划分为各种基本的专业，作为任务分配给组织中的各个成员。经过这样最大限度的分工，在组织中的每一个环节上，都由拥有必要职权的专家来完成其任务。因此，组织规定每一个成员的职权范围和协作形式，以使得各成员能正确行使职权，减少冲突，从而使它在精确性、稳定性、纪律性和可靠性方面都优于其他组织形式，因此是一种最好的组织形式。

实践证明，时至今日，应用韦伯提出的官僚组织结构仍然是一种效率很高的组织形式，因为它能在技能和效率的基础上，使组织内人们的行为理性化，具有一致性和可预测性。今天各种各样的组织，不管是工厂、学校、机关、医院还是军队，都或多或少地具有官僚集权组织的某些特征。

二、组织合法性统治的基础：组织权力来源

韦伯认为，合法型统治是官僚组织结构理论的基础，任何一种组织都必须以某种形式的权力为基础，才能实现其目标，只有权力才能变混乱为有序。如果没有这种形式的权力，连组织的生存都是非常危险的，就更谈不上实现组织的目标了。权力可以消除组织的混乱，使组织有秩序地运行。韦伯把这种权力划分为三种类型：第一种是理性的、法定的权力（有限权力），指的是依法任命并赋予行政命令的权力，对这种权力的服从是一套依法建立的等级制度，这是对确认职务或职位的权力的服从。第二种是传统的权力，它是以古老的、传统的、不可侵犯的和执行这种权力的人的地位的正统性为依据的。第三种是超凡的权力，这种权力建立在对个人的崇拜和迷信的基础上。

韦伯在《社会和经济组织的理论》一书中指出：三种纯粹形态的合法权力，其各自的合法性依据如下：（1）法定的依据。其依据是对标准规则的“合法性”的信念，或对那些按照标准规则被提升到有权指挥的人所具权力的信念（法定权力）。（2）传统的依据。其依据是对古老传统的不可侵犯性和对传统执行权力的人的地位的正统性信念（传统权力）。（3）超凡的依据。其依据是对个别人特殊和超凡的神圣、英雄主义或模范品质的崇拜（超凡权力）。韦伯认为，这三种纯粹形态的权力中，传统权力的效率较差，因为其领导人不是按能力来挑选的，仅是单纯为了保存过去的传统而行事。超凡权力过于带有感情色彩并且是非理性的，

① 行政组织体系．［2018－03－01］．http：//www. sunsky. org. cn/content _ ma. asp?id=167.

不是依据规章制度而是依据神秘或神圣的启示，所以这两种权力都不宜作为行政组织体系的基础，只有理性和法律的权力（合法权力）才能作为行政组织的基础。因为理性的合法权力具有较多的优点，如有明确的职权领域、执行等级系列、可避免职权的滥用、权力行使的多样性等。这样就能保证经营管理的连续性和合理性，按照人的才干来选拔人才，并按照法定的程序来行使权力，因而是保证组织健康发展最好的权力形式。

三、对科层制的评价

（一）对科层制的积极评价

综合以上内容，韦伯提出的科层制组织结构理论有以下特点：

（1）有明确规定的职权等级制度。在这种组织中，明确划分各种职务和权力等级。各个下级都处于一个上级的控制和监督之下，职务和权力是明文规定的，但人员可以调换。

（2）专业化强、分工明确。每个人的工作都分成简单的、例行常规的、明确规定的作业。

（3）规章制度明确。用规章制度来保证和巩固组织内各层级和人们之间的协调一致。

（4）不受个人情感因素的影响。对于人的感情和个性因素都不予考虑，只根据制度实行奖励或惩罚。

（5）员工的选择和提升主要根据技术能力。组织活动要通过职务或职位而不是通过个人或世袭地位来管理；职位承担者要通过考试来选拔，要通过培训来提高。

（6）组织纪律是无情而平等的。韦伯认为组织权力的基础应是法定权力，传统权力、超凡权力是不可靠的。

科层制组织结构具有等级严格、非人格化、延续性、专业化的特征。对于科层制组织结构，韦伯认为，科层制组织结构之所以能带来高效率，是因为从纯技术的角度看，科层制强调知识化、专业化、制度化、正式化和权力集中化，它在组织中消除了个人情感的影响。因此，它能使组织内人们的行为理性化，具有一致性和可预测性。

韦伯的结论是，机械式的科层制组织是最有效的，这个组织合理又无情地向前运行，它精确、快速、明确、谨慎、统一，具有持续性和较低的成本。韦伯的组织理论在当时是相当先进的。但是在他迫切提出他的理论的时候，社会的文化和形势还没有形成对组织理论的要求，因此他的理论在当时没有得到应有的重视。

（二）对科层制的批评

1. 诸多假设的有效性问题

科层制组织结构理论强调建立等级系统，认为它有助于促进纪律和加强统一指挥原则，而且科层制组织结构理论是以技术为根据来选择候选人的。在这里，科层制组织结构理论就隐含着这样一个假设前提：当上级与下级之间出现不协调时，上级的判断必然比下级的判断正确。显然，这个假设存在明显的缺陷，因为上级并不可能总是比下级正确。又如科层制组织结构理论强调人际关系的非人格化，决策者决策时考虑的只能是规章和程序、合理性和效率。在这里，隐含着的一个假设前提是：组织中只存在正式组织的框架，否认人的感情等非正式组织方面的因素对管理者决策的影响。显然，这个假设前提也是不能完全成立的。

2. 过分地强调组织制度的刚性

任何一个组织都要有一定的规章制度，以规范组织和组织成员的行为。但是，过分地强调规章制度也会抑制创造力、革新精神。它使得组织的“官僚”们在遵守规章制度的借口下不做与现实不相关问题的决策；不过早地做决策；不做其他人会做的决策。对于“官僚”们来说，只要按章办事就不会犯错误，至于如何才能提高组织的效率，则不是他们所要考虑的事情。久而久之，官僚组织中的“官僚”们就形成了这样的行为规范：求稳定和坚持原则对个人成功是至关重要的；宁可把冒险的决策推给别人也不愿意自己冒可能犯错误的风险；否定一个建议比肯定一个建议更安全；慢慢研究比马上决定更稳妥。其结果，就形成了人们所批评的效率低下的“官僚主义”和“官僚作风”。尽管科层制组织结构有较多的缺陷，但从纯技术的角度看，科层制强调知识化、专业化、制度化、标准化、正式化和权力集中化，确实能给组织带来较高的效率。

□ 本章小结

古典组织理论从研究组织的结构与制度入手，意在构建一个稳定的、可靠的、高效的、类似于机器的组织。泰勒的科学管理理论侧重研究了应用科学方法确定从事一项工作的“最佳方法”。可以概括为：科学，而不是单凭经验办事；协调，而不是不和别人合作，不是个人主义；以最大限度的产出，取代有限的产出，每人都发挥最大的工作效率，获得最大的成功，用高效率的生产方式代替低成本的生产方式。亨利·法约尔被后人尊称为“现代经营管理之父”，他最主要的贡献在于三个方面：从经营职能中独立出管理活动；提出管理活动所需的5项职能和14项管理原则。韦伯主张的科层制组织结构具有等级严格、非人格化、延续性、专业化的特征，科层制组织是机械式的，这个组织合理又无情地向前运行，它精确、快速、明确、谨慎、统一，具有持续性和较低的成本。按古典组织理论规划的组织可能存在以下问题：组织中的沟通容易被曲解；组织是机械式的，不能适应环境的变化；容易压制员工的创造性；把人看成是组织中的一个机器零件。

□ 关键术语

科学管理　管理原则　科层制　计件工资制　例外原则　组织管理原则　“跳板”原则　组织权力

□ 复习题

1. 古典组织理论有何意义？
2. 科学管理理论的核心内容有哪些？
3. 法约尔对管理的职能是如何界定的？
4. “法约尔桥”有何意义？
5. 如何理解科层制？

案例分析

由“富士康”事件浅析中国科层制

富士康事件在过去的很长一段时间内惹得国人议论纷纷，富士康发言人对媒体表示，公司对员工自杀事件进行过调查，发现这些事件与企业的生产经营管理方式没有直接的关系，并将这些人的自杀归结为员工个人情感出现问题、生理疾病、社会防范意识不够三个方面。但是，接二连三发生跳楼事件，原因不可能仅仅来自企业外部，企业的内部结构体系肯定也与该事件有着莫大的关联。

富士康的管理模式正是韦伯科层制理论的体现。韦伯认为，“一个高效率的组织，必须实行劳动分工，并把这些权力和责任作为职责使之合法化，各种职位按权力登记组织起来，形成一个指挥链或者实行等级制度。充分发达的科层制机构，其工作效率与其他组织相比，恰恰如大机器生产与手工生产之间的比较一样：精确、快速、熟知文本、连续性、处理权限、统一性、严格从属关系、减少相互摩擦、降低物质与人工成本。”但是，韦伯仅是从纯粹理想型的角度来分析问题的，或者说他构建了一个理想的、高效率的行政管理框架。这一框架存在很大的弊端，科层制在实际运用过程中也会产生消极作用，即负功能。

科层制下的富士康在排除了人的感情后遵循事本主义，以保证组织朝着追求高效率的目标前进，但是这一模式又不可避免地使组织内部各级结构、各种人员的职责、权限、活动方式等受到规则和章程的严格限定，组织成员在组织内部的一切行动均需严格按照组织的规章制度进行。由于过分强调照章办事，组织成员的行动长期受到规则的限制。组织将人机器化，难以赋予其生气的目的与价值，致使成员缺乏感情沟通从而影响组织的凝聚力与发展。而且，科层制下组织规则、条框过多，把某种无人格和僵死的成分带进了办公室管理。文牍主义和繁文缛节对规则、条例、政策、框框的过分强调束缚了人们的手脚，限制了组织成员主观能动性的发挥，窒息了人的主动性和创造性。

在所有科层制所带来的负功能中，直接造成富士康跳楼事件的是科层制对员工个性的抹杀。科层制的专业化特点把工作人员限制在一个局限性很大的范围内，使他们和他们行动的结果隔离开。从事高度专门化工作的人看不到组织的大目标。科层制否定了成员的个性和感情以满足组织的要求，这会使他们仅仅成为齿轮上的齿牙。整体机构以此否定一般人员的个性，并像物品一样对待他们，因而成员的个性、人格受到压抑。组织中计划的可预测性及其对资本主义的适应性越是得到充分的实现，科层制就越是使自己“非人化”，从而导致富士康员工的情感无处宣泄。在经受长期的重压后，一些人最终走上了不归路。

综上所述，严格科层制下的富士康的最大缺陷就是管理的非人格化，没有运用权变的组织观点来使内部组织结构优化，以发挥其最大功效。随着社会的进步，人们的需求开始多样化，除了物质需求，人们对于精神层次自我实现等方面的需求日益增加。马斯洛的需求层次理论认为，人的需要由低到高依次为生理的需要、安全的需要、社交的需要、尊重的需要、自我实现的需要。在低层次的需要得到满足后，人们会寻求更高层次需要的满足。因此，富士康在降低科层制所带来的消极影响的过程中应着重注意以下两点：首先，把组织成员看成是集体的一员，认识到成员需要的多样性，进行人性化管理。这应该是富士康在其经营理念上进行改善的第一步。其次，完善沟通模式，建立不同级别的沟通途径，推动不同层级的组织成员进行双向沟通，将组织网络与沟通范式扁平化，方便基层意见与想法直达顶层。管理层的组织成员要主动多与基层员工进行互动交流，鼓励员工以适当的方式宣泄自己的不满，缓解严格科层制下员工的心理压力。

从客观角度来看，科层制的效率能够服务于人本主义，也能够服务于其他价值。现代科层制的功能犹如一枚硬币的两面，在期待它提高工作效率的同时，也必须面对它可能形成的负面后果。对于当今普遍运用科层制的中国来说，权衡利弊，发挥其效率功能，减少其带来的负功能，改变企业传统落后的组织观念，探索适合中国国情的组织理念与组织方法解决实际问题，具有重要意义。

资料来源：由富士康事件浅析科层制在中国的运用．[2014－04－28]．https：//wenku.baidu.com/view/650fc70ba8956bec0875e345.html.

思考题

1. 结合案例说明科层制的优劣。
2. 你对富士康的管理有何建议？

第3章　行为组织理论

导读案例

日立的"鹊桥"相会

大多数企业都有不成文的规矩：禁止内部员工恋爱。其实，这种做法是不合法也不可取的。"棒打鸳鸯"只能导致军心涣散，让员工对组织感到寒心。获得如此"待遇"的员工即便留下，也会"身在曹营心在汉"。

日本日立公司有一个名叫田中的工程师，他为日立公司工作近12年了，对他来说，公司就是他的家，因为甚至连他美满的婚姻都是公司为他解决的。原来，日立公司内设了一个专门为职员架设的"鹊桥"——婚姻介绍所。日立公司人力资源部的管理人员认为，这样做能起到稳定员工、增强企业凝聚力的作用。

日立"鹊桥"总部设在东京日立保险公司大厦八楼，田中刚进公司便在同事的鼓动下，把学历、爱好、家庭背景、身高、体重等资料输入"鹊桥"电脑网络。在日立，当某名员工递上求偶申请书后，他（她）便有权调阅电脑档案，申请者往往利用休息日坐在沙发上慢慢、仔细地翻阅这些档案，直到找到满意的对象为止。一旦他（她）被选中，联系人会将挑选方的一切资料寄给被选方，被选方如果同意见面，公司就安排双方约会，约会后双方都必须向联系人报告对对方的看法。

终于有一天，同在日立公司当接线员的富泽惠子从电脑上走下来，走进了田中的生活，他俩的第一次约会是在离办公室不远的一家餐厅共进午餐，这顿饭吃了大约4小时。不到1年，他们便结婚了，婚礼是由公司"月下老"操办的，而来宾中70%都是田中夫妇的同事。

从这个故事中我们可以看出日立公司对待员工就像对待家人一样，公司并没有刻意去营造一种家的氛围，却给了员工家的归属感。

公司把员工当家人一样对待，员工自然会从公司感受到家的温暖。这样员工便没有了后顾之忧，自然也就能一心一意地专注于工作。家的归属感是再多的奖金、物质及晋升奖励都无法比拟的。如果一个人能在公司中体味到如家庭般的氛围，他便会安心，士气在无形中自然也就提升了。

家是每个人都需要的，公司把员工当家人，员工自然会把公司当成家。而有着这样文化的公司，何愁没有凝聚力，何愁没有团队精神？

资料来源：日立"鹊桥".［2012-07-15］.http://blog.sohu.com/s/NjM0NjM4Mzk/226985547.html.

行为组织理论认为，人是组织中的灵魂，组织结构的建立只是为了创造一个良好的环境，使这个组织中的人比较顺利地实现他们的共同目标。组织是服务于人的，组织中的人具有主观能动性。任何一个组织其成员的行为都会影响该组织的结构和功能，并影响该组织所适用的管理原则。作为一种组织理论，它又由几个流派或阶段构成。

第1节　人际关系理论

一、人际关系理论的提出背景

(一) 古典组织理论的困惑

古典组织理论的杰出代表泰勒、法约尔等人在不同的方面对管理思想和管理理论的发展做出了卓越的贡献，并对管理实践产生了深刻影响，但是他们共同的特点是，着重强调管理的科学性、合理性、纪律性，而未给予管理中人的因素和作用足够重视。他们的理论是基于这样一种假设，即社会是由一群无组织的个人组成的；他们在思想上、行动上力争获得个人利益，追求最大限度的经济收入，即“经济人”；管理部门面对的仅仅是单一的员工个体或个体的简单总和。基于这种认识，工人被安排去从事固定的、枯燥的和过分简单的工作，成了“活的机器”。从20世纪20年代美国推行科学管理的实践来看，泰勒制在使生产率大幅提高的同时，也使工人的劳动变得异常紧张、单调和劳累，因而引起了工人的强烈不满，并导致工人怠工、罢工以及劳资关系日益紧张等事件出现；另一方面，随着经济的发展和科学的进步，有较高文化水平和技术水平的工人逐渐占据了主导地位，体力劳动逐渐让位于脑力劳动，也使得西方的资产阶级感到单纯用古典组织理论和方法已不能有效控制工人以达到提高生产率和利润的目的。这就使对新的管理思想、管理理论和管理方法的寻求和探索成为必要。

(二) 乔治·埃尔顿·梅奥与霍桑实验

小资料

梅奥其人

乔治·埃尔顿·梅奥（1880—1949）出生在澳大利亚阿德莱德，20岁时在澳大利亚阿德莱德大学取得逻辑学和哲学硕士学位，应聘至昆士兰大学讲授逻辑学、伦理学和哲学。后赴苏格兰爱丁堡研究精神病理学，对精神上的不正常现象进行分析，从而成为澳大利亚心理疗法的创始人。

1922年在洛克菲勒基金会的资助下，乔治·埃尔顿·梅奥移居美国，在宾夕法尼亚大学沃顿商学院任教。其间，乔治·埃尔顿·梅奥从心理学角度解释产业工人的行为，认为影响因素是多重的，没有一个单独的要素能够起决定性作用，这成为他后来将组织归纳为社会系统的理论基础。1923年，乔治·埃尔顿·梅奥在费城附近一家纺织厂就车间工作条件对工人的流动率、生产率的影响进行实验研究。1926年，他进入哈佛大学工商管理学院专事工业研究，之后一直在哈佛大学工作直到退休。

1. 霍桑实验

霍桑实验的初衷是试图通过改善工作条件与环境等外在因素，找到提高劳动生产率的途径，也就是说，霍桑实验开始时是在古典组织理论的范畴内研究和思考组织效率问题的。1924—1932 年先后进行了四个阶段性实验：照明实验、福利实验、大规模访谈实验和群体实验。但实验结果却出乎意料：无论工作条件（照明度强弱、休息时间长短、工厂温度高低等）是改善还是取消改善，实验组和非实验组的产量都在不断上升；在实验计件工资对生产效率的影响时，发现生产小组内存在一种默契，大部分工人有意限制自己的产量，否则就会受到小组的冷遇和排斥，奖励性工资并未像传统的管理理论认为的那样使工人最大限度地提高生产效率；而在历时两年的大规模访谈实验中，工人由于可以不受拘束地谈自己的想法，发泄心中的闷气，从而态度有所改变，生产率相应得到了提高。

2. 梅奥对霍桑实验的解释

第一，影响生产效率的根本因素不是工作条件，而是工人自身。参加实验的工人意识到自己"被注意"是一个重要的存在，因成为实验观察对象而产生归属感。这种意识助长了工人的整体观念、有所作为的观念和完成任务的观念，而这些是他在以往的工作中不曾得到的，正是这种人的因素导致了劳动生产率的提高。

第二，在决定工人工作效率的因素中，工人为团体所接受的融洽性和安全感较之奖励性工资有更为重要的作用。

第三，访谈有助于工人与周围的人相处得更容易、更和谐。与工人谈话有助于他们消除不必要的心理负担和调整自己对于个人问题的态度及情绪，从而使他们在组织中的行为更趋理性。访谈还会提升工人与经理人员更好地合作的愿望和能力，这有助于形成工人对工作群体和工厂的双重归属感。

第四，与员工交谈是培养训练管理人员的重要方法。这有助于上情下达。管理人员首先必须善于帮助和启发他人表达自己的思想和情感，而不只是高谈阔论、教训别人、以自己为中心。这种经验是当时的学校教育无法提供的。管理者倾听别人的意见比展露自己的知识要重要得多，这是成熟、判断力和智慧的标志。

第五，与员工交谈是获取信息的重要源泉，对于经理来说具有巨大的客观价值。经理人员有三重任务：将科学和技术应用于物质资料的生产；使生产经营活动系统化；组织协作。在这里，梅奥提出了人际关系的重要性。这是一个经理人员是否成熟的重要标志，也是一个组织是否有效的重要标志。他指出，经理人员应该将他的下属看作一个社会群体中的社会人，而不应该看作一个群氓的个人。通过霍桑实验人们终于发现人群中的一些内部规律，为解决当时资本主义的社会问题提供了一条较好的思路。

1933 年，梅奥将霍桑实验的结果整理成文，以《工业文明中的人的问题》为题正式发表，标志着从人际关系角度阐述组织理论的新学说诞生。

二、人际关系理论的主要内容

梅奥在霍桑实验的基础上构建了让人耳目一新的新型组织理论——人际关系理论，其核心观点如下。

(一) 人不仅是经济人，更是社会人

人际关系理论否定了古典管理理论对人的假设，提出工人不仅有其自然属性，还有其社

会属性，人不仅仅是“经济人”，更是“社会人”。梅奥指出，组织不仅是一个经济和技术结构，也是一个社会和心理结构。工人不是被动的、孤立的个体，他们的行为并不单纯出自追求金钱的动机，还有社会方面的、心理方面的需要，即追求人与人之间的友情、安全感、归属感和受人尊敬等，而后者更为重要。每个人都有自己的特点，个体的观点和个性会影响其对上级命令的反应和工作的表现。因此，应该把员工当作不同的个体来看待，当作社会人来对待，而不应将其视作无差别的机器或机器的一部分。因此，不能单纯从技术和物质条件着眼，而必须首先从社会心理方面考虑合理的组织与管理。人不仅是传统组织理论认为的只受物质刺激、追求完善理论的“经济人”，而且首先是愿意合群、通过合作取得工作成果的“社会人”。决定组织工作效率的首要因素是群体士气，而不是相对重要的金钱或工作条件。

（二）企业中存在非正式组织

1. 正式组织中存在非正式组织

梅奥认为，企业中除了存在古典组织理论所研究的为了实现企业目标而明确规定各成员相互关系和职责范围的正式组织，还存在非正式组织，即在正式组织中为满足不同的心理需求，人们自发形成的没有正式结构的群体组织。正式组织以效率作为其行为准则，它忽略人的感情因素，因此容易引起冲突，影响企业生产率的提高和目标的实现。非正式组织以感情作为其行为准则，其作用在于维护成员的共同利益，使之免受内部个别成员的疏忽和外部人员的干涉所造成的损失。这些非正式组织有自己的核心人物和领袖，有大家共同遵循的观念、价值标准、行为准则和道德规范等。因此，管理者必须重视非正式组织的作用，注意在正式组织的效率逻辑与非正式组织的感情逻辑之间保持平衡，以便与工人之间能够充分协作。

2. 非正式组织的描述

非正式群体就是企业成员在共同工作的过程中，由于抱有共同的社会感情而形成的非正式团体。譬如在一家企业里，在同一车间的同事之间，或者在兴趣相同的人们之间，或者因职务关系接触较多的人们之间，有各种各样的来往，从而会形成各种各样的群体，这是很自然的事。这些人的往来不是按照正常的隶属关系进行的，这是非正式群体的重要特征。

梅奥认为任何一个机构中，在正式的法定关系掩盖下都存在大量非正式群体构成的更为复杂的社会关系体系。非正式组织对于生产效率、工作满意度都具有强大的影响。无论正式的还是非正式的组织系统，对于一个团体的活动都是不可或缺的。

3. 非正式组织的积极作用

作用一：存在于正式组织中的诸多非正式组织可以提高总体组织系统的效能。在外界条件不断变化的环境下，正式组织（官方）的计划与对策往往因体制障碍，缺乏灵活性，不可能随机应变、因地制宜地解决纷至沓来的具体问题。相反，那些相对灵活的非正式组织却能够对外界反应做出及时调整。

作用二：非正式组织的另一种效用是减轻管理工作的负担。一般来说，非正式团体对管理人员的支持很可能导致更融洽的协调配合和更高的生产效率，从而有助于工作任务的圆满完成。因此，非正式组织的配合与否直接影响着正式组织管理人员的心理负担和实际负担。

作用三：非正式组织还具有一种为管理人员拾遗补阙、取长补短的作用。如果管理者不擅长制定计划，就会有人以非正式的方式在计划工作中帮助他，从而使即使在这方面有弱点的管理人员也能制定出翔实的计划。

基于对非正式组织客观存在的认识，梅奥认为，管理当局要重视正式组织中非正式组织的存在，对非正式组织及其成员的行为加以正确的引导，使之有利于正式组织目标的实现，同时要善于利用非正式组织帮助其修正组织设计。譬如，他可以采用能考虑其群体中社会行为的任务小组或其他一些形式，或者在考虑变革已分配好的职责时尽量充分运用非正式组织的积极作用，减少工作变革的阻力。

(三) 提高人的满意度可以促进组织发展

新的领导能力重在提高员工的满意度。在决定劳动生产率的诸因素中，置于首位的因素是员工的满意度，而生产条件、工资报酬只是第二位的。员工的满意度越高，其士气就越高，从而生产效率就越高。高的满意度来自员工个人需求的有效满足，不仅包括物质需求，还包括精神需求。梅奥和蒙特斯伯格所建立的人际关系学说，提出了一些与当时流行的泰勒科学管理思想不同的新观点。

第 2 节　决策组织理论

以赫伯特·西蒙为代表的决策行为研究者将组织的研究焦点由对制度、法制、结构等静态层面的研究转向对决策过程的动态研究，成为行为组织理论的重要流派。

一、赫伯特·西蒙及其决策理论价值

赫伯特·西蒙（1916—2001）是美国心理学家、管理学家和社会科学家，经济组织决策管理大师，他在管理学、组织行为学、政治学、心理学和计算机科学方面都有所造诣。西蒙毕业于芝加哥大学，1943 年获得博士学位，曾先后在加利福尼亚大学、伊利诺伊工业大学和卡内基梅隆大学任计算机科学及心理学教授，曾从事计量学的研究，还担任过企业界和官方的多种顾问。

西蒙所倡导的决策理论以社会系统理论为基础，吸收古典组织理论、行为科学和计算机科学等的内容成为一门新兴边缘学科。西蒙因其从行为科学的角度探讨决策理论，取得了令人瞩目的成就，成为决策理论学派的创始人。也正是由于他对经济组织内决策过程所进行的开拓性研究，瑞典皇家科学院向他颁发了 1978 年的诺贝尔经济学奖。西蒙的决策理论不仅适用于经济组织，而且适用于一切正式组织机构的决策，特别适用于行政组织，因为政府工作的大部分与决策有关。西蒙曾说，他写《管理行为》这本书的目的，就是要告诉读者如何从组织的决策过程方面理解组织。

二、决策组织理论的核心思想

(一) 管理就是决策

西蒙在 20 世纪 40 年代的著作《行政行为——在行政组织中决策程序的研究》中开创了对组织行政决策行为的研究。西蒙对传统组织理论所推崇的一些组织原则进行了批评，例如统一指挥与专业分工、管理幅度与管理层级等，他认为这些原则是彼此矛盾的，究竟哪一种

组织原则最为有效，传统组织理论并没有回答。西蒙认为，组织首先是个决策过程，组织的基本功能就是决策，“管理就是决策”；传统组织理论一个很大的不足就在于它忽视了对组织决策问题的研究。他认为情报、设计和选择三项活动构成了整个决策过程，而决策行为则是整个组织管理的中心。西蒙把决策分成可按固定程序进行的程序性决策和无先例可循的非程序性决策，应设法使后者尽可能多地变为前者。他综合社会科学和自然科学的多种成果，为组织研究提供了理论基础。

（二）“令人满意”的决策与有限理性的“行政人”

组织的目标就是追求决策的合理性，而合理性取决于为实现某一目的而选择的手段。西蒙认为，任何组织或个人在手段和目的的关系上都达不到完全的整合。这是因为人的理性是有限的，这就是他所提出的“有限理性”决策的著名原理。由于决策者受主观认识能力、知识、价值观念等方面的限制，再加上客观上的时间、经费、情报来源等方面的限制，任何组织都不可能追求到“最理想”“最优化”的决策，只能追求在当时条件下“令人满意”的决策。

为此，西蒙提出了“行政人”的概念，认为现实生活中作为管理者或决策者的人是介于完全理性与非理性之间的有限理性的“行政人”。“行政人”具有个人目标和个人理性，理解组织目标和组织理性，懂得它们之间的关系，并以此取代传统理论提倡的对事物各种情况具有绝对知识的完全理性的“经济人”概念。“行政人”的知识、信息、经验和能力都是有限的，由于“行政人”的理性受到限制（如虚假的记忆力、不正确的估算力等），因此不可能实现至善的完全理性。他不可能也不企望达到绝对的最优解，而是只以找到满意解为满足。在实际决策中，有限理性表现为：决策者无法找到全部备选方案，也无法完全预测全部备选方案的后果，还不具有一套明确的、完全一致的偏好体系，使他能在多种多样的决策环境中选择最优的决策方案。西蒙的管理理论关注的焦点正是人的社会行为的理性方面与非理性方面的界限，它是关于意识理性和有限理性的一种独特理论，是关于那些因缺乏寻找最优的才智而转向寻求满意的人类行为的理论。

（三）决策分类与决策步骤

西蒙认为，决策分为程序性决策和非程序性决策。所谓程序性决策，是指那些带有常规性、反复性的例行决策，可以制定出一套例行程序来处理。比如，为普通顾客的订货单标价，订购办公用品，计算生病员工的工资等。所谓非程序性决策，是指那些过去从未发生，或其确切的性质和结构尚不清楚，需要专题研究的决策。管理者的重要职责之一就是将非程序性决策逐步转化为程序性决策。

正常情况下，决策的步骤包括：（1）找出制定决策的根据，即收集情报；（2）找到可能的行动方案；（3）在诸行动方案中进行抉择，即根据当时的情况和对未来发展的预测，从各个备选方案中选定一个方案；（4）对已选择的方案及其实施情况进行评价。决策过程中的最后一步，对于保证所选定方案的可行性和顺利实施而言，是关键的一步。经过综合概括，他发现在这四个步骤中，公司经理及其员工用很大部分工作时间来调查经济、技术、政治和社会形势，以判别需要采取新行动的新情况。

（四）组织影响论

西蒙认为组织影响个人决策行为的主要因素有：（1）权威。权威赋予某人指导他人行为的决策权。需要注意的是，权力与权威有细微的差别。权力是迫使对方服从的制度性强制力量，权威是一种使对象因信服而顺从的影响力，两者的实质性区别是强制服从和自愿服从。(2) 组织认同，即成员对组织的忠诚。一个行政人员在进行决策时，只有在对组织目标认同的情况下，才可能做出合理的、有效率的决策。(3) 信息沟通。组织的信息沟通是双向程序：一方面是各方面将信息传达到决策中心；另一方面是决策中心将信息传达到各方面。(4) 培训。组织对成员进行培训，以影响成员，使其能靠自己的能力做出满意的决策。(5) 效率。组织要求成员做出决策时，用最短的路径、最省钱的方法，去达到预期的目的。

(五) 组织设计论

组织设计是古典组织理论着重研究的课题，西蒙对组织设计理论也有新贡献。西蒙从组织决策视角对组织设计有许多新的论述，概括起来有：

(1) 目标分解。组织结构的设计首先要分解组织目标，并建立包括几个层级的组织目标体系。这既是规定组织结构的重要依据，又是影响组织决策环境的重要因素。

(2) 分工。西蒙强调的组织分工不是指业务内容的分工，而是将整个决策系统的组织分解为彼此相对独立的子系统，以尽量减少子系统之间的依赖性，使其有充分的决策权，以便最大限度地分散决策。

(3) 组织的工作重心。西蒙认为现代组织所处的环境是"信息丰富"的环境，然而由于成员的能力有限，组织必须把自己的有限能力用于重要决策即工作重心的任务。

(4) 组织的权力配置。西蒙认为从组织的决策角度看，集权和分权各有利弊，因此他强调要适当地分权和集权而不应绝对分权和集权，因为组织活动是集体活动，要顺利实现组织目标，必须有一定的集中协调机制，但若过分集权，又会导致决策者负担过重，无法集中精力考虑重大决策问题，还会造成下级人员无所作为和决策脱离实际等问题。

第 3 节　激励理论

20 世纪 30 年代以来，许多管理学家、心理学家和社会学家结合组织管理的实践，从不同视角提出了许多诱导和激励组织成员的行为、使员工对组织及工作的承诺最大化、使组织的效益最优化的激励理论。

一、内容型激励理论

内容型激励理论是指针对激励的原因与起激励作用的因素的具体内容进行研究的激励理论。这种理论着眼于满足人们需要的内容，即人们需要什么就满足什么，从而激起人们行动的愿望——动机。主要包括马斯洛的需要层次理论、赫茨伯格的双因素理论、麦克利兰的成就需要理论、麦格雷戈的 X-Y 理论和奥尔德弗的 ERG 理论等，以下仅介绍前四种。

(一) 需要层次理论

1. 需要层次理论的提出与完善

亚伯拉罕·哈罗德·马斯洛（1908—1970）于 1943 年首次提出了需要层次理论，他把人类纷繁复杂的需要分为五个层次，分别为：

（1）生理的需要——维持人类生存所必需的身体需要。

（2）安全的需要——保证身心免受伤害。

（3）社交的需要——包括感情、归属、被接纳、友谊等需要。

（4）尊重的需要——包括内在的尊重如自尊心、自主权、成就感等需要和外在的尊重如地位、认同、受重视等需要。

（5）自我实现的需要——包括个人成长、发挥个人潜能、实现个人理想的需要。

1954年，马斯洛在《激励与个性》一书中又把人的需要层次发展为七个，由低到高分别为：生理的需要、安全的需要、社交的需要、尊重的需要、求知的需要、求美的需要和自我实现的需要。

2. 人可能对几个层次的需要都具有敏感性

马斯洛认为，只有低层次的需要得到满足（至少是部分满足）以后，高层次的需要才有可能成为行为的重要决定因素。七种需要是按次序逐级上升的。当下一级的需要得到基本满足以后，追求上一级的需要就成了行为的动机。但这种需要层次逐渐上升并不是遵照“全”或“无”的规律，即一种需要100%满足后，另一种需要才会出现。事实上，对于大多数人来说，他们都对一种层次的需要最为敏感，但同时也会对其他层次的需要存在次级的敏感。而且，在正常的情况下，他们的每种基本需要都是部分地得到满足。

3. 不同层次的需要分别从外部和内部得到满足

马斯洛把人们普遍存在的七种基本需要分为高、低两个层次，其中生理、安全、社交的需要属于低层次的需要，这些需要通过外部条件使人得到满足，如借助工资收入满足生理的需要，借助法律制度满足安全的需要等。尊重、求知、求美、自我实现的需要是高层次的需要，它们从内部使人得到满足，而且一个人对尊重和自我实现的需要是永远不会得到完全满足的。高层次的需要比低层次的需要更有价值，人的需要结构是动态的、发展变化的。因此，通过满足员工的高层次需要来调动其生产积极性，具有更稳定、更持久的力量。

（二）双因素理论

小资料

弗雷德里克·赫茨伯格

弗雷德里克·赫茨伯格（1923—2000）是美国心理行为科学家，曾获得纽约市立学院的学士学位和匹兹堡大学的博士学位，之后在美国及其他30多个国家和地区从事管理教育和管理咨询工作，是犹他大学的特级管理学教授。双因素理论是他最主要的成就，在工作丰富化方面他也进行了开创性的研究，主要著作有《工作的激励因素》《工作与人性》《管理的选择：是更有效还是更有人性》。

1. 双因素理论的提出

20世纪50年代末期，赫茨伯格和他的助手们在美国匹兹堡地区对200名工程师、会计师进行了调查访问。访问主要围绕两个问题：在工作中哪些事项是让他们感到满意的，并估计这种积极情绪持续了多长时间；有哪些事项是让他们感到不满意的，并估计这种消极情绪持续了多长时间。赫茨伯格以对这些问题的回答为材料，着手研究哪些事情使人们在工作中愉快和满足，哪些事情造成不愉快和不满足。结果他发现，使员工感到满意的都是属于工作本身或工作内容方面的，使员工感到不满的都是属于工作环境或工作关系方面的。他把前者叫作激励因素，后者叫作保健因素。

保健因素的满足对员工产生的效果类似于卫生保健对身体健康所起的作用。保健是从人的环境中消除有害于健康的事物，它不能直接提高健康水平，但有预防疾病的作用；它不是治疗性的，而是预防性的。保健因素包括公司政策、管理措施、监督、人际关系、物质工作条件、工资、福利等。当这些因素恶化到人们认为可以接受的水平以下时，就会产生对工作的不满意。但是，当人们认为这些因素很好时，它只是消除了不满意，并不会导致积极的态度，这就形成了某种既不是满意又不是不满意的中性状态。

那些能带来积极态度、满意和激励作用的因素叫作激励因素，这是能满足个人自我实现需要的因素，包括成就、赏识、挑战性的工作、增加的工作责任，以及成长和发展的机会。如果具备了这些因素，就能对人们产生更大的激励。从这个意义出发，赫茨伯格认为传统的激励假设，如工资刺激、人际关系的改善、提供良好的工作条件等，都不会产生更大的激励；它们能消除不满意，防止产生问题，但这些传统意义上的激励因素即使达到最佳程度，也不会产生积极的激励。按照赫茨伯格的意见，管理当局应该认识到保健因素是必需的，不过它一旦使不满意中和以后，就不能产生更积极的效果。只有激励因素才能使人们有更好的工作成绩。

赫茨伯格及其同事以后又对各种专业性和非专业性的工业组织进行了多次调查，他们发现，由于调查对象和条件的不同，各种因素的归属有些差别，但总的来看，激励因素基本都是属于工作本身或工作内容方面的，保健因素基本都是属于工作环境或工作关系方面的。但是，赫茨伯格注意到，激励因素和保健因素有若干重叠的现象，如赏识属于激励因素，基本上起积极作用，但当没有受到赏识时，又可能起消极作用，这时又表现为保健因素。工资是保健因素，但有时也能产生使员工满意的结果。

2. 双因素理论与需要层次理论

赫茨伯格的双因素理论同马斯洛的需要层次理论有相似之处。他提出的保健因素相当于马斯洛提出的生理的需要、安全的需要、社交的需要等较低层次的需要；激励因素则相当于尊重的需要、自我实现的需要等较高层次的需要。当然，他们的具体分析和解释是不同的。但是，这两种理论都没有把“个人需要的满足”同“组织目标的达到”联系起来。

有些西方行为科学家对赫茨伯格双因素理论的正确性表示怀疑。有人做了许多试验，也未能证实这个理论。赫茨伯格及其同事所做的试验，被有的行为科学家批评为他们所采用方法本身的产物：人们总是把好的结果归结于自己的努力，而把不好的结果归罪于客观条件或他人身上，问卷没有考虑这种一般的心理状态。另外，调查对象的代表性也不够，事实上，不同职业和不同阶层的人对激励因素和保健因素的反应是各不相同的。实践还证明，高度的工作满足不一定就产生高度的激励。许多行为科学家认为，不论是有关工作环境的因素，还是有关工作内容的因素，都可能产生激励作用，而不仅仅是使员工感到满足，这取决于环境和员工心理方面的许多条件。

3. 双因素理论的意义

双因素理论促使企业管理人员注意工作内容方面因素的重要性，特别是它们同工作丰富化和工作满足的关系，因此是有积极意义的。赫茨伯格告诉我们，满足各种需要所引起的激励深度和效果是不一样的。物质需求的满足是必要的，没有它会导致不满，但是即使获得满足，它的作用往往是很有限的、不能持久的。要调动人的积极性，不仅要注意物质利益和工作条件等外部因素，更重要的是要注意工作的安排，量才录用，各得其所，注意对人进行精神鼓励，给予表扬和认可，给人提供成长、发展、晋升的机会。随着温饱问题的解决，这种内在激励的重要性越来越明显。

（三）成就需要理论

成就需要理论也称激励需要理论。20世纪50年代初期，美国哈佛大学的心理学家戴维·麦克利兰集中研究了人在生理和安全需要得到满足后的需要状况，特别对人的成就需要进行了大量的研究，从而提出了一种新的内容型激励理论——成就需要理论。

麦克利兰认为，在人的生存需要基本得到满足的前提下，成就需要、权力需要和合群需要是人最主要的三种需要。成就需要的高低对一个人、一个企业的发展起着特别重要的作用。该理论将成就需要定义为：根据适当的目标追求卓越、争取成功的一种内驱力。

该理论认为，有成就需要的人对胜任和成功有强烈的要求，同样，他们也担心失败，乐意甚至热衷于接受挑战，往往为自己树立有一定难度而又不是高不可攀的目标，他们敢于冒风险，又能以现实的态度看待冒险，绝不以迷信和侥幸心理看待未来，而是对问题进行分析和估计。他们愿意承担所做工作的个人责任，但对所从事工作的情况希望得到明确且迅速的反馈。这类人一般不常休息，喜欢长时间地工作，即使真的失败也不会过分沮丧。一般来说，他们喜欢表现自己。成就需要强烈的人事业心强，喜欢那些能发挥其独立解决问题能力的环境。在管理中，只要提供合适的环境，他们就会充分发挥自己的能力。权力需要较强的人有责任感，愿意接受所需要的竞争，并且能够取得较高的社会地位，喜欢追求和影响别人。

该理论还认为，具有合群需要的人通常从友爱、情谊、人际的社会交往中得到欢乐和满足，并总是设法避免因被某个组织或社会团体拒之门外而带来的痛苦。他们喜欢保持一种融洽的社会关系，享受亲密无间和相互谅解的乐趣，随时准备安慰和帮助危难中的伙伴。合群需要是人们追求他人的接纳和友谊的欲望。合群需要强烈的人渴望获得他人赞同，高度服从群体规范，忠实可靠。

成就需要理论的主要特点是：它更侧重于对高层次管理中被管理者的研究。由于成就需要理论的这一特点，它对于企业管理以外的科研管理、干部管理等具有较大的实际意义。

（四）X-Y理论

X-Y理论是美国著名的行为科学家、人性假设理论创始人、人际关系学派最具有影响力的思想家之一道格拉斯·麦格雷戈（1906—1964）创建的一种理论。

麦格雷戈把传统的管理观点叫作X理论。X模式的特点是管理者对人性做了一个假定——人性丑恶，人们基本上厌恶工作，对工作没有热诚，如非必要就会尽量逃避。人类只喜欢享乐，凡事得过且过，尽量逃避责任。所以，雇主必须用严密的控制、强迫、惩罚和威逼利诱的手段来对付工人，例如扣减工资、取消休假等，使工人保证生产水平。

与X理论消极的人性观点相对照，麦格雷戈提出了Y理论。麦格雷戈认为，由于上述以及其他许多原因，需要有一个关于人员管理工作的新理论，把它建立在对人的特性和人的行为动机更为恰当的认识基础上，于是他提出了Y理论。Y理论对于人性的假设是正面的，假定人性本善，一般人在本质上并不厌恶工作，只要循循善诱，雇员便会热诚工作，在没有严密的监管下也会努力完成生产任务。而且在适当的条件下，一般人不仅愿意承担责任，而且会主动寻求责任感。

麦格雷戈认为，与 X 理论的假设相比，Y 理论更实际有效，因此他建议让员工参与决策，为员工提供富有挑战性和责任感的工作，建立良好的群体关系，这都会极大地调动员工的工作积极性。在过去的数十年中，世界许多大公司都较为坚定地相信道格拉斯·麦格雷戈的 Y 理论，它们相信人是愿意负责、具有创造性和进取心的，每一位员工都应当受到尊重和值得信任，并据此制定了大量的人才招聘、培训、选拔和激励制度和方案，结果在实践中获得了巨大的成功。麦格雷戈在《企业的人性方面》一书中把 Y 理论称为“个人目标与组织目标的结合”，他认为关键不在于采用强硬还是温和的方法，而在于要在管理思想上从 X 理论变为 Y 理论。

以上述四种理论为代表的行为组织理论提出并解释了组织中个人和团体行为的概念，然后在不同的组织环境中对这些概念进行了实证检验，最后提出了可行的管理策略。行为科学组织理论开拓了组织研究的新领域，弥补了古典组织理论的不足，使组织理论实现了从静态研究发展到动态研究、从以研究结构为主到以研究人及其决策过程为主的变化。

二、过程型激励理论

过程型激励理论重点研究从动机的产生到采取行动的心理过程，主要包括弗鲁姆的期望理论、豪斯的激励力量理论、洛克的目标激励理论和亚当斯的公平理论等，以下仅介绍期望理论和公平理论。

（一）期望理论

小资料

维克托·弗鲁姆

维克托·弗鲁姆是著名心理学家和行为科学家，期望理论的奠基人，早年于加拿大麦吉尔大学先后获得学士及硕士学位，后于美国密歇根大学获博士学位。他曾在宾夕法尼亚大学和卡内基-梅隆大学执教，并长期担任耶鲁大学管理科学约翰·塞尔讲座教授兼心理学教授。曾任美国管理学会主席，美国工业与组织心理学会会长。维克托·弗鲁姆教授 1998 年获美国工业与组织心理学会卓越科学贡献奖，2004 年获美国管理学会卓越科学贡献奖，是国际管理学界最具影响力的科学家之一。

1. 期望理论

期望理论又称作“效价-手段-期望理论”，是著名心理学家和行为科学家维克托·弗鲁姆于 1964 年在《工作与激励》中提出的激励理论。激励（motivation）取决于行动结果的价值评价（即效价（valence））与其对应的期望值（expectancy）的乘积：$M = V \cdot E$。在这个公式中，激励力量指调动个人积极性、激发人内部潜力的强度；期望值是根据个人的经验判断达到目标的把握程度；效价则是所能达到的目标对满足个人需要的价值。这个理论的公式说明：人的积极性被调动的大小取决于期望值与效价的乘积。也就是说，一个人对目标的把握越大，估计达到目标的概率越高，激发起的动力越强烈，积极性也就越大。在领导与管理工作中，运用期望理论调动下属的积极性是有一定意义的。

期望理论认为，人们之所以采取某种行为，是因为他觉得这种行为可以有把握地达到某种结果，并且这种结果对他有足够的价值。换言之，动机激励水平取决于人们认为在多大程度上可以达到预计的结果，以及人们判断自己的努力对于个人需要的满足是否有意义。

2. 期望理论揭示的关系

在这个期望模式中需要兼顾三个方面的关系。

（1）努力和绩效的关系。这两者的关系取决于个体对目标的期望值。期望值又取决于目标是否适合个人的认识、态度、信仰等个性倾向，以及个人的社会地位、别人对他的期望等社会因素，即由目标本身和个人的主客观条件决定。

（2）绩效与奖励的关系。人们总是期望在达到预期成绩后，能够得到适当的合理奖励，如奖金、晋升、提级、表扬等。如果没有相应的有效物质和精神奖励来强化，时间一长，人的积极性就会消失。

（3）奖励和个人需要的关系。奖励什么要适合各种人的不同需要，要考虑效价。要采取多种形式的奖励，满足各种需要，最大限度地挖掘人的潜力，最有效地提高工作效率。研究激励的过程中，一条途径是研究人们缺乏的需要，运用马斯洛的需要层次理论，找出人们所感觉到的某种缺乏的需要，并以满足这些需要为动力，来激励他们产生组织所要求的动机和行为；另一条途径是从个人所追求目标的视角来研究个人对目标的期望，这就是期望理论。依照这一条途径，则所谓的激励，乃是推动个人向其期望目标前进的一种动力。期望理论侧重于“外在目标”，需要理论着眼于“内在缺乏”。本质上这两种途径是互相关联和一致的，都认为激励的过程是实现外在目标的同时又导致内在需要的满足。

（二）公平理论

公平理论又称社会比较理论，是由美国行为科学家约翰·斯塔希·亚当斯于1965年提出的旨在研究人的动机和知觉关系的一种激励理论，由亚当斯在《工人关于工资不公平的内心冲突同其生产率的关系》《工资不公平对工作质量的影响》《社会交换中的不公平》等著作中提出，侧重于研究工资报酬分配的合理性、公平性及其对员工生产积极性的影响。

1. 横向公平与行为反应

公平理论指出，个人的工作积极性与实际报酬多少有关，与其对报酬的分配是否感到公平关系更为密切。人们总会自觉或不自觉地将自己付出的劳动代价及其所得到的报酬与他人进行比较，并对公平与否做出判断。公平感直接影响员工的工作动机和行为。因此，从某种意义来讲，动机的激发过程实际上是人与人进行比较，做出公平与否的判断，并据以指导行为的过程。公平理论研究的主要内容是员工报酬分配的合理性、公平性及其对员工产生的积极性影响。

公平理论可以用公平关系式来表示。当事人感觉受到公平对待时有下式成立：

$$OP/IP = OC/IC$$

式中，OP代表自己对所获报酬的感觉；OC代表自己对他人所获报酬的感觉；IP代表自己对个人所做投入的感觉；IC代表自己对他人所做投入的感觉。

当上式为不等式时，可能出现以下两种情况：

（1）$OP/IP < OC/IC$。在这种情况下，他可能要求组织增加自己的收入或减少自己今后的努力，以使左方增大，趋于相等；第二种办法是他可能要求组织减少比较对象的收入或者让其今后增大努力程度，以使右方减小，趋于相等。此外，他还可能另找他人作为比较对

象，以便达到心理上的平衡。

（2）OP/IP＞OC/IC。在这种情况下，他可能要求减少自己的报酬或在开始时自动多做些工作，但久而久之，他会重新估计自己的技术和工作情况，然后觉得他确实应当得到那么高的待遇，于是产量便又会回到过去的水平。

2. 纵向公平与行为反应

亚当斯认为，员工的积极性取决于他所感受的分配的公正程度（即公平感），而员工的公平感取决于一种社会比较或历史比较。所谓社会比较，是指员工对他所获得的报酬（包括物质上的金钱、福利和精神上的受重视程度、表彰奖励等）与自己工作的投入（包括自己的受教育程度、经验、用于工作的时间、精力和其他消耗等）的比值与他人的报酬和投入的比值进行比较。所谓历史比较，是指员工对他所获得的报酬与自己工作的投入的比值同自己在历史上某一时期内的这个比值进行比较。如下式所示：

OP/IP＝OH/IH

式中，OP 代表对自己报酬的感觉；IP 代表对自己投入的感觉；OH 代表对自己过去报酬的感觉；IH 代表对自己过去投入的感觉。

当上式为不等式时，可能出现以下两种情况：

（1）OP/IP＜OH/IH。当出现这种情况时，人也会有不公平的感觉，这可能导致工作积极性下降。

（2）OP/IP＞OH/IH。当出现这种情况时，人不会因此产生不公平的感觉，但也不会觉得自己多拿了报酬，从而主动多做些工作。调查和试验的结果表明，不公平绝大多数是由于经过比较认为自己报酬过低而产生的，但在少数情况下，也会由于经过比较认为自己的报酬过高而产生。

3. 公平理论的主要结论

每个人都会自觉或不自觉地进行这种社会比较，同时也会自觉或不自觉地进行历史比较。当员工对自己的报酬做社会比较或历史比较的结果表明收支比率相等时，便会感到受到了公平的待遇，因而心理平衡，心情舒畅，工作努力。如果认为收支比率不相等，便会感到自己受到了不公平的待遇，产生怨恨情绪，影响工作积极性。当认为自己的收支比率过低时，会产生报酬不足的不公平感，比率差距越大，这种感觉越强烈。这时员工就会产生挫折感、义愤感、仇恨心理，甚至会产生破坏心理。少数时候，员工也会因认为自己的收支比率过高，产生不安的感觉或感激心理。

当员工感到不公平时，他可能千方百计地进行自我安慰，如通过自我解释，主观上造成一种公平的假象，以减少心理失衡或选择另一种比较基准进行比较，以便获得主观上的公平感；还可能采取行动，改变对方或自己的收支比率，如要求把别人的报酬降下来、让别人增加劳动投入或要求给自己增加报酬、减少劳动投入等；还可能采取发牢骚、讲怪话、消极怠工、制造矛盾或弃职他就等行为。

三、行为后果理论

行为后果理论是以行为后果为对象，研究如何对行为进行后续激励的理论，主要包括强化理论和归因理论。

（一）强化理论

1. 强化理论的提出

强化理论是美国心理学家和行为科学家伯尔赫斯·弗雷德里克·斯金纳（1904—1990）等人提出的一种理论，也称为行为修正理论或行为矫正理论。斯金纳于 1931 年获得哈佛大学心理学博士学位，并于 1943 年回到哈佛大学任教，直到 1975 年退休。1968 年曾获得美国国家科学奖章，是第二个获得该奖章的心理学家。斯金纳认为人是没有尊严和自由的，人们做出或不做出某种行为，只取决于一个影响因素，那就是行为的后果。他提出了一种“操作条件反射”理论，认为人或动物为了达到某种目的，会采取一定的行为作用于环境。当这种行为的后果对他有利时，这种行为就会在以后重复出现；不利时，这种行为就会减弱或消失。人们可以用这种正强化或负强化的办法来影响行为的后果，从而修正其行为。

2. 强化的原则

（1）要依照强化对象的不同采用不同的强化措施。人们的年龄、性别、职业、学历、经历不同，需要就不同，强化方式也应不一样。

（2）小步前进，分阶段设立目标，并对目标予以明确规定和表述。对于人的激励，首先要设立一个明确的、鼓舞人心而又切实可行的目标。只有目标明确、具体时，才能进行衡量和采取适当的强化措施。同时，还要将目标进行分解，分成许多小目标，完成每个小目标后都及时给予强化，这样不仅有利于目标的实现，而且通过不断的激励可以增强信心。如果目标一次定得太高，会使人感到不易达到或者说能够达到的希望很小，这样就很难充分调动人们为达到目标而做出努力的积极性。

（3）及时反馈。所谓及时反馈，就是通过某种形式和途径，及时将工作结果告诉行动者。要取得最好的激励效果，就应该在行为发生以后尽快采取适当的强化方法。一个人在实施了某种行为以后，即使是领导者做出表示“已注意到这种行为”这样简单的反馈，也能起到正强化的作用。如果领导者对这种行为不予注意，重复发生的可能性就会减小以至消失。所以，必须利用及时反馈作为一种强化手段。

（4）不固定时间和频率间隔的强化效果好，因为有机体在强化到来之前的反应率有所提高。在这样的强化程序下，个体不知道什么时候会出现强化，但总有一种强化即将出现的期待。长此以往自然会形成习惯。也就是说，全部强化的，如果不继续强化，反应就会消失。反过来，部分强化的，即使后来不强化，反应也不会减弱。用通俗的话来表达就是，不强化起着警戒作用，即遇到没有强化的条件时，不强化会使人学习到，虽然一时没有结果但以后还是会有结果的。所以不强化同样可以收到学习的效果。全部强化而没有失败的教训，遇到挫折便不会继续努力，反而引起消极。

（5）正强化比负强化更有效。负强化及惩罚可能引起一定的负面作用。斯金纳通过系统的实验观察得出了一条重要结论：惩罚就是企图呈现消极强化物或消除积极强化物以刺激某个反应，它仅是一种治标的方法，对被惩罚者和惩罚者都不利。他的实验证明，惩罚只能暂时降低反应率，而不能减少消退过程中反应的总次数。在他的实验中，当白鼠已牢固建立按杠杆得到食物的条件反射后，在它再按杠杆时给予电刺激，这时反应率会迅速下降。如果以后杠杆不带电了，按压率又会直线上升。所以，在强化手段的运用上，应以正强化为主；同时，必要时也要对坏的行为给予惩罚，做到奖惩结合。

（二）归因理论

归因理论是美国心理学家海德于 1958 年提出的，后因美国心理学家韦纳及其同事的研究而再次活跃起来。

1. 归因

归因指个体对自己或他人的行为（结果）的原因加以解释和推测的过程。归因是一种非常普遍的现象，例如，2015年上半年中国股市牛气冲天，这是一种结果（或曰现象），面对这一结果，不同的人都会试图寻找造成这一现象的原因，不管原因找得对不对，这就是一个归因的过程。

每个人都会对周围发生的事情进行原因的分析，只不过有时自己没有意识到而已。一般而言，当意料之外的事情发生时，人们更有可能去推测其中的原因。这正如一向成绩好的学生考了高分，大家可能习以为常，但如果一向成绩不好的学生考了高分，大家都会感到很好奇，于是会推测其原因。

根据归因者与行为者的关系，归因可以分为自我归因和他归因。自我归因指个体对自己行为的原因进行分析，他归因指个体对他人行为的原因进行分析。在前一种归因中，归因者和行为者是同一个人，而后一种归因中，归因者和行为者不是同一个人。也就是说，他人的行为、自己的行为都有可能成为人们进行归因分析的对象，归因未必都是针对自己的行为进行的，也未必都是站在旁观者的角度、对他人的行为进行分析，人们既可能对自己的行为进行原因分析，也可能对他人的行为进行原因分析。

2. 韦纳归因理论的主要论点

归因理论是探讨人们行为的原因与分析因果关系的各种理论和方法的总称。归因理论侧重于研究个人用以解释其行为原因的认知过程，即研究人的行为受到激励是“因为什么”的问题。

（1）人的个性差异和成败经验等影响他的归因。

（2）人对前次成就的归因将会影响到他对下一次成就行为的期望、情绪和努力程度等。

（3）个人的期望、情绪和努力程度对成就行为有很大的影响。

韦纳从个体的归因过程出发，探求个体对成败结果的归因与成就行为的关系，对影响行为结果的可觉察的原因特性、原因结构以及原因归因和情感的关系、情感反应的激励作用等都提出了创造性的见解。他认为每个人都力求解释自己的行为，分析其行为结果的原因。归因理论同样可以运用于组织行为及其结果的分析。

第4节　支持关系理论

支持关系理论（support relation theory）是美国心理学家、行为科学家伦西斯·利克特提出的一种组织领导方式理论。1946年，利克特应密歇根大学之邀，为该校建立了社会调查研究中心。不久，该中心与后来增加的三个中心一起合并为社会研究所，利克特担任该所所长。支持关系理论是利克特和他的同事对以生产为中心的领导方式和以人为中心的领导方式进行比较研究后所得出的成果，它集中体现于利克特的《新型的管理》和《人群组织：管理和价值》两本著作中。该理论认为支持关系是双向的。领导者要考虑下属员工的处境、想法和希望，帮助员工努力实现其目标，使员工从中认识到自己的价值和重要性。领导者对员工的这种支持能激发员工对领导者采取合作、信任的态度，支持领导者的工作。

一、对人的领导是管理工作的核心

利克特认为，在所有的管理工作中，对人的管理是最重要的中心工作，其他工作都取决于它。在做同一工作的各个单位中，有的生产率高，有的生产率低，究其原因主要是领导者所采取的领导方式不同。以员工为中心的领导方式，强调的是工作中的人际关系，监督只是一般性的，而不是严密的。结果不但生产率高，而且集体中内聚力高，士气足，员工不安情绪少，跳槽者少。以工作为中心的领导方式，监督者注意的中心是生产，对工作的技术更感兴趣，对员工的监督过于严密琐细，经常给员工施加不必要的压力，动辄批评和处罚员工。其结果是生产效率低，集体的内聚力弱，士气低，不安情绪多，跳槽者多。

二、组织领导风格分类

利克特将组织领导风格分为专权命令式、温和命令式、协商式和参与式四种。第一种方式是传统的领导方式，第二种方式和第三种方式虽然有程度上的不同，但无本质上的差别，都属于权力主义的管理方式。

利克特认为，第一种方式是极端专制的领导，效果最差。权力集中在最高层，下层无任何发言与自由，领导者与下级之间存在不信任气氛，因而组织目标难以实现；第二种方式是温和命令式领导，权力控制在最高层，但领导者对下级较和气，授予中下层部分权力，下层自由非常少，奖惩并用，上下级有点沟通，但属于表面的、肤浅的，领导者不放心下级，下级对领导者存有畏惧心理，工作主动性差，效率有限；第三种方式是协商式领导，领导者对下级有一定信任，重要问题决定权仍在最高层，中下层对次要问题有决定权，上下级联系较深，所以在执行决策时能获得一定的相互支持；第四种方式是参与式领导，上下级关系平等，有问题民主协商、共同讨论，领导者最后决策，按分工授权，下级也有一定的决策权，上下级有充分的沟通，相互信任，感情融洽，上下级都有积极性。利克特研究发现，那些用第四种方式从事管理活动的管理人员，一般都是极有成就的领导者，以此种方法来管理的组织，在制定目标和实现目标方面是最有成效的。他把这些主要归于员工参与管理的程度，以及在实践中相互支持的程度。

三、联结销的作用

利克特在管理风格理论的研究中提出了联结销（linking pin）的概念，认为联结销在组织整体效能发挥的过程中起着重要的作用。

他认为，组织中传统的个人对个人的关系可以用更精确的群体对群体的关系来代替。组织是由互相关联的、交叠的群体组成的，这些群体则由位于几个群体交叠处的个人来联结。利克特将这些起着承上启下的作用、把上级和自己所在单位联结起来的人（或位置）称为联结销。联结销上的人既是上级组织的成员，又是本单位的领导者，这样就突破了古典组织理论一人一个职位、各个部门之间有严格界限的概念。管理人员不能只求完成管理者的工作，还要做好联络工作。联结销结构的组织具有一种向上的倾向性。凡沟通、管理的影响、目标的达成，都是向上看的，这正与古典的层级结构相反。人们能意识到个人是这个群体的组成部分，忠于这个群体，易于接受这个群体的决策，促进信息的沟通。实际研究也证实了这种组织形式可以鼓舞士气、提高绩效。

利克特后来在模式中还加入横向的联系，横向的联系反映了沟通、影响、激励和协调等方面的需要。利克特特别指出，在联结销结构中，所有群体必须同样有效，任何一个群体失效都会影响整个组织的效果。换句话说，联结销链的强度取决于最弱的联结销的强度。为了提高群体联结销的强度，防止群体的链锁断裂，利克特建议设置附加的参谋小组和特别委员会，它们可以提供多重的交叠，使组织结合得更好。

客观地说，利克特把管理效率等同于积极参与是有积极意义的，但将其完全等同则缺乏科学性，因为领导方式的选择离不开任务、成员的素质，以及组织的传统文化背景和习惯等。

□ 本章小结

行为组织理论在古典组织理论基础之上对组织效率进行了进一步研究和拓展。古典组织理论侧重于研究组织的机械面、结构面，行为组织理论则更加侧重对组织中人及人性的影响力进行研究。古典组织理论默认人可以像螺丝钉一样成为组织这台庞大机器的一部分，但行为组织理论则认为人性是嬗变的，在不同的发展阶段、发展环境下，人会表现出不同的行为特征。人际关系学派首先揭示了组织中人的社会性特征，明确了组织中非正式组织对组织效能的影响，提出了现代组织管理能力主要体现在如何提高员工满意度。决策组织理论则对古典组织理论的“经济人”与“最优化”假设进行了修订。西蒙认为组织中的人是“行政人”，决策者受主观认识能力、知识、价值观念等方面的限制，不可能追求到“最理想”“最优化”的决策，只能追求在当时条件下“令人满意”的、“有限理性”的决策。激励理论则从激励内容、激励过程、激励结果强化等不同角度研究了最大限度地调动员工的积极性，为实现组织目标而努力的方法与手段。支持关系理论则从领导风格、领导与员工的双向关系、联结销的地位与作用等方面，阐述了组织是一个相互支持与协作的群体，支持关系建立的好坏直接影响着组织的效能。

□ 关键术语

人际关系理论　非正式组织　需要层次理论　激励因素　保健因素　有限理性　公平理论　强化理论　归因　支持关系理论　联结销

□ 复习题

1. 行为组织理论的共同特点有哪些？
2. 如何理解非正式组织在组织中的作用？
3. 激励因素与保健因素如何区别？
4. 决策组织理论的核心要点有哪些？
5. 支持关系理论对于领导风格有哪些论述？

案例分析

人性化管理的本质

“员工也是上帝”是人性化管理理念的本质体现。现代西方企业管理学家近期提出了一个颇具新意的观点，员工对人性化管理的需求导致企业有两个“上帝”：一个是顾客，另一个是员工。美国罗森布鲁斯旅游公司更是标新立异，独树一帜，大胆提出了“员工第一，顾客第二”的口号，并将其确定为企业的宗旨付诸实践，使该公司在十余年时间内便跻身于世界三大旅游公司之列。西方人已经意识到员工的重要性，意识到员工队伍的稳定与否、创造性大小、素质高低、凝聚力强弱深刻影响着企业的效益和发展。对于企业来说，员工队伍的稳定可以说是效益稳定的一块基石。频繁的进进出出导致实际上付出最大机会成本的还是企业，或者说，员工有可能找到一家适合自己发展的企业，而企业如果不内在地包含重视员工的理念，那就永远也不会拥有真正属于自己的员工。员工需要激励，这种激励一方面当然是精神上的，但物质激励在现实工作中往往能发挥更直接的作用。企业有时过高地估计了员工的思想境界，认为员工提出福利待遇方面的要求是过分的，这无疑是戴着“老眼镜”在看新问题。

摆正了企业与员工的位置，才有人性化管理可言。人性化管理最起码的要求就是要将人当人看。先有将员工当人看，才有将员工当上帝看。管理者如果在一般员工面前缺乏平等意识，不给予员工关怀、理解，不让员工参与企业的管理，而是对员工不屑一顾，这种企业就会缺乏凝聚力，缺少形成合力的基础。当然，说管理者与一般员工的平等并非要求二者什么都一样，重要的是要有平等意识，要尊重员工，将员工当回事。

对员工最好的奖赏莫过于重用员工。独具慧眼的领导者往往不是等到员工具备各种能力时才去用他，而是只要他具备基本素质，就给他职位、责任、压力，让他在管理实践中磨炼，在磨炼中展示各种潜能、提高管理技能。在人才干出惊天动地的事情之前，他们多与常人相差无几，但一有合适的机会，他们就会一鸣惊人。所以，领导者如何发现人才、使用人才，不仅影响到个人成长，更关系到组织的发展。不能否认，错用一个员工的负面影响是巨大的。对于企业而言，如果员工感受不到管理机制的规范性与合理性，看不到自己的发展前途，那这个企业也就毫无发展前景而言。这种企业如果不加以全面改造或彻底修整，就会陷入重重危机而难以自拔。

不可忽视的是，员工多能默默奉献，企业却不能只将员工当“奶牛”。只有企业视员工为上帝，员工才会视企业为家园。

人性化管理的方法

情感化管理就是要注重人的内心世界，根据情感的可塑性、倾向性和稳定性等特征进行管理，其核心是激发员工的积极性，消除员工的消极情感。

民主化管理就是让员工参与决策。企业家在做出涉及员工的决定时，如果不让经理以外的其他人参与，就会损伤他们的自尊心，引起他们的激烈反对。如果能让其他人参与决策，即听取他们的意见，那么非但不会挫伤他们的自尊心，反而还会提高他们的士气，被征求意见的人多一些，员工的士气就会高一些。民主化管理就是要求企业家集思广益。办企业必须集中多数人的智慧，全员经营，否则不会取得真正的成功。要真正做到管理的民主化，还需要建立一种企业与员工的关联机制，让员工持有一定的股份便是较好的方法之一。

自我管理可以说是民主管理的进一步发展，其大意是员工根据企业的发展战略和目标，自主制定计划、实施控制、实现目标，即"自己管理自己"。它可以把个人意志和企业的统一意志结合起来，从而使每个人心情舒畅地为企业做奉献。

文化管理是人性化管理的最高层次，它通过企业文化培育、管理文化模式的推进，使员工形成共同的价值观和共同的行为规范。文化管理充分发挥文化覆盖人的心理、生理、现状与历史的作用，把以人为中心的管理思想全面地显示出来。文化是一套由一定的集体共享的理想、价值观和行为准则形成的，使个人行为能为集体所接受的共同标准、规范、模式的整合。

沃尔玛的成功有很多理由，其管理的人性化是成功的助推力。

理念和行动上：客户第一、员工第二、领导者第三

沃尔玛是全球最大的私人雇主，但从不把员工当作"雇员"来看待，而是视为"合伙人"和"同事"。领导者和员工及顾客之间呈倒金字塔的关系：顾客居首，员工居中，领导者则居于底层。"接触顾客的是第一线的员工，而不是坐在办公室里的官僚。"员工直接与顾客接触，其工作质量至关重要。领导者要给予员工足够的指导、关心和支援，让员工更好地服务顾客。在沃尔玛，员工包括总裁佩带的工牌都注明"我们的同事创造非凡"，下属对上级直呼其名，以营造上下平等、随意亲切的气氛，大家只是分工不同。

领导者要在待人接物的所有方面都关注人的因素，必须了解员工的为人及其家庭，还有他们的困难和希望，尊重和赞赏他们，表现出对他们的关心，这样才能帮助他们成长和发展。美国《华尔街日报》曾报道，山姆·沃尔顿有一次在凌晨两点半结束工作，途经公司的一个发货中心时和一些刚从装卸码头回来的工人聊了一会儿，事后他为工人改善了沐浴设施，员工们深受感动。

沃尔玛在关心员工的利益方面有详尽的实施方案。公司将"员工是合伙人"这一概念具体化为三个互相补充的计划：利润分享计划、员工持股计划和损耗奖励计划。1971年，沃尔玛开始实施第一个计划，保证每个在沃尔玛公司工作1年以上以及每年至少工作1 000小时的员工都有资格分享公司的利润。沃尔玛运用一个与利润增长相关的公式，把每个有资格的员工的工资按一定百分比放入这个计划，离开公司时员工可以取走这个份额的现金或相应的股票。沃尔玛还让员工通过工资扣除的方式，以低于市值15%的价格购买公司的股票。现在，沃尔玛80%以上的员工借助这两个计划拥有了公司的股票。另外，沃尔玛还对有效控制损耗的分店进行奖励，此举使得沃尔玛的损耗率降至零售业平均水平的一半。

实行门户开放，让员工参与管理

门户开放是指在任何时间、地点，任何员工都可以口头或书面形式与管理人员乃至总裁沟通，提出自己的建议和关心的事情，包括投诉受到的不公平待遇，而不必担心受到报复。若他的上级本身即是问题的源头或员工对答复不满意，还可以向公司任何级别的管理层人员汇报。门户开放政策保证员工有机会表达意见，对于可行的建议，公司会积极采纳并实施。任何管理层人员如有借门户开放政策实施打击、报复等行为，都将受到相应的纪律处分甚至被解雇。

沃尔玛与员工之间的沟通方式不拘一格，从一般面谈到公司股东会议乃至卫星系统都有。沃尔玛非常愿意让所有员工共同掌握公司的业务指标，每一件有关公司的事都可以公开。任何一家分店都会公布该店的利润、进货、销售和减价情况，并且不只是向经理及其助理公布，还向每个员工包括计时工和兼职雇员公布各种资讯，以鼓励他们取得更好的业绩。沃尔玛认为，员工了解其业务的进展情况是让他们最大限度地干好本职工作的重要途径，它使员工产生责任感和参与感，意识到自己的工作在公司中的重要性，觉得自己得到了公司的尊重和信任。

用人不拘一格，即使不是员工也是顾客

沃尔玛给每一位应聘人员提供相等的就业机会，并为每位员工提供良好的工作环境、完善的薪酬福利计划和广阔的职业发展空间。在一般零售企业中，没有数年以上工作经验的人很难被提升为经理；在沃尔玛，哪怕是新人，经过6个月的训练后如果表现良好、具有管理好员工和商品销售的潜力，公司也会给予一试身手的机会，做经理助理或去协助开设新店等。干得不错的，就会有机会单独管理一家分店。沃尔玛的经理人员大多产生于公司的管理培训计划，是通过公司内部提拔起来的。沃尔玛还设立离职面谈制度，确保每一位离职员工离职前有机会与公司管理层坦诚交流和沟通，从而了解到每一位员工离职的真实原因，以制定相应的人力资源挽留政策，将员工流失率降到最低，也让离职员工成为公司的一名顾客。公司设有专业人员负责员工关系工作，受理投诉，听取员工意见，为员工排忧解难。

培训就是交流，培训就是认同

沃尔玛常用交叉培训的方式，让不同部门的员工交叉上岗（国内称轮岗），在实际岗位培训学习，以获得更多的职业技能和经验。让员工掌握多种技能具有不可低估的优势。当员工一人能做多种工作时，工作团队的灵活性和适应性就会大为提高。当有人度假、生病或任务临时改变时，随时有人可以接替工作。新店开业时新招聘员工常会因经验不足而无法提高工作效率，让老员工支援则可避免这样的问题。

注重加强员工对整体工作运行的认识，多进行技能培训，保持了员工工作的高质高效，防止了因工作单调乏味而造成的人员流动，也有利于不同部门的员工能够从不同角度考虑其他部门的实际情况，降低不必要的内耗。例如，让采购部门的员工进入销售部门、销售部门的员工到采购部门工作，既能丰富其工作能力，又能强化其全局观念，有利于人才脱颖而出。

资料来源：郑世林．成功企业的人性化管理——以沃尔玛为例．时代经贸，2012（10）：65-67.

思考题

1. 如何理解“客户第一、员工第二、领导者第三”？
2. 古典组织理论与行为组织理论在对待员工方面有何区别？

第4章　现代组织理论

导读案例

中兴公司面临的生态灾难

2016年3月，美国商务部对中兴通讯实施出口限制措施，导致中兴通讯暂时停牌交易。禁运事件爆发后，在双方政府的协调下，美国商务部给中兴通讯颁布了临时许可证，从而保证其可以正常采购美国元器件和软件。

2017年3月，总部位于深圳的中兴通讯因被控违反美国的制裁，同意接受处罚，支付11.9亿美元的罚款。

2018年3月7日凌晨（美国时间3月6日），中兴通讯主动向美国政府相关部门和监察官报告相关情况。

2018年3月8日，中兴通讯对相关在职员工发出惩戒信，并对扣减2016年奖金做出安排，将从2017年度的奖金中扣减。

2018年3月8日，中兴通讯主动向得克萨斯州北区美国地方法院报告相关情况。此后，在首席出口管制合规官和第二家律师事务所的建议下，2018年3月12日中兴通讯又聘请了另一家律师事务所开展并行调查。

2018年3月14日，中兴通讯对离职员工寄发惩戒信，表示将在中国法律允许的情况下进行应扣奖金的追索。

2018年3月16日，中兴通讯向美国商务部工业安全局就相关情况做了详细陈述，并附呈公司已采取措施的证明文件。公司向美国商务部工业安全局报告，已启动内部调查程序，请求给予外部律师事务所45日（预计2018年4月30日前）以完成相关调查。

2018年4月15日，美国国家网络安全中心（NCSC）发出新建议，警告电信行业不要使用中兴通讯的设备和服务。

2018年4月16日晚，美国商务部发布公告，称美国政府在未来7年内禁止中兴通讯向美国企业购买敏感产品。

2018年4月20日下午，中兴通讯在深圳总部举行新闻发布会。董事长殷一民称，美国的禁令可能导致中兴通讯进入休克状态，对公司全体员工、遍布全球的运营商客户、终端消费者和股东的利益造成直接损害，我们坚决反对。

以下为董事长殷一民发言内容：

2018年4月16日，美国商务部以中兴通讯对涉及历史出口管制违规行为的某些员工未及时扣减奖金和未发出惩戒信，并在2016年11月30日和2017年7月20日提交给美国政府的两份函件中对此做了虚假陈述为由，做出了激活拒绝令的决定，对中兴通讯施加最严厉的制裁措施。

这样的制裁将使公司立即进入休克状态，直接影响公司8万名员工的工作权利，直接损害8万个家庭的利益；将对公司为全球数百个运营商客户，以及包括数千万美国消费者在内的数以亿计的终端消费者用户履行长期服务责任带来直接影响；将对公司全球30万股东的利益造成重大损害；将对公司对数以千计的、包括美国企业在内的合作伙伴和供应商履行责任和义务带来直接伤害。

我坚决反对美国商务部做出这样的决定，坚决反对不公平、不合理的处罚，更反对把贸易问题政治化。美方将细微的问题无限扩大化，对企业造成了极大的影响，对此公司高度关注，公司将通过一切法律允许的手段来解决问题。作为在中国成长起来的全球化企业，中兴通讯将担当起中国企业应有的责任，更加发奋自强。身后强大的祖国和13亿人民，给予我们克服各种困难的信心和决心。

公司董事会、管理层和全体员工将团结一致、恪尽职守，采取各种措施，尽最大努力维护员工和股东的利益，履行对客户和合作伙伴的责任。

同时我们也在认真反思，还要加大研发投入，求人不如求己。中国经济持续健康发展，所以有巨大的国内市场，所以有能力、有信心应对挑战。中兴通讯作为一个全球企业，反对有关国家用单边主义破坏全球产业链。中兴通讯的产品在国内是有市场的，有13亿人民的支持，我们有能力、有决心渡过难关。

我们绝不放弃！中兴通讯的旗帜将永远飘扬！

中兴通讯事件说明，一个组织的健康成长离不开所处的生态环境，组织只是社会大系统中的一个子系统。

资料来源：根据网络信息整理。

20世纪中叶以来，组织理论进入百花齐放、百家争鸣的时代，涌现出许多新颖的研究视角和理论流派，我们称之进入现代组织理论阶段。现代组织理论一个很重要的特征是突破了传统组织理论只注重研究组织内部建设管理的局限，把组织理论的视野引向组织与外部环境组成的生态系统中，将组织的建设、发展与组织所处的环境系统更加紧密地联系在一起，借助系统论、博弈论、生态论等多学科工具研究组织的生存、发展及消亡问题。因此，现代组织理论也由诸多流派构成。

第1节 系统组织理论

系统组织理论的代表人物是切斯特·巴纳德，他将社会学概念用于分析经理人员的职能和工作过程，提出了一套组织的理论，建立了现代组织理论的基本框架。他早先的思想属于行为组织学派，认为人是组织和管理最原初的起点，组织是为人实现自己的意愿服务的，人不应该异化为组织的工具；人应是一个物质的、生物的和社会的因素的结合体，而不仅仅是一个被动的管理对象；人只能在一定的环境条件下实现自己的个人意志，行使自己的选择权。巴纳德后续的研究超越了行为组织理论只限于封闭的组织内部讨论问题的局限性，把组织视作一个开放的系统，进而揭示了组织的本质规律。

小资料

巴纳德其人

切斯特·巴纳德（1886—1961）出生于美国马萨诸塞州的一个普通工人家庭。巴纳德幼年丧母，加上先天遗传缺陷，他在童年时期缺乏与同龄人的嬉戏和友谊，很早就在心理上进入了成年人世界。显得有些孤寂的少年巴纳德在外祖父的熏陶下，善于用哲学的思维方式分析现实问题。1909年，未拿到学位的巴纳德离开哈佛大学，进入美国电话电报公司（AT&T）开始了职业生涯。巴纳德不仅是一位优秀的企业管理者，还是一位出色的钢琴演奏家和社会活动家。他曾经担任巴赫音乐学会主席；帮助美国原子能委员会制定政策；在20世纪30年代经济大萧条时期担任新泽西州减灾委员会总监；1942年创立联合服务组织公司并出任总裁；1948—1952年担任美国洛克菲勒基金会董事长。巴纳德在漫长的工作实践中积累了丰富的经营管理经验。

1938年，巴纳德出版了被誉为美国现代管理科学经典之作的《经理人员的职能》一书。1948年，巴纳德又出版了另一部重要的管理学著作《组织与管理》。巴纳德的这些著作为建立和发展现代管理学做出了重要贡献，也使巴纳德成为社会系统学派的创始人。

一、组织协作系统论[①]

巴纳德独创性地提出了组织的概念，认为正式组织是有意识地协调两个以上的人的活动的一个体系。他认为这个定义适用于各种形式的组织，从公司的各个部门或子系统直到由许多系统组成的整个社会。不管哪一级组织，都包含三种普遍的要素：协作的意愿、共同的目标和信息沟通。

（一）协作的意愿是组织存在的基础

1. 组织是一个协作的系统

巴纳德认为，从系统论角度看，组织是社会这个大系统中的一个子系统，系统内部及系统之间要靠协作来维系。社会的各种组织，不管是政治的、军事的、宗教的，还是企业的、学术的，都是一个协作系统。协作是整个社会得以正常运转的基本且重要的前提条件。而且协作系统是一个动态的过程，它的运营环境以及组成要素都在不断变化，因此协作系统也处于不断的发展变化之中。协作系统的稳定性和持续性取决于协作系统的有效性和高能率。[②]

---

① 现代管理理论之父：巴纳德1.［2006-08-03］. http://blog.sina.com.cn/s/blog_493cclbb0100054r.html.

② 能率是巴纳德提出的与个人动机实现有关的概念。巴纳德认为，在协作体系中，如果人的行为交互作用使一个人的某些动机得到了满足，就是有能率的；如果任何动机都得不到满足，就是无能率的。巴纳德在著作中还提到："如果达到了某一个追求的目的，我们就讲这项行为是有效的。如果一项行为没有追求的目的比追求的目的更为重要而且是消极的，那么这项行为虽然是有效的，却是无能率的。如果没有追求的目的是不重要的或微不足道的，一项行为就是有能率的……如果一项行为达到了目的而又没产生抵消的消极后果，我们就讲它是有能率的，不论它是不是有效的。如果一项行为没有使动机得到满足，或者产生了消极的后果，那么即使它是有效的，我们也认为它是无能率的。"

所谓有效，是指协作行为达到了所追求的客观目的；所谓能率，是指在达到目的时没有产生不希望出现的负面效应。有效才能维持组织的生存，而能率能够使人员产生协作意愿。人是协作系统的主体，人性对协作系统的有效性和高能率有着重要影响。

2. 协作意愿是组织成功的基础

好的组织一定会有一个好的协作系统。组织的所有成员必须有合作的意愿，才能构建一个协作的系统。组织成员有协作的意愿意味着个人要克制自己，认可个人行为的非个人化。没有这种协作意愿，就不可能将不同组织成员的行为有机地结合起来协调一致地活动。例如，作为工厂的一名工人，你必须按时上班，严格按照工厂机器操作运转的规律进行，遵守工厂的各项制度，使个人行为变得非个人化。大多数时候，不同成员的协作意愿是不同的，同一个人不同时候协作意愿的强度也是不同的，个人并不能自发地产生协作意愿。

当个人参加了一个协作体系以后，他就处于一种同其他参加者互相接触的环境之中，就必然产生个人之间、个人与集体之间的相互作用，这些因素作用于有关的个人，并同其他因素一起影响到他们的精神和感情，进而对个人行为产生影响，可能迫使个人的动机发生原来不会有的变化。这些变化如果朝着有利于协作体系的方向发展，它们就成为协作体系的资源；反之，就成为协作体系的障碍或限制。

（二）共同的目标是组织存在的灵魂

巴纳德强调指出，组织目标是整个组织存在的灵魂，也是组织奋斗的方向。但是组织的共同目标不是一成不变的，而是应当随着组织规模的变化、人员的变化、外界环境的变化和发展随时调整。组织目标制定的好坏对组织目标能否实现的作用也非常大。

如果组织只有协作的意愿而没有共同的目标是发展不起来的。如果组织成员不了解组织要求他们做什么，做成功以后他们会得到什么样的回报，就不可能诱导出协作的意愿。

对组织成员个人来说，组织的目标不一定是一种“个人”目的，但必须使他们看到这种共同目标对整个组织所具有的意义。组织动机和个人动机是不同的，而个人之所以为组织做出贡献，并不是因为组织动机就是他们的个人动机，而是因为他们感到，通过组织目标的实现，有助于实现他们的个人目标，并获得相应的满足。只有当组织给个人的报酬大于或等于个人为组织做出的贡献时，个人才可能愿意为组织目标的实现做出个人的努力和贡献。

在管理中把组织目标与个人目标结合起来的思想，被认为是管理思想发展史上具有里程碑意义的思想。巴纳德强调个人目标与组织目标之间相互协调的问题，并指出管理人员必须能够协调个人目标与组织目标之间的矛盾。

巴纳德认为组织目标应具有综合性、总体性、清晰性、可分性和层次性等特点。确定组织目标时应遵循灵活性与一致性结合的原则，要有一定的可能性，同时也要有一定的挑战性。

（三）信息沟通是联系协作意愿与目标的渠道

信息沟通作为第三要素，使前两个要素得以动态地结合。个人协作意愿和组织共同目标只有通过信息沟通才能联系和统一起来，内部信息交流是实现组织目标的基础。

巴纳德规定了信息沟通的一些“原则”：信息交流的渠道要为组织成员所明确了解；组织的每个成员都有一个明确的、正式的信息交流渠道，即每个成员必须向某人做报告或从属于某人；信息交流的渠道必须尽可能直接和简捷。

信息交流和信息传递有正式和非正式、书面与口头等不同的方式。很多情况下，信息往往要经过若干环节才能到达最终需要者，在这个传递的过程中，不管是有意还是无意，都可能会产生信息的失真和误导。管理者必须采用各种手段纠正信息失真，譬如让信息表达得清楚明了、缩短信息传递路线、采用先进的科学技术等。巴纳德也非常重视非正式组织的作用。非正式组织属于正式组织的一部分，并且不与管辖它的有关人员相互作用。非正式组织没有正式的结构，成员之间的联系非常松散，常常不能自觉地意识到共同的目的，而是通过同工作有关的接触或者共同的兴趣爱好产生的，并确立了一定的习惯和规范。非正式组织常常为正式组织创造条件，反之亦然。企业的管理者如果同时是非正式组织的领导者，那么这个管理者就是非常成功的。

二、组织平衡理论

（一）组织理论的核心问题是维持组织平衡的问题

巴纳德认为，组织的平衡问题根本上讲是一个贡献（或者牺牲、服务）与诱因（或者效用）的比较问题。组织保持平衡的条件是，组织向每个成员提供或分配的诱因要大于起码是等于个人所做的贡献。巴纳德指出："为了维持组织经济的平衡，组织要支配和交换足够数量的各种效用，以便用来支配和交换作为其构成要素的人们的服务。为了做到这一点，组织运用这些服务来获得足够数量的效用，然后把这些效用分配给贡献者，以保证这些贡献者继续贡献适当的效用。由于每一个贡献者都要求他的交换有剩余即纯诱因，因此组织只有交换、变形和创造，在它自己的经济中获得效用的剩余，才能继续存在下去。"

巴纳德以组织有效性与组织能率理论（对实现目标的附带产物——"未所追求的后果"的价值判断）为基础，将组织平衡进一步区分为两种过程的平衡：组织的对外平衡与组织的对内平衡。组织的对外平衡是指组织通过与外部环境保持平衡，提高组织效率的过程。这里的外部环境有两个方面的含义：一是如果把组织看作协作体系的子系统，那么协作体系中的其他子系统，对组织来说就构成其外部环境。二是如果将协作体系本身看作组织，那么整个社会的政治、经济、文化等环境就成为组织的外部环境。组织的效率取决于有关组织技术和经济环境及组织对环境的适应能力。对外平衡如能保持，组织的效率就高，组织成员对组织的贡献就大。巴纳德指出，组织平衡"开始时是组织内部的，关乎各种要素之间的比例，但最终和基本的是协作系统同其整个外界环境的平衡"。组织的对内平衡是指有效地分配诱因，确保给每个成员的诱因与贡献平衡，从而保持成员协作积极性的激励过程。在组织活动中，组织支付给个人的诱因是影响个人有意识地贡献努力的条件。组织可能会因为提供了有效的诱因而不断发展壮大，也可能会因为提供了无效诱因而导致解体和协作失败。

（二）组织的内部平衡：诱因选择

组织在提供诱因方面有两种方法：一是"说服的方法"，包括三种形式：（1）强制；（2）诱因合理化；（3）动机的灌输。二是"诱因的方法"，强调的是向人们提供客观诱因。客观诱因可以区分为两种不同性质的类型：（1）特殊的并能特定地给予某个人的，即"特殊的诱因"，如物质诱因、个人非物质的机会、良好的物质条件、理想方面的恩惠；（2）一般的、非个人的，并不能特定地给予某个人的，即"一般的诱因"。巴纳德以三种颇具代表性且目的迥异的组织即产业组织、政治组织和宗教组织为例进行了探讨。

首先是产业组织的诱因经济。巴纳德认为，在产业组织中，非物质的诱因往往会伴随着物质的诱因，并且与物质的诱因常常互相冲突，如一个人威望的提高就意味着其他人威望的降低。这时，组织只能在这些可能的诱因当中寻求最佳的结合点，以找到最有效的诱因组合。

其次是政治组织的诱因经济。政治组织通常并不从事直接的物质生产，它的基础动机就是理想方面的恩惠和社会方面的满足，这意味着它必须为其贡献者提供这些方面的诱因。由于政治组织的特性，它要提供物质诱因，就只能“羊毛出在羊身上”，即从其成员那里寻求物质来源。然而，这样获得的物质资源非常有限，而且很可能引起人们的反感，因此，政治组织也必须在各种诱因之间进行权衡，以寻求最佳的结合点。

最后是宗教组织的诱因经济。宗教组织的基本诱因基于成员精神方面的满足，其主要诱因就是理想方面的恩惠以及同“教友”的思想感情交流。因此，宗教组织最重要的工作就是对人的说服，当然也不排除物质诱因的使用。

（三）组织的外部平衡：调节

组织的外部平衡，巴纳德称之为组织调节，即保证组织与社会交流之间的平衡，随时根据社会的需要调整组织目标。巴纳德认为，组织调节并非只是组织首脑的任务，还是各类组织成员利益折中的产物。如此一来，组织平衡问题实际上就变成了组织决策问题。一般来说，组织中人的行为通常是由两部分组成的：作业和决策。古典组织理论着重探讨的是作业部分，阐明各种对最大限度地提高作业效率有作用的原理和技术。而巴纳德认为，组织理论的重点应是研究组织行为中的决策问题。他指出：“同个人行为相比，决策是组织行为的特征；决策过程的描述对组织行为的理解，比对个人行为的理解更为重要。”到底什么时候应做决策和什么时候不做决策，因情境和条件的变化而定。在这里，关键是要把握住影响决策的战略因素。战略因素是决策环境的中心，是进行选择的关键所在。而能否把握住战略因素，体现着一个管理者的决策水平，用巴纳德的话说就是：“决策的艺术在于：对现在还不适当的问题不做决策，时机不成熟时不做决策，对不能有效地实行的事不做决策，对应该由别人决定的事不做决策。”

三、权威接受论

（一）权威来自下属的接受

研究组织的学者毫无例外都会注意到组织的权威。然而，权威的本质是什么却见仁见智。韦伯特别强调权威的作用，分析了权威的自上而下性质，假设命令具有强制性、无条件可行性。巴纳德则不然，他从信息传递出发，认为权威来自下属的接受。下属接受才具有权威，下属的接受程度决定了权威的影响力。由此他提出了著名的权威接受论，进而分析论证了组织中不加怀疑无条件接受权威的领域——“无关心区”（也翻译为“无差别区”，即zone of indifference）。从此，“权威来自下属而不是来自上级”就成为管理学的教义之一。客观地说，巴纳德的权威接受论与实际组织中的管理实践更为接近，在同样的组织中，有些领导者具有较高的权威，另一些领导者的权威却大打折扣。巴纳德的权威接受论提出之后引起管理学界的巨大震动，并被迅速认可和接受。不过，我们可以感觉到，巴纳德的权威接受论显然借鉴了政治学中洛克的“统治必须征得被统治者的同意”这样一个思想观点，并把它移植到管理学中。尽管如此，这一移植的意义是重大的，它标志着西方管理学与政治学在基本理念上的统一和协调，是对当时方兴未艾的官僚组织理论（以韦伯为代表）的有力矫正。

组织的权威在管理中必不可少，它主要对组织成员的协作意愿和信息交流产生重大影响。巴纳德认为，权威是正式组织中信息交流的一种性质，通过权威的接受，组织成员支配自己相应的行为，即支配或决定什么是要对组织做的事，什么是不对组织做的事。要使权威对一个人发生作用，必须得到这个人的认可和同意，这当然要具备一定的条件。这些条件具体是：其一，作为下级的个人能够理解上级所传达的指令；其二，下级认为指令与能提供诱因的组织目标相一致；其三，指令能够同满足下级的个人利益相结合；其四，下级在其精神上（如个人道德规范）和身体上（如健康状况和体力状况）能够执行或遵守这一命令。

（二）决策者必须注重“无关心区”

个人之所以接受命令，是因为下达命令者具有权威。这种权威或是由正式组织的职权和等级形成的地位的权威，或是由个人的能力和影响形成的领导的权威。不管哪种权威，不被部下接受就不是权威。例如，美国的禁酒法就曾是一个权威不被社会接受的典型事例。组织需要根据不同的对象和条件，针对各自的特点而做出相应的对策，来维持组织的权威。首先，一个良好的组织在发布命令时，必须考虑权威能够被接受的四个条件，如果考虑到有些命令可能不会被下属接受，那么就需要采取诸如说服、教育、提供足够的诱因等措施，来保证命令的效果。这样，组织命令的权威性就能得到有效的维持。其次，组织在发布命令时要考虑“无关心区”。“无关心区”是命令被顺利接受的一个“区域”。巴纳德认为，如果所有的行动命令按下属对它们的接受程度来排列，则可以在逻辑上出现三种情况：第一种是显然不被接受的，即肯定不会被服从的；第二种则或多或少地处于边缘区域，可能被接受，也可能被拒绝；第三种是毫无疑问能够被接受的。最后这一区域就是“无关心区”。“无关心区”的范围大小主要取决于诱因超过牺牲的程度。超过的程度越大，“无关心区”的范围也就越大，反之则相反。

（三）权威被接受的组织信息交流体系的构建

1. 信息联系的渠道应当让组织成员明确了解

组织必须明确规定管理人员的权力、责任、义务，并使所有的组织成员都掌握组织结构及其权力关系。

2. 组织中的每个成员都应该有一个明确的信息联系正式渠道

每个人必须同组织有明确的正式关系，隶属于一个上级，接受这个上级的命令并向他汇报工作。

3. 组织中信息联系的路线必须尽可能地直接和短捷

信息路线越短，则传递速度越快，传递错误越少。因此，在设置组织结构时，应努力减少层级。

4. 必须运用完整的信息联系路线，以免发生矛盾和误解

一个组织从最高层到最低层的信息联系，应通过每一个层级，不允许跳跃。各级管理人员是信息联系的中心，必须称职。

5. 组织在执行职能时信息联系不能中断

组织中的权力不在人员而在职位，组织中的任职者一旦不能行使职权或出缺，必须有自动的临时代理办法，以保证权力线路的衔接和信息渠道的畅通。

6. 每一个信息联系都必须具有权威性

为了使组织成员了解由何人担任在信息联系中起中心作用的职位，以及该职位具有什么职权，必须在组织中采取一些措施，以满足组织成员对信息沟通环节的了解需求，例如授权仪式、就职典礼、任免命令、就职宣誓、到任介绍等。

第2节　组织生态理论

组织生态理论又称组织生态学（organizational ecology），它借鉴生物学、生态学、社会学等学科的知识，结合新制度经济学和产业经济学等学科的理论，研究组织个体的发展以及组织之间、组织与环境之间的相互关系。经过30多年的发展，组织生态学已成为组织理论的一个重要分支。

一、组织生态理论①

(一) 组织生态理论的代表人物与发展历程

1976年，阿尔瑞契（H. E. Aldrich）与普费弗（J. Pfeffer）等人发表《组织的环境》一文，首次将生态学的理论引入管理学，被称作群体生态理论，也叫自然选择模型。借助自然界生物种群之间的依存与竞争这种生态学理论，解释组织作为一种社会生态现象的生长、成熟、死亡的全过程。1977年汉南（M. T. Hannan）与弗里曼（J. H. Freeman）发表的《组织的群体生态》明确地提出了群体生态论。之后，詹姆斯·穆尔（James F. Moore）在《竞争的衰亡：商业生态系统时代的领导与战略》中第一次提出了商业生态系统的概念，架构了基于共同进化模式的企业战略全新设计思路，开创了将生态学的观点引入战略管理的先河。理查德·达夫特（Richard L. Daft）在其多次再版的著作《组织理论与设计精要》中，更是重点利用种群生态学的概念，论述了有关组织间冲突与协作、组织生态系统演化以及正在出现的学习型组织等许多新的观点和方法。

组织生态理论认为，组织变革的主要机制并不是由单个组织进行的有目的的调整，而是一个达尔文式的自然选择过程，环境依据组织结构的特点及其与环境的适应性来选择一些组织或淘汰一些组织。因此，当一个组织在总体水平上不能适应环境的变化时，将会被新的适应性强的组织取代。

(二) 组织生态理论的立论基础

组织生态理论建立在两个理论假设基础上。第一，运用自然生态学理论与方法研究组织生态主体与各种环境要素之间的关系是有效的。第二，组织现象可以理解为一个由人、组织、环境共同构成的复合生态系统。

基于以上假设，一方面，我们可以在思想观念上得到某些启示，那就是对人、组织、环境之间的关系应有一个全新的认识，即确立和强化组织生态意识非常重要；另一方面，在实

---

① 彭璧玉．组织生态学理论述评．经济学家，2006（5）：111-117；梁磊，刘桦．组织生态学理论与应用——2011组织生态学学术会议论文集．北京：科学出版社，2012.

践中，优化组织生态系统的内外部环境，提高组织生态系统适应环境的能力，成为组织改革与发展的重要方面。而在理论层次上抽象出能够基本反映组织生态系统与各种生态环境之间、不同组织生态主体之间复杂关系的范畴，更是今后组织改革与发展应当承担的重要研究任务之一。

二、组织生态学的主要理论观点

（一）组织设立理论

组织生态学将组织设立理解为生态化过程和制度化过程两个基本方面，并认为这两个过程具有不同的空间效应。

1. 组织设立的生态化过程

生态化过程主要分析组织种群密度、组织生态位与组织设立率之间的相互关系。组织生态位与组织设立之间的关系是：第一，组织生态位重叠密度（overlap density）与组织设立率负相关，非重叠密度（nonoverlap density）与组织设立率正相关。① 第二，组织种群中非重叠强度与组织设立率正相关，非重叠强度是指组织种群潜在竞争者中组织生态位不重叠的数量与组织生态位重叠的数量的比率。组织生态位的非重叠强度低（差异程度低）意味着组织之间使用更多的共同资源，因而竞争程度高，较高的非重叠强度（较高的组织生态位差异）会降低竞争的潜势，增强合作的可能性，因而有利于促进组织的设立。

2. 组织设立的制度化过程

制度化过程强调合法性、社会支持等因素对组织设立成功率的影响。第一，关系密度（relational density）与组织设立率之间存在倒 U 形关系。关系密度是指组织种群成员之间正式关系的数量和组织种群环境中关键制度的数量。关键制度涉及种群环境中的政府代理者和社区组织。由于制度关系能够提供社会支持、合法性和资源，使组织进入的条件更具吸引力，因此，在种群成长的初始阶段，随着关系密度的提高，组织的设立率也会提高，但关系密度越高，组织设立者之间为争夺有限的制度性资源的竞争就越激烈，这又会抑制组织设立率。第二，制度行动者的规制对组织设立具有直接的影响，政府是重要的制度选手（institutional players），它可通过开辟新的组织生态位和修改制度内容等措施来支持新的组织形式。此外，行业协会的存在能极大地提高组织的设立率，它表明集体行动是增强组织合法性的可行途径，合法性可通过集体游说而得以保护。

3. 组织设立的空间过程

地理空间之间的合法性和竞争性对组织设立、死亡和变化的影响是组织生态学理论研究的新领域。第一，空间竞争。空间市场定价理论假定，组织越邻近，竞争越激烈。公司进入一个地区时，总是力图选择一个距离现有竞争者最远的区位。随着越来越多的公司进入，远离现有竞争者的区位选择越来越困难，最终将导致新进入者无利可图。在给定的范围内，公司之间的最大距离与公司数量负相关。在组织密度较高的情况下，特定区域的组织进入率与

---

①　重叠密度是指在特定的资源集合体中，一个组织的生态位与组织种群中其他组织的生态位相互交错的程度。非重叠密度是组织种群中未交替密度的集合。组织生态位重叠密度和非重叠密度直接影响着组织设立的可能性和成功率。在拥挤的组织生态位内设立组织比在宽松的组织生态位内设立组织具有更小的成功率，因为较高的组织生态位重叠密度意味着对资源的竞争更加激烈。

其邻近地区的组织数量负相关。第二，空间传染。由于网络中个体之间的联系和相同社会角色的存在，创新容易在组织之间传播。组织设立总是伴随着掌握现存组织形式知识的个体与缺乏这些知识的个体之间的接触扩散。接触扩散受社会网络的影响，当空间距离增加时，其密度降低。组织设立遵循空间传染模型，即与现有组织的距离越远，空间传染对组织设立的影响越小。在组织种群密度较低的条件下，特定区域的组织进入率与其邻近地区的组织数量正相关。第三，空间密度依赖。空间密度依赖模型试图说明，影响组织设立和组织死亡的竞争性过程和合法化过程具有不同的空间意义和空间边界，其中合法性的空间范围比竞争性的空间范围要大，这是因为合法性建立在现有组织关于建立、运营和交易的信息交换基础之上，不易受运输成本、法律和技术壁垒等因素的限制，而组织之间的竞争性则随着空间距离的增大、运输成本的提高而逐渐削弱，且能通过法律和技术的隔离得以消除（如贸易壁垒和标准的不兼容）。所以，邻近空间互动模型认为，竞争性效应主要发生在本地，合法性效应的范围则更广。

（二）组织成长理论

基于组织生态的经典组织成长理论是吉布莱特定律（Gibrat's law）。吉布莱特（Gibrat，1931）认为，一个企业的规模在每个时期预期的增长值与该企业当前的规模成比例，在同一行业中的企业，无论其规模大小，在相同的时期内，其成长的概率是相同的，即企业的成长率是独立于其规模的变量。吉布莱特定律的两个基本推论是：第一，企业的成长是个随机过程，即有诸多因素影响企业成长，难以对其进行准确预测；第二，不同规模的企业，其成长率并不因为各自的规模不同而有所差异。

但吉布莱特定律忽视了组织的产生和死亡，对组织自身因素和行业环境因素也缺乏考虑。为了完善吉布莱特定律，埃文斯（Evans，1987）以1876—1982年的美国制造业为例，研究了企业成长、企业规模、企业存续年限之间的关系。其基本结论是：第一，企业的生存能力随着规模的扩大而提高；已存活下来的企业成长率随着规模的扩大而下降。第二，对于任何一个企业，随着存续年限的增加，其成长率会有所降低，但生存能力却随之提高。邓肯（Dunne，1988）等对单厂企业（single-plant firm）和多厂企业（multi-plant firm）的研究证实，单厂企业的成长率随着其规模扩大和年龄的增长而下降，而对多厂企业，其净成长率与其规模和年龄同步增长。麦克劳汉（McCloughan，1995）的研究表明，随着规模的扩大和年龄的增长，公司组织成长的可变性降低，且组织成长率是自相关的，这意味着如果公司在某年内高速成长，则其在次年高速成长的可能性更大，总的行业进入率和退出率之间呈正相关关系。萨顿（Sutton，1997）对组织成长进行的实证研究也证明，公司成长率随着规模的扩大和年龄的增长而降低。

（三）组织死亡理论

组织生态学将个体组织的死亡视为组织种群自发调节的结果，当组织的数量低于最小能生存种群水平时，现有组织都将死亡，个体组织的死亡是组织种群的一种自我保护机制和进化机制。

1. 组织自疏

种内竞争的确是影响组织死亡的重要因素，但并不是所有的竞争都导致死亡。汉南和弗里曼建立的规模性本地化竞争模型认为，种群中大规模的组织会对中等规模的组织产生威胁，但不会威胁小规模的组织；中等规模的组织在与大规模的组织竞争的同时，还容易受到小规模组织的攻击。大规模组织出现的同时，中等规模的组织会衰落，而小规模组织则蓬勃发展。种内组织专业化程度的差异也是影响种内竞争的主要因素，卡罗尔（Carroll）建立的资源分割模型说明，大型通用性组织市场竞争的集中会提高它们死亡的比率，但会为小型专业性组织提供更大的发展空间。组织自疏与森林中的植物间竞争非常相似。

密度效应是制约组织死亡的关键因素，最后产量恒值法则（law of constant final yield）表明，不管初始组织密度如何，在一定范围内，当条件相同时，特定组织种群的最后产量差不多总是一样的。在密度很低的情况下产量随着组织种群密度的增加而提高，当密度超过一定程度之后，最终产量不再随着组织种群密度而变化。在高密度情况下，个体组织之间对资源的竞争激烈，在资源有限的条件下，个体的成长率降低，规模变小，这表明在组织种群中存在明显的自疏现象。即如果组织种群密度进一步提高且组织个体继续成长，对资源的竞争不仅影响到个体组织生长发育的速度，而且影响到个体组织的存活率。企业并购就是企业种群通过个体企业的死亡来提高企业种群存活能力的自疏行为。

2. ALLEE 效应

不同的组织有不同的种群规模适合度，规模低于最低适合度的组织种群不仅不会给个体组织创造宽松的发展空间，最终还会导致该组织种群灭绝，即 ALLEE 效应。ALLEE 效应表明，在客观上存在一个最小能生存的种群水平，单个组织或小组织种群难以应对环境的随机不确定性和波动性。此外，小组织种群常常面临建群者效应（founder effects），如果建群者数量很少，或某个大组织种群由于自然因素等原因而数量锐减，即经历了所谓瓶颈效应（bottleneck effects）的打击，则近亲交配（inbreeding）的概率将大大上升，加上遗传变异的作用会导致组织种群遗传多样性的匮乏，最终将危及该种群的生存。

3. 程序性组织死亡

组织生态学认为，死亡是种群生命周期的一个重要组成部分，对于组织种群来说，组织个体正常的成长和组织数量稳态的维持是依赖于种群内个体组织设立和死亡之间的动态平衡来实现的。因此，从组织种群的水平上看，组织死亡具有某种程度的主动性和意识性，这样的组织死亡可称为程序性组织死亡（programed organizational death，POD）。生存条件不利时，一部分组织以不影响其他组织生存的方式死亡，一方面减少对有限资源的争夺；另一方面，死亡组织自身分解的产物为周围组织进一步提供了部分营养来源，从而为其余个体创造相对“充裕”的生存环境来维持本组织种群的生存。程序性组织死亡的存在使在一定的选择压力下，组织种群的个体数量与生存环境之间可以达到相对的平衡，最具生命力的组织个体能够存活下来，并且能够形成对应于不同环境的最佳组织数量，从而在自然选择中具有优势，具有更大程度上的适应性，有可能形成较具竞争力的组织种群。

第 3 节 组织资源依赖理论

一、资源依赖理论的产生过程

（一）资源依赖理论的提出过程

资源依赖理论属于现代组织理论的重要理论流派，是研究组织变迁活动的一个重要理论。所谓资源依赖，是指一个组织最重要的存活目标就是想办法降低对外部关键资源供应组织的依赖程度，并且寻求一个可以影响这些供应组织之关键资源的能够稳定掌握的方法。

组织的群体生态理论强调的是选择作用，而弱化了组织行动者在决定组织命运中的作用，为此，斯坦福大学的普费弗与萨兰奇克（Gerald Salancik）在1978年出版的《组织的外部控制》中提出了资源依赖理论。资源依赖理论强调，组织体的生存需要从周围环境中吸取资源，需要与周围环境相互依存、相互作用才能达到目的。该理论认为，组织对外部资源有依赖性，并强调组织从环境中获取资源能力的重要性，其实质是把组织看作环境关系中一个积极的参与者而不是被动的接受者。其核心思想是，组织对外部资源有依赖性，因而力求通过许多手段去控制这些资源；组织有维持独立的倾向。

它包括三层含义：组织与周围环境处于相互依存之中；除了服从环境，组织还可以通过其他选择，调整对环境的依赖程度；环境不应被视为客观现实，对环境的认识通常是一个行为过程。

（二）资源依赖理论的基本假设

资源依赖理论提出了四个重要假设：第一，组织最关心的是生存。组织只有能够生存下来，才能履行其社会责任。第二，为了生存，组织需要资源，而组织自己通常不能生产这些资源。组织是社会大系统中的一个子系统，从环境中取得必要的资源，通过自身的加工和创造赋予这些资源更大的社会功效，然后输出给社会并得到社会的接受和认可。第三，组织必须与它所依赖的环境中的因素互动，这些因素通常包含其他组织。资源主要从其他组织获得，其产品或服务又输出给其他组织。因此，组织之间的依赖性是组织面临的现实问题。第四，组织生存建立在控制它与其他组织关系的能力的基础之上。资源依赖理论的核心假设是组织需要通过获取环境中的资源来维持生存，没有组织是自给的，都要与环境进行交换。普费弗提出，应当把组织视为政治行动者，而不仅仅是完成任务的工作组织。

二、资源依赖理论的主要内容

（一）组织资源影响组织权力配置与外部控制

资源依赖理论强调组织权力，把组织视为一个政治行动者，认为组织的策略无不与组织试图获取资源、试图控制其他组织的权力行为有关。维持组织的运行需要多种不同的资源，而这些不同资源不可能都由组织自己提供。组织间的资源依赖产生了其他组织对特定组织的外部控制，并影响组织内部的权力安排。普费弗分析了组织内部的权力问题，认为能够提供资源的组织成员显然比其他成员更加重要。

现实中，有许多事例可以说明组织之间的依赖对组织权力配置的影响。譬如，富士康作为一家规模巨大的代工企业，其对上游厂商苹果公司具有相互依赖关系。但由于各自对资源的控制力有差异，苹果公司可以在很大程度上影响富士康的经营管理。再如，中兴通讯与其上游企业美国高通公司之间虽然是伙伴关系，但二者依赖关系并不对等，2016年美国对中兴通讯的处罚决定直接使三名高管被解职。2018年当美国政府对中兴通讯开出出口禁令时，中兴通讯很快呈现休克症状，但对美国高通公司影响并不大。组织的外部控制是一个非常现实的问题。

（二）组织竞争优势来自对特定资源的控制

因为环境的不确定性和缺乏足够的资源，组织可能会追求更多的资源，以保障自己的利益，减少和避免环境变化带来的冲击。可持续的竞争优势来自审慎的理性管理、选择性资源的积累和配置，以及对战略性产业要素的驾驭。该理论认为，应将组织的目标集中在资源的特性和战略要素市场上，并以此来解释企业的可持续优势和相互之间的差异。

企业关于资源选择和积累的决策被认为是一种经济理性，受制于有限信息、认知偏差和不确定性。正是那些有价值、稀缺、难以复制、不可替代的资源的有效利用和理性识别，导致了企业的超额利润及其相互间的差异。因为环境的资源有限，不足以供所有人和组织消耗，所以那些能够获得较多资源的组织便可以有较大的自主性，并且能够影响其他缺乏资源的组织。资源的选择和积累是企业内部决策和外部战略因素的函数。资源的选择和配置能否导致企业间的差异依赖于要素市场的不完善性。这种不完善性指关键资源的获取、模仿以及替代的障碍。这些障碍限制了竞争者获得或复制关键资源的能力，导致企业间盈利能力的长期差异。

（三）组织之间资源的差异性直接导致组织有控制资源的冲动

资源依赖理论认为，各企业之间的资源具有极大的差异性，而且不能完全自由流动，很多资源无法在市场上通过定价进行交易。比如组织才能，它们以惯例为衡量尺度，可能比机器设备等有形资源在市场上带来更长期的竞争优势。但是，它却不可能从市场上购买。与此同时，相对于企业不断提升的发展目标来讲，任何企业都不可能完全拥有所需要的一切资源，在资源与目标之间总存在某种战略差距。因此，为了摆脱外部依赖，维持自治度，组织会有强烈的扩张冲动。

现实组织行为中，大量的组织合并战略、战略联盟行为是组织控制环境资源的实例。比如组织会通过垂直整合来消除与其他组织的共生式依赖；会通过水平扩展，吸收竞争者以消除竞争中的不确定性；会通过多样化战略扩展到多个领域，以避免依赖单个领域内的主导性组织等。

（四）组织环境决定组织结构

资源依赖理论和组织生态理论都认为组织环境是组织结构的主要决定力量，而不是管理者主导了组织结构的变革，不存在一成不变、普遍适用、放之四海皆准的组织结构，因此组织环境决定了组织结构。

这一时期的组织结构理论侧重研究组织与环境之间的关系，同时为了适应这种关系，组织结构形式变得更加灵活，以团队为模块的工作单元、临时工作小组、网络型组织等扁平化组织得到迅速的发展。实践证明，这种灵活多变的组织结构形式可以使企业获取更多的信息，更加适应激烈的竞争环境。

三、资源依赖理论的意义

资源依赖理论的重要贡献在于揭示了组织与环境的依赖关系，使人们看到组织可以采用各种策略来改变自己、选择环境和适应环境，为我们研究组织发展过程中资源依赖和利用策略提供了理论工具。资源依赖学派所说的组织环境不仅是一个客观、实际存在的东西，而且是组织及其管理者通过自己的选择、理解、参与、设定而产生的，是组织和环境交互作用的一系列过程的结果。面对同一外部环境，不同的组织或者同一组织的不同管理者会有不同的选择、理解、参与和设定方式，因此，对环境的认识不同会影响环境的实际作用，这充分体现了“塑造的”环境观的特点。在组织与环境二者的关系上，组织也获得了充分的主动性。一方面，为了对资源需求做出反应，组织通过修正、操纵或控制其他组织来维持自身的独立，与其他组织建立联系；另一方面，组织也要努力控制和改变环境因素，比如参与法律、政治性活动和改变合法性的定义等。像交易成本理论一样，资源依赖理论主张采取一种更明确的实现管理动机的政治方法，在自主和生存之间进行权衡。

后来的研究者又对资源依赖理论进行了大量的经验研究，使其成为一个系统的理论。这个理论不仅对企业具有指导意义，对政府组织同样是有意义的。通过说明政府对资源的依赖，该理论直接阐释了政府与资源的相互关系。

第 4 节　组织理论演进过程及其逻辑联系

如前所述，从 19 世纪末开始，组织理论的发展大致经历了古典组织理论、行为组织理论和现代组织理论三个阶段。

一、组织理论发展的三个阶段

（一）古典组织理论：使组织管理从经验走向科学

在第二次工业革命之前，整个世界的工业化程度非常低，工业发展水平主要表现为家庭作坊和工场手工业。在这一阶段，生产的专业化程度低，社会分工仅仅局限于手工业、农业、商业的分工。生产操作流程相对简单，工场（工厂）人数非常少，对管理的要求也不高，因此，这一阶段凭借工场主的经验管理就足以驾驭企业。但是到以电气技术为主要代表的第二次工业革命之后，资本主义逐步迈入垄断资本主义阶段，现代化工厂大量涌现，生产过程日趋复杂，生产的专业化程度日益提高，工厂的人数激增，面对这样的形势，只凭借企业主个人的经验管理就显得力不从心了。正是在这种背景之下，出现了管理者与劳动者的职业分工，管理的专业化能力成为企业的迫切需求，专门针对组织内部协调运转的古典组织理论应运而生。古典组织理论盛行于 19 世纪末到 20 世纪 30 年代。

以美国的弗雷德里克·温斯洛·泰勒、法国的亨利·法约尔、德国的马克斯·韦伯为代表的古典组织理论先驱，运用自然科学的分析研究方法着重分析组织的结构和组织管理的一般原则，希望在分工、标准化、协调化方面最大限度地挖掘组织的结构潜力，以期提高组织效率。研究内容主要涉及组织的目标、分工、协调、权力关系、责任、组织效率、授权、管理幅度和管理层级、集权和分权等。其中，马克斯·韦伯提出了官僚制度的理论，亨利·法约尔提出了职能化管理与一般管理的原则，弗雷德里克·温斯洛·泰勒提出了科学管理理论。尽管泰勒的科学管理理论是站在基层管理者的角度探讨适合企业日常生产的组织管理模式，但其组织管理思想深刻地影响了行政组织管理和行政理论的研究。法约尔是立足于企业组织的高层管理，提出一般的管理原则与整体把控；韦伯则是从技术层面设计一种普遍适用的理想组织模式。他们共同建立起古典组织理论。纵向分层级、横向分部门的科层制是古典组织理论对组织结构设计提出的最重要贡献。此外，美国学者厄威克综合和传播了传统组织理论者的观点和主张，扩大了传统组织理论的影响。

当然，按古典组织理论规划的组织可能存在以下问题：（1）组织中的沟通容易被曲解，因而造成单位之间和单位与整个组织目标之间的冲突；(2) 组织是机械式的，不能适应环境的变化；(3) 容易压制员工的创造性；(4) 不考虑人的积极性，不考虑员工的心理因素、情感因素，实质上是把人看成是组织中的一个机器零件。也正是基于这些潜在的缺陷，才使组织理论的研究翻开了新的一页。

（二）行为组织理论：使组织管理从机械转向人性

按照古典组织理论的设计，组织类似一台精密的仪器，能够按照设计者的意图精确、有序、无情地运转。古典组织理论强调管理的科学性、合理性、纪律性，从而使组织中的员工恰如整台机器中的一个零部件，基本无须思想，只需安守本分。这种理想化的前提与假设注定会在实践中碰壁。这直接催生了行为组织理论的产生。

事实上，从组织内部来看，提高组织效率的途径有两条：第一，通过改善组织结构来实现；第二，通过改善人际关系，培养对组织的集体意识和凝聚力来实现。

两条途径反映了两种组织观，前者着眼于组织的“机械面”，甚至把人当成“机械人”，后者着眼于组织的“人性面”，而且把人看作“社会人”。后一种组织观最早的代表人物就是梅奥、马斯洛、赫茨伯格、麦格雷戈等。20世纪30年代后产生了以人际关系为研究重点的组织理论，后来逐步发展成为行为组织理论。该理论一反传统组织理论的静态研究方法，着重研究人和组织活动过程，如群体和个体行为、人和组织的关系、沟通、参与、激励、领导艺术等。西蒙的决策组织理论、马斯洛的需要层次理论、麦格雷戈的X-Y理论，赫茨伯格的双因素理论等都是具有代表性的行为科学的组织理论。

20世纪二三十年代，澳大利亚籍的美国哈佛大学学者乔治·埃尔顿·梅奥主持开展了著名的霍桑实验。霍桑实验最初只是为了减少疲劳、促进生产效率提高而发起的，但是经过照明实验、福利实验、访谈实验、群体实验等几个阶段的长期跟踪研究之后，梅奥和他的同事却得到了一些额外的收获：员工不仅仅是利己的“经济人”，同时也是有精神追求的“社会人”；企业中存在影响组织行为的非正式组织；新型的领导能力在于提高员工的满足度；存在霍桑效应（由于受到额外的关注而引起绩效或努力上升的情况称为霍桑效应）。这些发现第一次把研究的重点从工作和结构的因素上转移到人的因素上，给组织理论带来全新的突破，不仅开辟了组织理论研究的全新领域，而且对管理实践产生了深远影响。

行为组织理论的直接贡献在于：讨论了分工过细可能带来的不良后果（单调枯燥引起的厌烦和疲劳）、直线人员与参谋人员的摩擦及解决；职能设计、管理层级和管理幅度的设计要随人而动；分配工作要充分考虑人的兴趣和爱好；工作轮换、工作扩大化、丰富化可能会提高效率；有兴趣、有挑战性的工作可能会激发和满足人的成就欲等。

尽管行为组织理论对组织管理带来了很大进步，但它仍然是有局限的。当我们把组织中物的因素、人的因素都发挥到极致的时候，组织仍然可能会失效！这就需要我们将组织放在整个社会系统中去分析与思考，于是现代组织理论应运而生。

（三）现代组织理论：使组织管理从单一到复合

组织作为现代社会的本质特征和基本细胞，并不是一个孤立的存在，而是与整个社会系统的运行密不可分。组织从它所处的社会环境中汲取营养（人力、物力、财力等），然后通过自身的加工改造，向社会输出有益于社会进步的产品或服务，从而实现其存在的价值和肩负的使命。组织对社会环境变化的适应能力决定了组织存在与发展的可能性。现代组织理论正是着眼于组织内部、组织与社会、组织与组织之间的相互关系来研究组织的生存发展能力的。

现代组织理论是综合早期古典组织理论和行为组织理论的成果，并以系统观点来分析组织的一种理论。其特点在于把组织看成一个系统，从系统的相互作用和系统同环境的相互作用考察组织的生存和发展。目的是通过研究寻求组织在这种相互作用中取得平衡的方法。美国行政学家巴纳德首先用封闭系统的观点来考虑组织；帕森斯、卡斯特、罗森茨韦克则把组织看成一个开放系统，即组织系统除了要维持本身的平衡，还要维持与环境的平衡。20 世纪 60 年代后又出现了权变理论。这是一种反对一般管理原则，主张相机行事的理论。

二、组织理论三个发展阶段的相互关系

组织理论的发展过程表明了管理思想和研究方法的变化，即经历了从注重“事”的研究到注重“人”的研究，从单纯注重组织内部建设到注重内部与外部的相互关系调整的研究的转变。在方法论上则从规范研究转向实证研究。组织理论的形成和发展是人类认识组织及其活动规律的成果，使人们可以自觉地应用这一理论，从而有效地管理组织，以适应人类自身的组织活动。组织理论的不足之处在于它至今还缺乏统一的概念构架和核心内容。有些学者对组织理论能否成为一门学科还持有不同意见。组织理论演进的逻辑联系如图 4-1 所示。

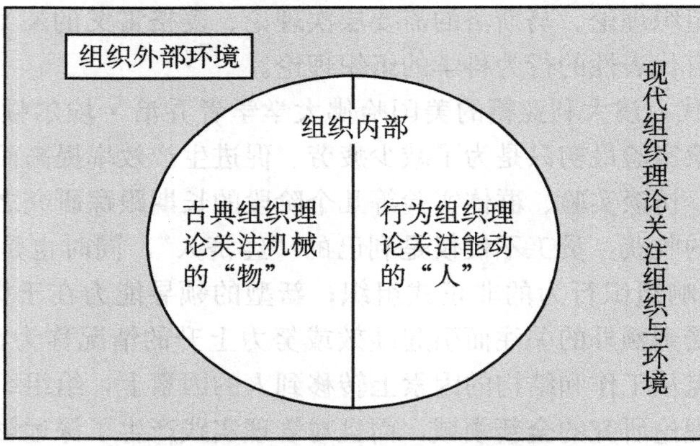

图 4-1 组织理论演进的逻辑联系

□本章小结

现代组织理论突破组织的边界限制，将组织视作整个社会环境系统中的一个子系统，进而研究系统内部、系统之间的平衡与权变，研究组织系统与环境系统的相互影响与相互依存。巴纳德的系统组织理论为现代组织理论开辟了一个新的视野，他的协作系统论、组织平衡论、权威接受论重新诠释了组织内个体与组织之间的相互关系，同时对组织之间、组织与环境之间的研究做出了初步的探索。组织生态理论认为，组织变革的主要机制并不是由单个组织进行的有目的的调整，而是一个达尔文式的自然选择过程，环境依据组织结构的特点及其与环境的适应性来选择一些组织或淘汰一些组织，因此，当一个组织在总体水平上不能适应环境的变化时，将会被新的适应性强的组织取代。资源依赖理论则强调组织体的生存需要从周围环境中吸取资源，需要与周围环境相互依存、相互作用才能达到目的。除了服从环境，组织可以通过其他选择，调整对环境的依赖程度。

□ 关键术语

系统协作论　组织平衡论　诱因选择　权威接受论　组织生态理论　吉布莱特定律　组织自疏　资源依赖理论

□ 复习题

1. 巴纳德认为构成组织的三个要素是什么？三者有何关系？
2. 巴纳德认为诱因与贡献是怎样的关系？
3. 权威接受的实质是什么？
4. 组织生态理论的立论基础是什么？
5. 环境依赖理论的主要观点有哪些？

案例分析

为什么阿里的“生态战略”可以成功？

2017年7月7日，阿里旗下首家无人超市“淘咖啡”在杭州开业，火爆得一塌糊涂。

4天后，马云宣布：将集结阿里巴巴、蚂蚁金服、菜鸟网络等阿里生态体系内的所有要素，全力投入“五新”建设，即新零售、新金融、新制造、新技术和新能源，并成立了五新执行委员会。

不经意间，阿里已由一家电商零售平台摇身一变，成为生机勃勃的“新经济生态圈”。

一、核心电商业务不断升级，开启与线下零售相结合的“新零售”

1. 打通电商业务产业链，成就全球第一零售平台

最初，阿里由最不被看好的C2C，B2C业务起家。2005年，淘宝网在国内超越eBay，次年成为亚洲最大的购物网站。

2009年“双十一”，淘宝商城（天猫）举办第一届促销活动，此后每年一度的“光棍节”成为举国狂欢购物节。2014年9月，阿里巴巴在纽约证券交易所成功上市。

2015年4月，淘宝网全面启动淘宝店铺从“实名认证”到“实人认证”。目前，福布斯全球最具价值品牌100强中，已有近80%的消费品牌入驻天猫。

除了交易本身，零售产业链的两大环节一是支付、二是物流。

为解决用户网上支付、收款的安全与便捷问题，阿里于2004年底推出了支付宝。它以第三方信用担保服务方式，让买家在所购商品满意后才将款项支付给商家。除了淘宝和天猫，支付宝迅速覆盖了各类公用及商用交易领域。

2013年5月，阿里牵头成立了菜鸟物流，致力于建设开放性、智能化物流大平台，用数据平台和技术赋能物流业。

据统计，目前全国零售平台上已有81%的商家在使用菜鸟标准化电子面单，并开始通过隐藏用户手机号码来推动面单信息的隐私保护。

2016年4月阿里宣布，公司已成为全球最大的零售交易平台。

2. 由线上到线下发力，整合资源，打造真正的商业帝国

鉴于互联网流量红利逐步消退，电商竞争日趋激烈，线上与线下的成本逼近，2016年10月马云提出了“新零售战略”：纯电商时代即将过去，未来只有线上、线下和物流结合的

新零售。

一个月后，国务院出台《关于推动实体零售创新转型的意见》，与上述新零售思路不谋而合。

实际上，自2014年开始，阿里私有化银泰、入股苏宁、投资三江和日日顺等动作频频，并斥资打造盒马鲜生，线下零售业务已然布局。2018年5月，阿里又成为华联超市的第二大股东。

马云清醒地看到，电商至今仅占中国社会消费品零售总额的15%，与占比85%的线下传统零售商合作将皆大欢喜；新零售的核心就是从向消费者销售商品转向服务消费者。

无人超市"淘咖啡"的闪亮登场，不仅是对阿里"新零售战略"的最好阐释，而且可以想见：当我们的日常生活高度依赖这些无人零售店，且必须刷支付宝才能进入购物时，支付宝将在与微信的第三方支付平台大战中再占上风。

二、"新三大引擎"提速，致力于商业生态圈基础设施建设

2017财年，阿里实现总销售额3.77万亿元，同比增长21.6%；营业收入1 582.73亿元，同比增长56%；净利润104.4亿元，同比增长38%。

由于阿里为平台模式，只有佣金、入驻费及广告费等计入营业收入，货币化率的提升更多是依靠技术推动，而单位用户营业收入贡献值的增长与平台的用户黏性、复购率和商品价格等息息相关。

除了核心业务，阿里数字媒体和娱乐业务收入达147.33亿元，同比增长271%；创新项目和其他业务收入达29.97亿元，同比增长65%，与电商业务之间的协同效应开始显现。

1. "新三大引擎"：云计算、数字媒体和娱乐、创新项目

起步于2009年的阿里云至今已在全球14个地域设有数十个飞天数据中心。在2016年国内云计算市场上，阿里云以55.6亿元营业收入位居第一，是第二名微软Azure的3倍，而第三阵营的腾讯云营业收入不过6亿元。在国际云计算市场上，亚马逊、阿里和微软构成了"3A"阵营。

截至2017年3月，阿里云付费用户达87.4万，连续六个季度增幅领跑全球，并在过去一年中17次下调服务价格。

依照马云的设想，当以菜鸟为代表的智能物流骨干网成熟后，我国占国内生产总值18%的物流费用将降至欧美发达国家的12%左右，显然是大大地利国利民。

按照阿里系"履带式滚进"战略规划，2017—2019年，将是已具600亿美元估值的超级独角兽蚂蚁金服领跑；2019—2021年，则由阿里云接棒；2021—2024年，菜鸟物流将挑起大梁。

2. 战略目标：以大数据为核心驱动力构筑商业生态圈基础设施

依靠云计算、支付金融、物流及农村淘宝等一系列布局，阿里初步具备了向整个商业社会提供互联网基础设施并升级整体商业形态的能力。

相比打造"全球最大游戏公司"的腾讯，阿里着眼于以大数据为核心驱动力构筑互联网商业基础设施。2016年9月，马云全力倡议的全球电子商务平台（eWTP）最终被写进G20杭州峰会公报，标志着阿里开始作为中国国家级企业全面走向国际化。

阿里"五新战略"将建成完整的新经济基础设施（堪比谷歌之于互联网），帮助全球中小企业打破线上线下的局限及物理空间的区隔，进入"Made In Internet"新时代。

阿里生态战略的超前性与实操性征服了全球投资者，2017年以来股价涨幅曾超过70%，

亚洲第一市值的地位愈加牢固。

三、坚守使命愿景，成就阿里生态系的基业长青

1999 年创业伊始，马云就清晰地提出了使命与愿景：让天下没有难做的生意。他相信互联网能创造公平的竞争环境，让小企业通过创新与科技扩展业务，在参与国内外市场竞争中处于更有利的位置。

有意思的是，马云从不将阿里定义为一家互联网企业，始终认为本质上就是提供商业（交易）服务；其商业模式简单易行，且快速实现盈利。

阿里做生意不给回扣，宗旨是拉更多的买家、做更好的服务、开发更好的产品。2002 年底，阿里实现营利，告别“烧钱”时代，随后淘宝网、支付宝应运而生。

此时，网游、房地产等业务对阿里产生了巨大诱惑。企业该赚什么钱、怎样赚钱，能干什么、不能干什么，阿里不容回避。

2004 年 9 月，阿里组织了一次 300 人的专题讨论会，一个月后提炼出“六脉神剑”：客户第一、拥抱变化、团队合作、诚信、激情和敬业。

为改变员工行为，阿里将“六脉神剑”中的每一条价值观都细分出 5 个行为指南，这 30 项指标构成价值观考核的全部内容。阿里抓住典型案例，在全公司范围内进行反复讨论和广泛传播，最终铸成了文化健康透明、行动整齐划一的高效团队。

2006 年底，阿里进行了一次机构大调整，成立 5 个全资子公司：阿里巴巴、淘宝、支付宝、雅虎中国和阿里软件。这种变革一般要经历半年阵痛，而阿里仅两个月就完成了，其间简单透明的企业文化发挥了重大作用，大家把核心理念当成心中的“圣经”。

今天，马云所关注的社会痛点不再局限于商业交易，而是基于大数据技术的健康和娱乐（双H），并明确提出新能源就是数据。

显然，真正以社会文明进步为己任的文化理念才能落地，真正能够推动社会文明进步的平台生态圈战略才能持久。

资料来源：为什么阿里巴巴的“生态战略”可以成功？.［2017-08-01］. http：//www.sohu.com/a/161326948_499208.

思考题

1. 结合案例说明当组织把自身看作生态系统中的一环时对组织本身有何意义。
2. 阿里如何看待公司与其所处的生存环境？

下　篇

第 5 章　组织战略设计

导读案例

柯达破产的悲情启示

2012 年 1 月 19 日，柯达这个拥有 131 年历史的老牌摄影器材企业，正式向法院递交破产保护申请。虽然破产保护并不意味着柯达从此丧失重生的希望，但是曾经的摄影业龙头老大走到如今没落的境地，绝非偶然。

率先发明数码相机的柯达，被数码时代遗弃；首度研发出手机触摸屏技术的诺基亚，同样也沦落在触摸屏时代。柯达、诺基亚等曾经被誉为全球企业界明星的行业龙头瞬间风光不再，这背后的原因值得当代所有笼罩在光环下的那些明星企业深省。

故步自封酿悲剧

柯达曾经创造了全球传统胶卷市场的神话。在辉煌时期，柯达曾占据全球 2/3 的胶卷市场，拥有员工 8.6 万人，其特约经营店遍布全球各地。

然而，随着数码成像技术的发展与普及，数码产品以迅雷不及掩耳之势席卷全球，传统胶片市场迅速萎缩。而率先发明出数码影像技术的柯达公司，因担心这一新业务会对传统业务造成不利影响而将数码影像技术“雪藏”并坚持固守传统胶片市场。随后，数码相机迅速在全球风行，而传统胶片市场则日益衰弱。

其实早在 2003 年，柯达公司的胶卷业务就出现了明显的萎缩，传统影像部门销售利润从 2000 年的 143 亿美元锐减至 41.8 亿美元，跌幅达 71%。2005—2010 年间，柯达仅有一年盈利，其余年份均亏损。2011 年 7 月以来，柯达通过出售 1 100 项专利组合来提高经营业绩，据分析这些专利的出售将会给柯达带来 20 亿～30 亿美元收入。但是，这仍无法弥补公司主营业务业绩下滑带来的冲击。

柯达公司不但在摄影行业发展历史潮流中选错了方向，而且在错误的道路上渐行渐远。柯达公司这种鼠目寸光、故步自封的行径，最终酿造了破产这杯苦酒。

悲情启示

百年影像巨头柯达轰然倒下的主要原因，在于未能认清行业的发展趋势并顺势而为，以致其产品逐渐被时代和消费者抛弃。的确，数码影像方便快捷、易于分享的特点，是传统胶卷无法比拟的。但是实际上，柯达在数字影像技术上并非输在起点上，相反，柯达早在 1975 年就发明了世界上第一台数码相机，可以说是全球数码相机的首创者。但是，由于公司没有把握住这一机会，一直墨守成规，摒弃了这一代表市场趋势的新兴领域，导致最终走向没落。

试想，如果当初柯达公司当时的领导层对市场趋势有正常的敏锐嗅觉，并做出前瞻性的判断，努力在数码影像技术方面寻求突破，在传统胶片市场之外努力寻求新的增长点，而不是将自己首创的数码影像技术束之高阁，也许柯达公司现在依然是摄影摄像行业的带头大哥，而佳能、尼康、三星等也只能望其项背。

柯达破产这一事件告诉我们：成熟技术存在被新技术完全替代的可能，今天的畅销品或许明天就将无人问津，企业只有随时保持敏锐的嗅觉和前瞻的眼光，把握住市场趋势，并具备持续的创新能力，才能在激烈的竞争中立于不败之地。

资料来源：孙海红．柯达破产的悲情启示．［2012 - 02 - 08］．https：//www.qianzhan.com/analyst/detail/220/20120208-97728831a41c1292.html.

第1节 战略理论概述

一、组织战略的解析

（一）战略的内涵

1. 战略的初始含义

“战略”一词自古有之，《左传》和《史记》中都出现过“战略”。“战”的繁体字为“戰”，本意为“大力用戈，短兵格斗”，现一般理解为战斗、战争。“略”，从田从各。“田”指“可耕地”，“各”意为“十字交叉”。“田”与“各”联合起来表示“把可耕地画上十字格”“规划土地”，本义为规划土地，引申义为经营土地、抢夺、策略、谋略等含义。因此，把“战”与“略”合在一起最初往往与军事事务有关，指的是通过谋划、布局以实现举其要而用其精、用功少而成效大，并最终在军事对抗中取胜。春秋时期孙武的《孙子兵法》被认为是中国最早运用战略进行全局筹划的著作。

在西方，“战略”一词来源于希腊文“strategos”，含义是“将军”“地方行政长官”。后来演变成军事术语，指军事将领指挥军队作战的谋略。

战略不同于战术。战略是一种从全局考虑谋划实现全局目标的规划，战术则是实现战略的手段之一，是微观层面解决具体问题的技巧。为实现战略胜利，有时需要牺牲局部利益。争一时之长短，用战术就可以达到；如果是“争一世之雌雄”，就需要从全局出发去规划，这就是战略！

2. 不同学者对战略的描述

组织管理中引进战略一词至今也仅几十年的历史。在组织管理的这个范畴中，战略到底该如何定义，百家争鸣。有人认为，战略应该包括组织的目标，即指广义的战略；相反，有人则认为战略不应该包括该部分内容，即指狭义的战略。

（1）约翰·科特（John P. Kotter）对战略的描述。何为战略？有“领导变革之父”之称的约翰·科特给出的描述是：“战略应该被视为一股动态力量：不断寻求机遇，发现能利用机遇的好动议，并迅速、有效地完善它们。”他将“这股力量”视为一个“找、做、学和调”的过程。

(2) 亨利·明茨伯格（Henry Mintzberg）对战略的描述。亨利·明茨伯格就战略的定义归纳总结出五个方面，系统地对战略进行了完整的阐述。亨利·明茨伯格借鉴市场学中四要素（4P），即产品（product）、价格（price）、渠道（place）和促销（promotion）的提法，提出了战略五个不同角度的定义，即战略是计划（plan）、模式（pattern）、计谋（ploy）、定位（position）和观念（perspective）。

1) 战略是一种计划。战略就是组织为了实现组织的使命和目标，有意识、有预计的行动程序。

2) 战略是一种模式。钱德勒在其《战略与结构》一书中提出，战略是为了实现组织的目标、进行重要的决策、采取相应的途径和行动以及对内部主要资源进行有效配置的一种模式，即在长期的行动中要保持横向、纵向的一致性。

这两种定义描述说明，组织为前途而发展计划，也根据过去形成模式。前者称作预期的战略，后者称作已实现的战略。

3) 战略是一种计谋。战略实际上是一种从计划向实现流动的结果。那些不能实现的战略在战略设计结束之后消失，脱离准备实施的战略的渠道。而准备实施的战略与自发的战略则通过各自的渠道，流向已实现的战略。这是一种动态的战略观点，它将整个战略看作一种行为流的运动过程。

4) 战略是一种定位。把战略看成一种定位的概念意在通过正确地配置企业的资源，形成组织有力的竞争优势。哈佛大学教授鲁梅尔特（Rumelt）指出：“一个人的战略会是另一个人的战术——一个事物是否为战略，取决于当事人所处的地位。”因此，有些细节问题在一定时间一定程度上应该视作战略。例如，由于亨利·福特对黑色的汽车情有独钟，而导致在与通用汽车公司的市场竞争中惨败。

5) 战略是一种观念。把战略看成一种观念，体现了组织中人们对客观世界固有的认识方式。例如，有些组织是进取型的，创造出新的技术，开拓了新的市场；而有些组织则一成不变，固守在早已建成的市场上。经营者对客观世界的不同认识会产生不同的经营效果。

(3) 迈克尔·波特（Michael E. Porter）对战略的描述。迈克尔·波特从竞争角度研究战略，并为制定战略开出一剂药方，认为以下五个条件是好的战略必不可少的：第一，战略就是创造一种独特、有利的定位。“你们想做的事情、想提供的产品和其他竞争者的差别很大吗?”第二，应该有一个与众不同、为客户经营设计的价值链。如果你的竞争优势和别人都一样，那就没有什么价值，战略就是要选择不同的做事方式。第三，战略就是需要做清楚的选择、清楚的取舍，并确定哪些是不去做的。“有所为，有所不为。公司常犯的一些错误，就是它们试图做太多的事情，不愿意舍弃一些东西，不愿意做出选择。”第四，价值链上的各项活动必须能够相互促进。这种战略配合可以建立一个环环相扣、紧密连接的价值链，将模仿者拒之门外。第五，一个良好的战略必须有持久性。波特认为，任何一个战略必须实施3～4年，否则就不算是战略，如果每年都对战略进行修正，那就不是战略，而是跟随时髦。

3. 组织战略的定义

广义的组织战略是指组织对自身存在价值及使命担当的描述，包括整个组织在未来较长时间内活动的领域、达到的目标、遵从的价值观、实现的路径等，具有全局性、长远性、纲领性、策略性等特点。广义的组织战略既应该指明组织的长期发展目标，又应该指明实现这一长期目标的总体方略；既是提出详细行动计划的起点，又凌驾于任何特定计划的各种细节之上。

狭义的组织战略是在组织总体目标确定的情况下对实现目标所采取的策略，主要包括如何划定经营范围、发挥竞争优势、最优调度资源，以最小代价实现最优产出。狭义的组织战略反映了管理者对于行动、环境和业绩之间关键联系的理解，用以确保已确定的使命、愿景、价值观的实现。

（二）组织战略的构成要素

1. 广义组织战略的构成要素

从广义上看，一个完整的组织战略离不开以下几个要素：组织使命、组织核心价值观、组织愿景、组织发展路径与竞争策略。

组织使命是组织存在的根本理由，概括了本组织能为人类所做出的贡献和所创造的价值。一个组织的使命可能简单明了，但却能激励人心。使命不等于经济目标，它就像组织的启明星，是组织永远不可及的追求。阿里巴巴的使命是让天下没有难做的生意；高露洁的使命是没有蛀牙；当年摩托罗拉的使命是为人类的沟通提供良好的服务。这些使命都简单明了地说明了组织存在的理由以及组织为社会创造价值的领域，成为凝聚组织中各个层级成员的精神支柱。

组织核心价值观是指引组织决策和行动的永恒准则，反映了组织的信仰，是一种以组织为主体的价值取向，由组织内部的绝大多数人共同认可的价值观念构成。具体来说，组织核心价值观是组织在追求经营成功的过程中，评判事物和指导行为的基本信念，是组织所推崇和信奉的基本行为准则。组织核心价值观体现在组织成员日复一日的行动中，其主要作用在于能够引导企业内部的所有成员达到一种共识。组织核心价值观必须能够经受时间的考验，组织必须出于自己的需要决定应该持有的核心价值观，而不是去模仿或追逐管理时尚。

组织愿景是指建立在组织员工共同价值观基础之上的、对组织未来发展景象的共同愿望。它表现为组织成员共同认可、接受并内化为自身追求的组织使命、任务、目标以及价值信念体系，能够产生众人一体的感觉，使组织孕育无限的生机和创造力。组织愿景能反映组织的使命、核心价值观，指引战略的制定，指导组织成员执行战略行动，确保组织沿着正确的方向发展。

组织发展路径与竞争策略就是在组织使命、组织核心价值观和组织愿景的指引下，结合组织内外部的环境分析确定的一个具体有效的实施方案，使组织成员在该方案的指导下，有条不紊，协同合作，共同促成组织目标的实现。

2. 狭义组织战略的构成要素

狭义的组织战略主要是指导组织的具体发展路径与竞争策略，包括以下四个具体要素。

（1）经营范围。经营范围明确组织所从事生产经营活动的领域。确定经营范围应着重考虑与组织密切相关的环境，根据组织所处的宏观环境、行业环境、市场和生产的产品等来确定。

（2）资源配置。资源配置是指组织中各种资源的分配状况。组织的能力是指对各种资源，包括有形资源和无形资源合理分配的能力，应从各种能力中发掘自身的核心能力。资源是一切生产经营活动的基础。资源贫乏或者配置不合理将限制经营范围，影响组织战略目标的实现。

（3）竞争优势。竞争优势是组织通过确定资源配置与经营范围，所形成的在市场上与竞争对手不同的竞争地位。竞争优势可以来自产品和对市场的定位，也可以来自对特殊资源的运用。产品和市场定位对组织战略非常重要，资源配置对经营战略发挥着重要作用。

（4）协同合作。协同合作是组织从资源配置和经营范围的决策中寻求到的各种共同努力的效果。协作不仅可以产生积极作用（组织总体资源的收益大于各部分资源的收益之和），也可以产生消极作用（环境变化导致以往的管理协作不适应新形势下的任务）。

（三）战略层次

组织的战略可分为三个层次：组织（公司）战略（corporate strategy）、业务战略或竞争战略（business strategy）和职能战略（functional strategy）。三个层次的战略都是组织战略管理的重要组成部分，但侧重点和影响范围有所不同。

组织战略又称总体战略，是组织最高层次的战略。它需要根据组织的目标，选择组织可以竞争的经营领域，合理配置组织经营所必需的资源，使各项经营业务相互支持、相互协调。如在海外建厂、在劳动成本低的国家建立海外制造业务的决策。

组织的二级战略常常被称作业务战略或竞争战略。业务战略涉及各业务单位的主管及辅助人员。这些经理人员的主要任务是将公司战略所包括的企业目标、发展方向和措施具体化，形成本业务单位具体的竞争与经营战略。如推出新产品或服务、建立研发设施等。

职能战略又称职能层战略，主要涉及组织内各职能部门，如营销、财务和生产等，如何更好地为各级战略服务，从而提高组织效率。例如，生产过程自动化。

（四）组织战略规划设计的意义

美国管理学者戈登·葛瑞德利（Gorden Greendley）在《战略规划改善公司运作》一书中指出，战略规划设计呈现以下四个方面的利益：

（1）战略规划设计会充分考虑到机会的鉴定，提供了一个管理问题的目标观点，并构建了一个框架，以改善活动的协调和控制。

（2）战略规划设计与实施过程会力争使相反的条件和变化所产生的影响达到最小，促进主要决策更好地支持目标，促进机会选择以更有效地分配资源和时间，使用较少的资源和时间专门用于纠正错误，或者做出特别决定。

（3）战略规划设计与实施过程往往会创造一个人际协调交流的框架，肯定每个人所做的进入整体的努力，提供一个明确雇员责任的基础，鼓励管理决策人员超前思考。

（4）战略规划设计会以积极态度对待难题和机会，鼓励人们面对变化采取进取行动，并有序地管理业务。

由此可见，战略规划设计关系到组织的生死存亡，把握着组织的发展方向，指引着组织朝正确的方向运作。如果组织在战略目标的制定和执行中出现失误，由此形成的损失将是不可估量、不可挽回的。商海巨轮凯马特的沉没这个经典案例就说明了战略制定的正确与否在组织的生存发展中的利害关系。20 世纪 70 年代后，凯马特一直稳坐美国零售业头把交椅，所有业界同行都把它视为“折扣营销模式”的鼻祖与楷模，就连沃尔玛都在设法揣摩凯马特的经营思路。20 世纪八九十年代，一项错误的经营策略把凯马特引入歧途。凯马特不再致力于进一步发展令人羡慕的折扣营销，而是开始涉足其他领域。在这期间，凯马特把本应用于投资新技术、新设备、新地产和改善后勤体系的巨额资金，都用来大肆收购书店、体育用品店、办公用品店和家用商品店，希望通过向 8 个不同领域的拓展进一步带动利润增长。但由于经营不善，没过几年，这些“外来户”就被全部售出，凯马特也开始出现亏损。同一时期，沃尔玛已悄悄地迎头赶上，并于20世纪90年代取代了凯马特美国零售业霸主的地位。商海巨轮凯马特的沉没表明：正确的战略发展方向是企业成败的决定性因素。20世纪80年代以来，我国曾出现一种所谓的“企业流星雨”现象：不少企业似乎在一夜之间崛起，成为“明星”，却又在一夜之间迅速陨落。典型的企业如巨人集团、三株集团等。这种现象使我国的企业界专家和学者开始思考：到底是什么因素使这些企业经过了短暂的繁荣兴旺后就在市场上销声匿迹，只留下昙花一现的遗憾？如果把商场比作战场，那么企业战略就是决定一些企业能否取得成功的重要因素。企业战略是“不战而屈人之兵”的制胜谋略。可以说，在现代环境下，市场竞争在某种意义上就是企业战略的竞争。

二、组织战略的形成模式

（一）自上而下模式

在实行集权制的企业中，一般先由总部的高层管理人员制定组织的整体战略，然后各部门根据自身的实际情况以及总部的整体战略，对整体战略进行分解或者承接，制定与组织战略一致的部门战略。这种模式的优点在于组织的高层管理人员能够掌控整个组织的发展方向，并对下级的各种行动实施有效的控制。缺点是这种模式要求高层管理人员务必制定完善的战略方案，并对下级提供详尽的指导，同时，这个模式也限制了中下层管理人员的积极性和创造性。

（二）自下而上模式

这是一种先民主后集中的设计模式。在制定战略时，企业的最高管理层对下级部门不做任何规定和限制，由各下级部门根据自身情况提交部门战略。最高管理层对各部门的战略方案进行协调平衡，并做出必要的修改调整，最后给予确认。这种模式的优点是充分发挥了各个部门和各级管理人员的积极性和创造性。不足之处是各部门的战略方案难以协调，影响整个战略计划的系统性和完整性，同时让那些习惯了自上而下指导方式的管理人员感到无所适从，影响部门战略乃至整体战略的制定。

（三）上下结合模式

在这种模式下，组织的各级管理层共同参与战略的制定。一般做法是高层管理人员提出指导原则，各个部门根据这个原则制定各自的战略。这种模式的优点是可以产生较好的协调效果，制定出的战略更加具有可操作性。

（四）咨询小组模式

这种模式通常的做法是组织聘请专业的管理咨询人员与组织内部的相关人员组建战略规划小组，在内外部人员共同参与的基础上对组织的发展现状进行全方位的诊断，采用较先进的战略分析工具对组织外部的机遇与威胁、组织内部的优势与劣势进行客观分析，对组织的未来活动范围、组织愿景、发展路径进行综合设计，形成组织未来一段时期的发展战略。这种战略制定方式的效果取决于管理咨询机构的业务水平以及组织内部执行力的匹配。目前很多知名公司都采用这种方式形成组织战略。

三、制定组织战略的注意事项

我们需要了解的问题是：在制定组织战略时要注意哪些问题？制定组织战略是一项系统

的工作，一般来说公司在制定战略的时候需要解决好三个方面的问题：在什么地方竞争、怎样竞争以及何时竞争。在什么地方竞争是指需要着重确立在哪个产品市场的位置；在哪个细分的产品市场上和竞争者相比具备优势、更加吸引客户。怎样竞争是指通过什么途径能够有效地与竞争者竞争。何时竞争则是指战略的时间设定。通常公司的战略包括三种类型：短期、中期和长期。短期战略是十分细致和可操作的；长期战略则给公司一个大的方向和一些大致的战略选择。

在制定组织战略时所要注意的问题中，我们认为最重要的因素在于选择。每个企业都在一系列限制之下经营。因此，战略其实就是在特定的限制条件下进行选择；战略也意味着在一系列的限制下做出选择。战略一旦制定，需要相对稳定，从而能起到对组织具体业务的指导作用。

一个好的战略往往能够让组织充分利用市场机会，确立自身不可替代和模仿的市场地位。西南航空的案例就清楚地说明了这一点。当时美国的航空业管制正在放松，西南航空意识到这是一个完全改变游戏规则的机会。那些提供整套完整服务的承运商成本很高，西南航空则发展了一个新的战略，依靠建立一个点到点网络来提供低成本服务。这是一个全新的业务模式，而美国的旅行者也非常喜欢这个模式。今天，在美国和欧洲有很多低成本的承运商在追随西南航空的模式，但都很难撼动西南航空市场领导者的地位。

战略规划不仅是一个规划过程，更重要的还是一种意识。优秀的战略家能够掌握经营环境的非线性改变，同时能够在多维度上考虑问题，把创意带到战略中，并坚持贯彻落实战略。这些人才实不多见。

战略规划还需要和组织运营紧密结合。很多西方公司建立了战略规划部门，这个部门专门从事战略规划，为组织的发展方向出谋划策。

总体来说，组织在进行战略规划时应该注意以下几个问题：

（1）规划目标要具体明确，不能含糊不清。否则，组织的战略决策就无法起到指导作用。

（2）制定战略规划时要考虑获利能力，选用能以最小成本获得最大收益的方案。

（3）战略规划必须有效可行。即能够与内外部环境相适应，并顺利地实施。

（4）制定战略规划要考虑组织的社会责任。组织的存在和发展离不开社会的支持和制约，应该把组织的利益与社会的利益协调起来。

小案例 5-1

阿里巴巴的使命、愿景、价值观

1. 阿里巴巴的使命：让天下没有难做的生意

我们旨在赋能企业改变营销、销售和经营的方式。我们为商家、品牌及其他企业提供基本的互联网基础设施以及营销平台，让其可借助互联网的力量与用户和客户互动。我们的业务包括核心电商、云计算、数字媒体和娱乐、创新项目和其他业务。我们并通过子公司菜鸟网络及所投资的关联公司口碑，参与物流和本地服务行业，同时与蚂蚁金融服务集团有战略合作，该金融服务集团主要通过中国领先的第三方网上支付平台支付宝运营。

2. 阿里巴巴的愿景

- 分享数据的第一平台。

● 幸福指数最高的企业。

●“活102年”。

阿里巴巴集团拥有大量市场资料及统计数据。为履行对中小企业的承诺，我们正努力成为第一家为全部用户免费提供市场数据的企业，希望让他们通过分析数据，掌握市场先机，继而调整策略，扩展业务。我们同时希望成为员工幸福指数最高的企业，并成为一家“活102年”的企业，横跨三个世纪（阿里巴巴于1999年成立）。

3. 阿里巴巴的价值观

我们坚持“客户第一、员工第二、股东第三”。

阿里巴巴集团有六个核心价值观，它们是我们企业文化的基石和公司DNA的重要部分。该六个核心价值观为：

● 客户第一：关注客户的关注点，为客户提供建议和资讯，帮助客户成长。
● 团队合作：共享共担，以小我完成大我。
● 拥抱变化：突破自我，迎接变化。
● 诚信：诚实正直，信守承诺。
● 激情：永不言弃，乐观向上。
● 敬业：以专业的态度和平常的心态做非凡的事情。

第2节 组织战略分析

每个存在于社会中的组织都是一个开放系统，其内部以及与外部的环境要素之间，都发生着物质和信息的交换。通常，组织的活动都会受到内外部环境的影响。所以，组织在正确制定战略目标和达成这些目标的战略之前，都要进行内外部环境的分析。外部环境包括宏观环境、中观环境和微观环境；内部环境包括资源、能力和核心竞争力。组织战略环境的结构如图5-1所示。

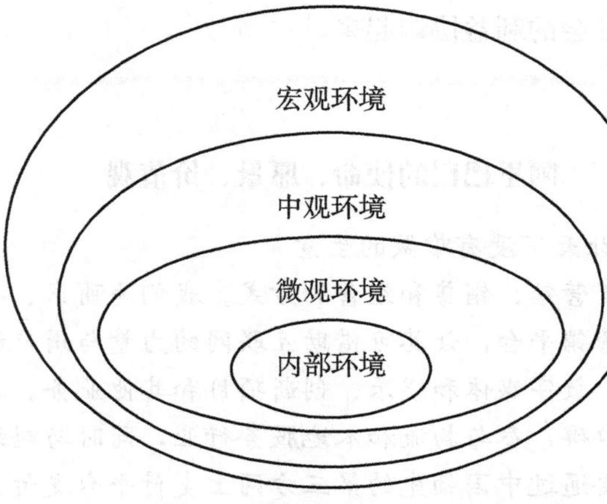

图5-1 组织战略环境的结构

一、外部环境分析

组织的生产经营活动日益受到外部环境的作用和影响。组织要进行战略管理，首先必须全面、客观地分析和掌握外部环境的变化，以此为基础和出发点来制定并实现组织的战略目标。组织的外部环境分为三个层次，包括宏观外部环境、中观外部环境以及微观外部环境。宏观外部环境包括政治法律因素（political-legal factors）、经济因素（economic factors）、技术因素（technological factors）、社会人文因素（social-human factors）。这就是所谓的PEST 分析模型（PEST framework）。中观外部环境即组织所处的产业环境，在产业结构中存在五种基本竞争力量，五种力量的角力决定着产业竞争的激烈程度。微观外部环境即组织所面临的相似组织带来的压力，组织想要制定出有效的竞争战略并取得竞争优势，必须深入了解直接竞争对手，对市场信号保持高度的敏感性。

（一）宏观外部环境

宏观环境因素分析的意义在于确认和评价政治法律、经济、技术和社会人文等宏观因素对组织战略目标和战略选择的影响。

1. 政治法律因素

政治法律环境是指对组织经营活动具有现存和潜在作用与影响的政治力量，同时也包括对组织经营活动加以限制和要求的法律和法规等。具体来说，政治因素分析包括国家和组织所在地区的政局稳定状况；执政党所要推行的基本政策以及这些政策的连续性和稳定性。基本政策包括产业政策、税收政策、政府订货及补贴政策等。

政府因素对组织行为的影响是比较复杂的。有些政府行为对组织活动有限制性作用，有些政策对组织却具有指导性作用和积极影响。政府有时以资源供给者的身份出现，例如，政府对自然资源（土地、森林、矿山等）和农产品国家储备的政策和立场，将对一些组织的战略选择产生重大的影响。政府有时又以顾客的身份出现，扮演消费者的角色，例如，政府订货对军事、航空、航天等国防工业有重大影响。此外，政府贷款和补贴的增加对某些行业的发展有积极的影响，如产业的分布、外资企业的进驻等。

一般来说，政府主要通过制定一些法律和法规来间接地影响组织的活动。为了促进和指导组织的发展，国家会颁布合同法、企业破产法、商标法、反不当竞争法等各种法律。此外，国家还会对工业企业污染、生产安全、雇员权利保障、产品安全要求等方面做出比较明确的原则性要求。这类法律和法规对组织的活动有限制性影响。

2. 经济因素

经济环境是指构成组织生存和发展的社会经济状况及国家的经济政策，包括社会经济结构、经济体制、发展状况、宏观经济政策等要素。通常衡量经济环境的指标有国内生产总值、就业水平、物价水平、消费支出分配规模、国际收支状况，以及利率、通货供应量、政府支出、汇率等国家货币和财政政策。经济环境对组织生产经营的影响更为直接具体。

经济因素中，首要考虑的是宏观经济的总体状况。组织所在国家或地区的经济发展形势，是处于高速发展、低速发展，还是处于停滞或倒退状态。一般来说，在宏观经济大发展的背景下，市场扩大，需求增加，组织发展机会就多。反之，在宏观经济低速发展、停滞或倒退的情况下，市场需求增长很小甚至不增加，这样组织发展机会就少。反映宏观经济总体状况的关键指标是国内生产总值增长率。较高的、健康的国内生产总值增长率表明了国民经济的良好运行状态。而经济的总体状况通常受到政府赤字水平以及中央银行货币供应量这两者相互关系的重大影响。

3. 技术因素

技术环境是指组织所处环境中的科技要素以及与该要素直接相关的各种社会现象的集合，包括国家科技体制、科技政策、科技水平和科技发展趋势等。

技术力量主要从两个方面影响组织战略。一方面，技术的变革为组织创造了机遇。主要表现在：第一，新技术的出现使社会和新兴行业增加对本行业产品的需求，从而使组织可以开辟新的市场和新的经营范围；第二，技术进步有可能使组织通过利用新的生产方法、新的生产工艺过程或新材料等各种途径，生产出高质量、高性能的产品，同时也有可能使产品成本大大降低。另一方面，新技术的出现也使组织面临挑战。技术进步会使社会对产品和服务的需求发生重大变化。技术进步可能为某一个产业提供机遇，对另一个产业则可能产生威胁。

4. 社会人文因素

社会人文环境主要指组织所处的社会环境和自然环境。社会环境中对组织战略产生影响的因素包括社会文化、社会结构、社会风俗和习惯、信仰和价值观念、行为规范、生活方式、人口统计特征等。自然环境是指组织所处的自然资源与生态环境，包括土地、森林、河流、海洋、生物、矿产、能源、水源、环境保护、生态平衡等影响因素。

社会文化是人们的价值观、思想、态度、社会行为等的综合体。文化因素强烈地影响着人们的购买决策和组织的经营行为。不同的国家有不同的主导文化传统，存在不同的亚文化群、社会习俗和道德观念，从而影响人们的消费方式和购买偏好，进而影响组织的经营方式。因此，组织必须了解社会行为准则、社会习俗、社会道德观念等文化因素的变化对组织发展产生的影响。

人口统计特征是社会环境中另一个重要因素，包括人口数量、人口密度、年龄结构的分布及其增长、地区分布、民族构成、职业、宗教信仰构成、家庭规模、收入水平、教育水平等。21世纪上半叶，我国的人口结构将发生变化，老龄化日趋严重，青壮劳动力供给相对紧张，从而影响组织生产经营对劳动力的需求。但另一方面，人口老龄化又扩大了老年人市场，这给生产老年人用品和提供老年人服务的组织提供了一个很好的发展机会。

（二）中观外部环境

中观外部环境分析及组织所在的产业竞争环境分析的内容主要是，分析本行业中的竞争格局以及本行业和其他行业的关系。行业的结构及竞争性决定着行业的竞争原则和组织所采取的战略，因此产业竞争环境分析是组织制定战略的关键。

按照迈克尔·波特（Michael E. Porter）的观点，一个行业的竞争中存在五种竞争力量，它们是行业潜在的新进入者、替代品的威胁、购买商讨价还价的能力、供应商讨价还价的能力、现有竞争者之间的竞争，如图5-2所示。这五种竞争力量的状况及其综合强度决定着行业的竞争激烈程度，从而决定着行业中获利的最终潜力。

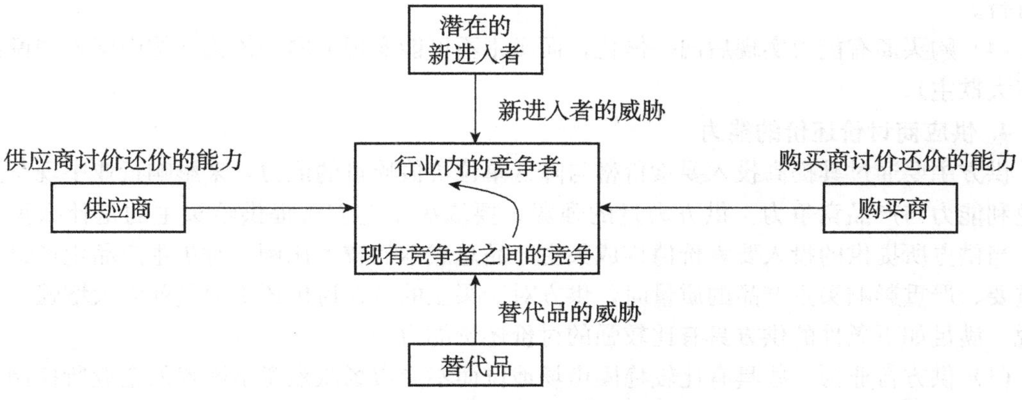

图 5-2　波特的五种竞争力模型

1. 行业潜在的新进入者

新进入者在给行业带来新生产能力、新资源的同时，将希望在已被现有企业瓜分完毕的市场中赢得一席之地，这就有可能会与现有企业发生原材料与市场份额的竞争，最终导致行业中现有企业盈利水平降低，严重的话还有可能危及这些企业的生存。竞争性进入威胁的严重程度取决于两方面：进入新领域的障碍大小与现有企业对于进入者的预期反应。

进入障碍主要包括规模经济、产品差异、资本需要、转换成本、销售渠道开拓、政府行为与政策、不受规模支配的成本劣势、自然资源、地理环境等方面，这其中有些障碍是很难借助复制或模仿的方式来突破的。现有企业对进入者的预期反应主要是采取报复行动的可能性大小，取决于有关厂商的财力情况、报复记录、固定资产规模、行业增长速度等。总之，新企业进入一个行业的可能性大小，取决于进入者主观估计进入所能带来的潜在利益、所需付出的代价与所要承担的风险这三者的相对大小情况。

2. 替代品的威胁

两个处于同行业或不同行业中的企业可能会由于所生产的产品互为替代品，产生相互竞争的行为，这种源自替代品的竞争会以各种形式影响行业中现有企业的竞争战略。

(1) 现有企业产品售价以及获利潜力的提高，将由于存在能被用户方便接受的替代品而受到限制。

(2) 由于替代品生产者的侵入，现有企业必须提高产品质量，或者通过降低成本来降低售价，或者使其产品具有特色，否则其销量与利润增长的目标就有可能受挫。

(3) 源自替代品生产者的竞争强度，受产品买主转换成本高低的影响。

总之，替代品价格越低、质量越好、用户转换成本越低，其所能产生的竞争压力就越强；而这种来自替代品生产者的竞争压力的强度，可以具体通过考察替代品销售增长率、替代品厂家的生产能力与盈利扩张情况来加以描述。

3. 购买商讨价还价的能力

购买商主要通过其压价与要求提供较高质量的产品或服务的能力，来影响行业中现有企业的盈利能力。购买商具备较强的议价能力主要有以下原因：

(1) 购买商的总数较少，而每个购买商的购买量较大，占据卖方销售量的很大比例。

(2) 卖方行业由大量相对来说规模较小的企业组成。

(3) 购买商所购买的基本上是一种标准化产品，同时向多个卖主购买产品在经济上也完全可行。

（4）购买商有能力实现后向一体化，而卖主不可能实现前向一体化（按中国人的说法就是客大欺主）。

4. 供应商讨价还价的能力

供方主要通过其提高投入要素价格与降低单位价值质量的能力，来影响行业中现有企业的盈利能力与产品竞争力。供方力量的强弱主要取决于它们所提供给买主的是什么投入要素，当供方所提供的投入要素价值构成买主产品总成本的较大比例、对买主产品生产过程非常重要、严重影响买主产品的质量时，供方对于买主的潜在讨价还价力量就大大增强。一般来说，满足如下条件的供方具有比较强的讨价还价能力：

（1）供方行业为一些具有比较稳固市场地位而不受市场激烈竞争困扰的企业所控制，其产品的买主很多，以致每一单个买主都不可能成为供方的重要客户。

（2）供方各企业的产品各具有一定特色，以致买主难以转换或转换成本太高，或者很难找到可与供方企业产品相竞争的替代品。

（3）供方能够方便地进行前向联合或一体化，而买主难以进行后向联合或一体化（按中国人的说法就是店大欺客）。

5. 现有竞争者之间的竞争

大部分行业中的企业，相互之间的利益都是紧密联系在一起的，作为企业整体战略一部分的各企业竞争战略，其目标都在于使自己获得相对于竞争对手的优势，所以，在实施中就必然会产生冲突与对抗现象，这些冲突与对抗构成了现有企业之间的竞争。现有企业之间的竞争常常表现在价格、广告、产品介绍、售后服务等方面，其竞争强度与许多因素有关。

一般来说，出现下述情况将意味着行业中现有企业之间竞争的加剧：行业进入障碍较低，竞争对手较多，势均力敌，竞争参与者范围广泛；市场趋于成熟，产品需求增长缓慢；竞争者企图采用降价等手段促销；竞争者提供几乎相同的产品或服务，用户转换成本很低；一个战略行动如果取得成功，其收入相当可观；行业外部实力强大的公司在接收了行业中实力薄弱的企业后，发起进攻性行动，结果使得刚被接收的企业成为市场的主要竞争者；退出障碍较高，即退出竞争要比继续参与竞争代价更高。在这里，退出障碍主要受经济、战略、感情以及社会政治关系等方面考虑的影响，具体包括资产的专用性、退出的固定费用、战略上的相互牵制、情绪上的难以接受、政府和社会的各种限制等。

（三）微观外部环境

微观外部环境分析是指对组织的直接竞争对手进行分析。竞争对手是组织经营行为最直接的影响者和被影响者，这种直接的互动关系决定了竞争对手分析在外部环境分析中的重要性。分析竞争对手的目的是了解每个竞争对手所可能采取的战略行动及其实质和成功的希望；各竞争对手对其他组织的战略行动可能做出的反应；各竞争对手对可能发生的产业变迁和环境的大范围变化可能做出的反应等。

1. 竞争对手识别

从行业的角度来看，企业的竞争对手包括现有厂商、潜在加入者、替代品厂商。

从市场方面看，企业的竞争对手包括品牌竞争者、行业竞争者、需要竞争者、消费竞争者。

从企业所处的竞争地位来看，竞争对手包括市场领导者、市场挑战者、市场追随者以及市场补缺者。

企业应从不同的角度，识别自己的竞争对手，关注竞争形势的变化，以更好地适应和赢得竞争。

2. 竞争对手目标判断

在识别了主要竞争对手之后，企业经营者接着应回答的问题是：每个竞争对手在市场上寻求什么？什么是竞争对手行动的动力？最初经营者会推测，所有的竞争对手都追求利润最大化，并以此为出发点采取各种行动。但是，这种假设过于简单。不同的企业对长期利益与短期利益各有侧重。有些竞争对手更趋向于获得“满意”的利润而不是“最大”的利润。尽管有时通过其他一些战略可能获得更多利润，但它们有自己的利润目标，只要达到既定目标就满足了。

也就是说，竞争对手虽然无一例外关心自己的利润，但往往并不把利润作为唯一或首要的目标。在利润目标的背后，竞争对手追求的是一系列目标的组合，对这些目标竞争对手各有侧重。所以，我们应该了解竞争对手对盈利的可能性、市场占有率的增长、资金流动、技术领先、服务领先和其他目标所给予的重要性权数。了解了竞争对手的这种加权目标组合，我们就可以了解竞争对手的财力状况，它对各种类型的竞争性攻击会做出什么样的反应等。一个追求低成本领先的竞争对手对于它的竞争对手因技术性突破而使成本降低所做出的反应，比对同一位竞争对手增加广告宣传所做出的反应强烈得多。

企业必须跟踪了解竞争对手进入新的产品细分市场的目标。若发现竞争对手开拓了一个新的细分市场，对企业来说可能是一个发展机遇；若企业发现竞争对手开始进入本公司经营的细分市场，这意味着企业将面临新的竞争与挑战。对于这些市场竞争动态，企业若了如指掌，就可以争取主动，有备无患。

3. 竞争对手优劣势分析

在市场竞争中，企业需要分析竞争对手的优势与劣势，做到知己知彼，才能有针对性地制定正确的市场竞争战略，以避其锋芒、攻其弱点、出其不意，利用竞争者的劣势来争取市场竞争的优势，从而实现企业的营销目标。竞争对手分析的主要内容包括产品、销售渠道、市场影响、生产经营状况、研发能力、资金实力、组织结构、管理能力等。

4. 竞争对手战略判断

各企业采取的战略越相似，它们之间的竞争就越激烈。在多数行业中，根据所采取的主要战略不同，可将竞争对手划分为不同的战略群体。例如，在美国的主要电气行业中，通用电气公司、惠普公司和施乐公司都提供各种中等价格的电器，因此可将它们划分为同一战略群体。

根据战略群体的划分，可以归纳出两点：一是进入各个战略群体的难易程度不同。一般小企业适合进入投资和声誉都较低的战略群体，因为这类群体较易打入；而实力雄厚的大企业则可考虑进入竞争性强的战略群体。二是当企业决定进入某一战略群体时，首先要明确谁是主要的竞争对手，然后决定自己的竞争战略。

除了在同一战略群体内存在激烈竞争，在不同战略群体之间也存在竞争。因为：（1）某些战略群体可能具有相同的目标客户；（2）顾客可能不知道不同战略群体的产品的区别，如分不清高档货和中档货；（3）属于某个战略群体的企业可能改变战略，进入另一个战略群体，如提供高档住宅的企业可能转而开发普通住宅。

二、内部环境分析

21世纪的竞争格局中，传统的条件与因素，包括劳动力成本、获取财务资源和原材料的能力，能够为组织创造一种竞争优势。然后，这些因素所能带来的竞争优势正在逐渐减少。在新的竞争格局中，资源、能力和核心竞争力构成了组织的内部环境，它们可能比外部环境对组织的业绩产生更为重大的影响。那些最成功的组织认识到，只有核心能力与机会相契合时，组织才能获得战略竞争能力和超额回报。

（一）资源

资源是指投入生产过程的生产要素，如资本、设备、员工的技能、专利、财务资源以及经理的才能等。

组织的资源可以是有形的，也可以是无形的。有形资源是那些可见的、能量化的资产，包括财务资源、组织资源、实物资源和技术资源四个方面。财务资源是指组织的借款能力，以及组织产生内部资金的能力；组织资源是指组织的报告系统以及它正式的计划、控制和协调系统；实物资源包括厂房、设备及获取原材料的能力；技术资源是指组织所拥有技术的含量，如专利、商标、版权等。无形资源是指那些组织通过长期发展积累的资产，因为它们是以一种独特的方式存在的，所以非常不容易被竞争对手了解和模仿。知识，员工间的信任，员工的思想、创新能力、管理能力，组织的品牌、信誉等，都是无形资产。由于无形资源具有难以模仿、购买、替代等特征，组织更愿意将其作为能力和核心竞争力的基础。

（二）能力

组织能力是指组织配置资源，发挥其生产和竞争作用的能力。能力来自组织有形资源、无形资源的整合，是核心竞争力的来源。

价值链是用于分析组织能力的有效工具。价值链反映了组织的资源增值过程。在不同的行业中，组织的价值链有明显的不同。一些行业在产品设计阶段的增值比较明显，如电子信息行业；而另一些行业在营销阶段的增值比较明显，如快消品行业。组织必须根据行业的特点和自身的条件来完成资源增值的过程。

著名的战略管理学者波特把组织的活动分为两大类：一类是基本活动，一类是支持性活动，如图5-3所示。

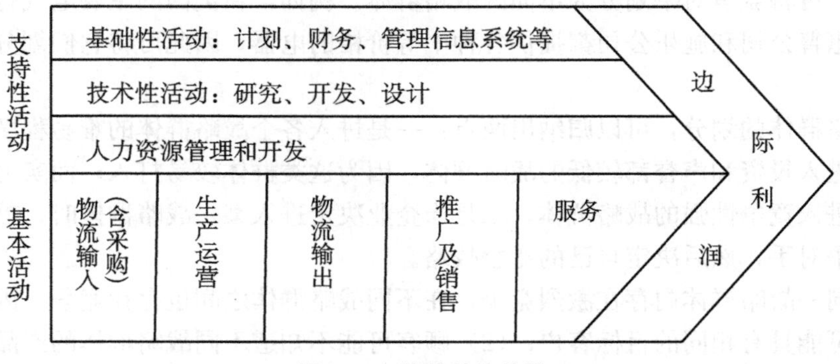

图5-3 波特的价值链

基本活动包括以下几类。

（1）物流输入。物流输入包括资源接收、储存和分配活动，也包括材料处理、库存控制和运输等活动。

（2）生产运营。生产运营将各种输入转化成最终产品或服务，如制造、工艺调整、测试等。

（3）物流输出。包括产品的接收、储存和分销等活动。

（4）推广及销售。包括消费行为研究、广告和促销等。

（5）服务。包括安装、维修、培训和提供备件等。

支持性活动包括以下几类。

（1）基础性活动。主要包括计划、财务、管理信息系统和质量控制以及法律服务等。

（2）技术性活动。包括产品的研发和设计活动。

（3）人力资源管理和开发。包括人员的招聘、选拔、培训、补偿和激励等。

随着经济全球化、一体化进程的加快，任何一个组织都是创造产品和服务价值系统的一部分。因此，在分析组织能力时，不仅要考察每一项内部活动及它们之间的联系，还要对包括采购和销售链在内的整个价值转移过程进行深入的分析。

（三）核心竞争力

哈佛商学院终身教授迈克尔・波特指出："竞争力是企业成败的核心，它决定了企业的创新能力、文化凝聚力、执行效率等与企业整体表现息息相关的各种因素。"

1990 年，美国著名管理学者加里・哈默尔和普拉哈拉德构建了一个战略模型，其战略流程的出发点是组织的核心力量。他们认为，随着世界的发展变化、竞争加剧、产品生命周期缩短以及全球经济一体化加强，组织的成功不再归功于短暂的或偶然的产品开发或灵机一动的市场战略，而是组织核心竞争力的外在表现。按照他们给出的定义，核心竞争力是为客户带来特殊利益的一种独有技能或技术。

组织核心竞争力是建立在核心资源基础上的组织技术、产品、管理、文化等的综合优势在市场上的反映，是组织在经营过程中形成的不易被竞争对手仿效并能带来超额利润的独特能力。在激烈的竞争中，组织只有具有核心竞争力，才能获得持久的竞争优势，保持长盛不衰。

组织核心竞争力的识别标准有四个：

（1）价值性。这种能力首先能很好地实现顾客所看重的价值，如能显著地降低成本，提高产品质量，提高服务效率，增加顾客的效用，从而给组织带来竞争优势。

（2）稀缺性。这种能力必须是稀缺的，只有少数组织拥有它。

（3）不可替代性。竞争对手无法通过其他能力来替代它，它在为顾客创造价值的过程中具有不可替代的作用。

（4）难以模仿性。核心竞争力还必须是组织所特有的，并且是竞争对手难以模仿的，也就是说它不像材料、机器设备那样能在市场上购买到，而是难以转移或复制的。这种难以模仿的能力能为组织带来超过平均水平的利润。

三、组织战略的综合分析

在对组织的外部、内部环境进行深入分析之后，还需要将这些分析综合起来进行研判。

关于组织战略有多种综合分析方法，许多著名咨询公司也有一些成熟的方法，其中应用最广泛的莫过于SWOT分析法（见图5-4）。

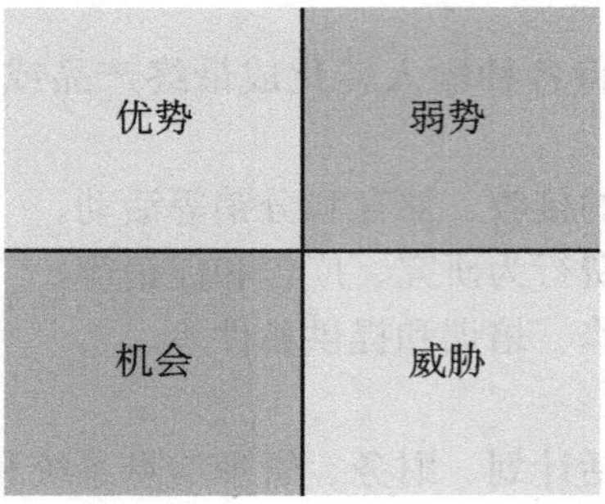

图5-4 SWOT分析法

（一）SWOT分析法

SWOT分析法又称强弱机危分析法，或道斯矩阵战略分析（框架）法，由美国战略管理学家肯尼斯·安德鲁斯（Kenneth R. Andrews）在《公司战略概念》中提出。

所谓SWOT分析，即基于内外部竞争环境和竞争条件下的态势分析，就是将与研究对象密切相关的各种主要内部优势、劣势和外部机会、威胁等，通过调查列举出来，并依照矩阵形式排列，然后用系统分析的思想，把各种因素相互匹配起来加以分析，从中得出一系列相应的结论，而结论通常带有一定的决策性。其中，S（strengths）代表优势，W（weaknesses）代表劣势，O（opportunities）代表机会，T（threats）代表威胁。按照企业竞争战略的完整概念，战略应是一个企业“能够做的”（即组织的优势和劣势）和“可能做的”（即环境的机会和威胁）之间的有机组合。

运用这种方法，可以对研究对象所处的情境进行全面、系统、准确的研究，从而根据研究结果制定相应的发展战略、计划以及对策等。

（二）SWOT分析法的特点

SWOT分析法是一种典型的综合分析方法，即从对外部环境的分析中寻找机会与威胁（风险），从对内部环境的分析中寻找优势与劣势，然后通过SWOT矩阵进行综合分析。SWOT分析法在综合当时能力学派管理学家以及资源环境学派管理学家的学术观点的基础上，将公司的内部分析（即20世纪80年代中期管理学界权威所关注的研究取向，以能力学派为代表）与产业竞争环境的外部分析（即更早期战略研究所关注的中心主题，以安德鲁斯与迈克尔·波特为代表）结合起来，形成了自己结构化的平衡系统分析体系。与其他分析方法相比，SWOT分析法从一开始就具有显著的结构化和系统性特征。就结构化而言，首先在形式上，SWOT分析法表现为构造SWOT结构矩阵，并对矩阵的不同区域赋予不同的分析意义。其次在内容上，SWOT分析法的主要理论基础强调从结构分析入手，对企业的外部环境和内部资源进行分析。

（三）SWOT分析模型解构

1. 优势与劣势分析（SW）

企业是一个整体，竞争优势的来源十分广泛，所以在做优劣势分析时必须就整个价值链的每个环节，将企业与竞争对手做详细的对比。如产品是否新颖、制造工艺是否复杂、销售渠道是否畅通、价格是否具有竞争性等。如果一个企业在某一方面或几个方面的优势正是该行业企业应具备的关键成功要素，那么该企业的综合竞争优势就强一些。需要指出的是，衡量一个企业及其产品是否具有竞争优势，只能站在现有潜在用户的角度上，而不是站在企业的角度上。

2. 机会与威胁分析（OT）

以盗版为例，盗版替代品限定了公司产品的最高价，替代品对公司不仅有威胁，可能也带来机会。企业必须分析替代品给公司的产品或服务带来了“灭顶之灾”还是提供了更高的利润或价值；购买者转而购买替代品的转移成本；公司可以采取什么措施来降低成本或增加附加值来降低消费者购买盗版替代品的风险。

3. 整体分析

从整体上看，SWOT可以分为两部分：第一部分为SW，主要用来分析内部条件；第二部分为OT，主要用来分析外部条件。利用这种方法可以从中找出对自己有利的、值得充分利用的因素，以及对自己不利的、需要避开的东西，发现存在的问题，找出解决的办法，并明确以后的发展方向。根据这个分析，可以将问题按轻重缓急分类，明确哪些是急需解决的问题，哪些是可以稍微拖后一点儿的问题，哪些属于战略目标上的障碍，哪些属于战术上的问题，并将这些研究对象列举出来，依照矩阵形式排列，然后用系统分析的思想，把各种因素相互匹配起来加以分析，从中得出一系列相应的结论。结论通常带有一定的决策性，有利于领导者和管理者做出较正确的决策和规划。

第3节　组织战略选择

战略管理的核心是制定战略，而战略管理的本质是战略选择。组织之所以要制定战略，是因为组织的资源毕竟有限，能力不足，不能所有的都选择。对一个组织来说，达成战略目标的战略方案可能有多个，战略决策者必须对这些方案进行评价和比较，从中选出更适合本组织发展的战略方案。

一、组织战略选择

（一）稳定型战略

稳定型战略是在战略规划期内将组织的资源基本保持在目前状态和水平上的战略。它满足于过去的投资收益水平，决定继续追求与过去相同或相似的目标，每年期望取得的投资收益有大体相同比率的增长，组织继续用基本相同的产品或劳务为它的顾客服务。

稳定型战略的风险较小，对正处于上升期的产业和稳定环境中的成功组织来说，是极为有效的。对许多产业和组织来说，稳定发展是最合逻辑、最为适宜的战略。它避免了开发新产品和新市场所必需的巨大投资、激烈的竞争和开发失败的风险。稳定型战略也有一定的风险。当外部环境发生动荡时，就会打破组织战略目标、外部环境、组织实力三者的平衡，使实行稳定型战略的组织陷入困境；它还会降低组织的风险意识，从而使组织在面临风险时缺乏适应性和抗争性。

（二）发展（扩张）战略

发展（扩张）战略是以组织的发展战略为指导，将组织的资源导向开发新产品、开拓新市场，采用新的生产方式和管理方式，以便扩大组织的产销规模，增强组织的竞争实力。发展战略一般会取得大大超过社会平均投资收益率的收益水平。发展战略包括以下几种形式。

1. 集中发展战略

集中发展战略是集中组织的全部资源，以快于过去的增长速度来增加现有产品或服务的销售额、利润额或市场占有率的发展战略。其优点是经营目标集中，容易实现生产专业化，获得规模经济效益。这种战略也存在一定风险，最主要的就是完全被产业的兴衰左右。当产业由于需求变化等原因出现衰退时，集中经营的组织必然会受到相当大的冲击。任何商品的市场容量都是有限的。当市场已趋饱和，占有相对经营优势的组织增长速度肯定会放慢，这会影响组织的长期稳定发展。这时，如果发现了新的商机，集中型组织就会朝多样化经营的方向进行战略转移。

2. 同心多样化战略

同心多样化战略是增加同组织现有产品或劳务相类似的新产品或新劳务的发展战略。同心多样化能够充分利用组织的专门技能和技术经验、生产设备、销售渠道。当一个组织所在的产业处于上升期时，该战略是一种很有生机的战略，它可以加强组织在具有特殊知识和经验的领域中的地位。实行同心多样化战略的组织虽然避免了集中投入单一产品或服务的风险，但增加了资本多方面投向的运作难度，也增加了资本短缺的风险。另外，经济不景气会危及各行各业，相关业务更是同涨同落，这使得同心多样化组织的抗风险能力大打折扣。如果组织总体实力不强，各项业务又由于规模都较小，竞争力都较差导致效果可能均不佳。这样，反而产生了分散组织力量的负面作用。

3. 纵向一体化战略

纵向一体化战略是指在两个可能的方向上扩大组织现有经营业务的一种发展战略。前向一体化就是组织自行销售其产品和服务。后向一体化则是自行供应其生产现有产品或服务所需的部分或全部产品或服务。纵向一体化将原先由多个单一化经营组织的业务组合到一个组织的内部进行，从而节约了交易成本和风险费用，便于组织最优地利用资源。

4. 横向一体化战略

横向一体化战略是组织通过购买、联合或兼并与自己存在竞争关系的组织的发展战略。横向一体化可以实现规模经济，实现经验共享和优势互补；可以提高产业集中程度，增强对市场的控制能力。横向一体化同时也要承担在更大规模上经营的风险，以及由于规模庞大而导致生产机构臃肿、效率低下的弊病。

5. 复合多样化战略

复合多样化战略是指增加与组织现有产品或服务大不相同的新产品或服务。它的优点很多，可以产生资金的协同作用，可以分散风险，可以向具有更优经济特征的产业转移，以提高组织的盈利能力和灵活性。联合后的组织可以产生协同效益，使用一个部门的利润来弥补另一部门的支出。但是复合多样化战略对最高管理者提出了很多要求。组织经营业务范围越广，最高管理者就越难以了解各个经营单位的经营状况，也越难以协调各单位之间的工作。

（三）防御（收缩）战略

防御战略是组织应对市场可能给其带来的威胁，采取一些措施企图保护和巩固现有市场的一种战略。一般包括收获战略、调整战略、放弃战略、清算战略等几种战略。

1. 收获战略

收获战略是指减少组织在某一特定领域的投资，这个特定领域可以是一个战略经营单位、产品线，也可以是特定的产品或品牌。采取这种战略的目的是削减费用支出和改善组织总的现金流量。然后，把通过这种战略获得的资金投入其他更需要资金的新的或发展中的领域。执行这个战略时，这个特定领域的销售额和市场占有率一般会下降，但这种损失完全可以由削减费用额来补偿。

2. 调整战略

调整战略的目的是扭转组织财务状况欠佳的局面，提高运营效率，使组织渡过危机，待情况发生变化时再采用新的战略。组织财务状况出现下滑的主要原因可能是工资和原材料成本升高、需求暂时下降或经济衰退、竞争压力增大、管理出现问题等。可针对不同的原因采取不同的对策。

3. 放弃战略

放弃战略是指卖掉组织的一个主要部门，它可能是一个战略经营单位、一条生产线，也可能是一个事业部。当收获战略和调整战略失效时，组织通常就会采用放弃战略。实施放弃战略对组织来说是一个比较困难的决策。采取这个战略的障碍主要有结构上的障碍、内部依存关系上的障碍以及管理方面的障碍。

4. 清算战略

清算战略是指通过拍卖资产或停止全部经营业务来结束组织的存在。对任何组织的管理者来说，清算都是最不具吸引力的战略，只有当其他所有的战略全部无效后才会被选择。然而，及早地进行清算较之最后无法挽回损失对一个组织来说却是更适宜的战略。

小案例 5-2

奥林巴斯回应深圳工厂关门：数码相机市场萎缩

奥林巴斯方面确认，2018 年 5 月 7 日深圳工厂已经停产停工，预计产生的费用目前正在细查，预计于 5 月 11 日 2018 年 3 月期决算公布时告知。

关于关闭深圳工厂的原因，奥林巴斯方面 5 月 8 日回复澎湃新闻（www. thepaper. cn）记者称，由于智能手机的普及导致数码相机市场急剧萎缩，奥林巴斯深圳工厂的生产率显著下降；而且，奥林巴斯深圳工厂自设立至今已有 26 年之久，其设备也已经老化，很难再维持竞争力。

鉴于上述情况，奥林巴斯决定停止深圳工厂的生产，将生产集中到位于越南同奈省的 Olympus Vietnam Co. Ltd.，以提高生产效率和盈利能力，并加强数码相机业务在国际上的竞争力。

资料来源：早报｜马化腾罕见开怼张一鸣　酷派起诉小米侵权. [2018-05-09]. http://tech. 163. com/18/0509/08/DHBQ61IN00099246. html.

（四）组合战略

一个组织通常具有多项经营业务，而每项业务具有不同的市场潜能，并且对组织提出不同的资源和能力要求。因此，如何管理这些不同的业务单位，使它们产生的总效益达到最优，是公司总部的责任。

波士顿咨询集团主张，一个经营单位的相对竞争地位和市场增长率是整个经营组合中每个经营单位应当选择什么战略的两个基本参数。以这两个参数为基准，波士顿咨询集团设计了一个具有四个象限的矩阵。根据业务的市场增长情况和相对竞争地位可以把所有业务分为四种：金牛、瘦狗、幼童、明星（见图5-5）。一般来说，高市场增长率被认为是高于10%，而相对市场占有率高与低的分界线是1.5，即如果某一经营单位的销售额是其主要竞争对手的1.5倍或更多，则它就被认为具有较高的市场占有率。

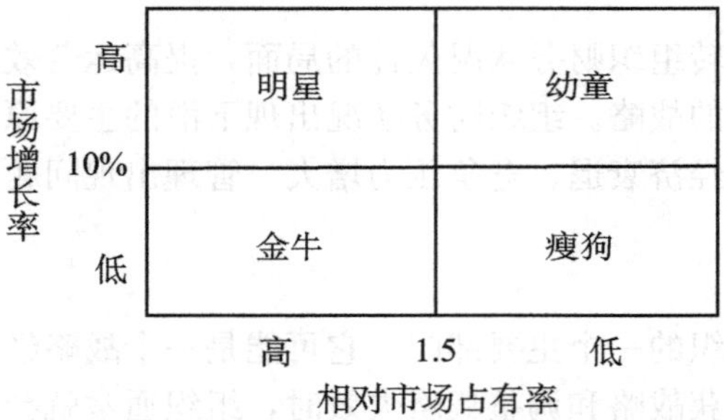

图5-5　市场增长率-相对市场占有率矩阵

(1) 金牛。金牛有较低的市场增长率和较高的相对市场占有率。较高的相对市场占有率带来了高额的利润，而较低的市场增长率只需要少量的现金投入。因此，金牛通常产生大量的现金余额。对于金牛类的经营单位，应采取维持现有市场占有率、保持经营单位地位的战略，或采取收获战略，获得更多的现金收入。

(2) 瘦狗。瘦狗是指那些相对市场占有率和市场增长率均较低的经营单位。较低的相对市场占有率一般意味着少量的利润。另外，由于增长率低，用追加投资来扩大市场占有率的办法往往是不可行的，因为维持竞争地位所需的资金经常超过它们的现金收入。所以，瘦狗常常成为资金的陷阱，一般采用清算战略或放弃战略。

(3) 幼童。幼童是指那些相对市场占有率较低而市场增长率较高的经营单位。高速的市场增长需要大量投资，而较低的相对市场占有率却只能产生少量的现金。对幼童而言，因增长率高，可以对其进行必要的投资，从而扩大市场占有率使其转变成明星。当市场增长率降低时，明星又可转变成金牛。如果幼童无法转变成明星，那就应该采取放弃战略。

(4) 明星。明星的市场增长率和相对市场占有率都较高，因而所需要的和所产生的现金数量都很大。明星通常代表最优的利润增长率和最佳的投资机会。应对明星的最佳战略就是对该业务进行必要的投资，从而维护和提升其有利的竞争地位。

对于大多数组织来说，经营单位分布于矩阵中的每个象限。组织应采取的经营组合战略可概括如下：首要目标是维护金牛的地位，但要避免常见的对其追加过多投资的做法。金牛所得的资金应优先用于维护或提升那些无法自给自足的明星的地位。剩余的资金可用于扶持一部分筛选出来的幼童，使其转变成明星。多数组织将会发现，若选择同时扩大全部幼童的市场占有率的战略，现金收入是不够用的。因此，应放弃部分幼童。

(五) 战略选择的影响因素

战略选择的影响因素是指在战略选择过程中存在的促进或阻碍管理人员做出战略选择的各种行为因素。一般来说，备选战略提出以后，就要进行战略选择。战略选择是确定组织未来战略的一种决策。战略决策者经常面临多个可行方案，往往很难做出决断。

在这种情况下，战略决策人员就要系统地分析那些对战略选择有影响作用的行为因素，对其进行综合评估后确定选择何种战略。影响战略选择的行为因素很多，其中较为重要的有下列几种：

(1) 组织过去的战略。现在的战略决策者往往也是过去战略的缔造者。由于他们对过去战略投入了大量的时间、资源和精力，会倾向于选择与过去战略相似的战略。

(2) 组织对外界环境的依赖程度。环境因素从外部制约着企业的战略选择。如果企业高度依赖于其中一个或多个因素，那么企业对外界的依赖程度越大，其战略选择的范围就越小。

(3) 管理者对待风险的态度。某些管理者极不愿意承担风险，而另一些管理者却乐于承担风险。对待风险的不同态度会导致不同的战略选择。如果管理者认为风险对于成功是必不可少的，其所在的组织就会采取扩张性战略，反之就会采取防御性或者稳定发展的战略。

(4) 组织中的权力关系。权力是人们之间的一种关系，是某个人影响一个人或群体去做某些事情的能力。在大多数组织中，如果一个权力很大的高层管理者支持某个战略方案，那么该组织往往就会选择这个战略。

(5) 中层管理人员和职能人员的影响。中层管理人员和职能人员是通过草拟战略方案以及对各种方案的风险进行评价来影响战略选择的。通常，他们对战略方案做出的建议和评价总是倾向于少冒风险，所以偏向于与过去战略差异不大的战略。

二、经营（竞争）战略选择

在竞争战略研究方面迈克尔·波特是商业管理界公认的“竞争战略之父”。波特认为，在与五种竞争力量的抗争中，蕴涵着三类成功的战略思想：总成本领先战略；差别化战略；专一化战略。

(一) 总成本领先战略

总成本领先要求建立高效规模的生产设施，在经验的基础上全力以赴降低成本，严格控制成本与管理费用，以及最大限度地减少研发、服务、推销、广告等方面的成本费用。

为了达到这些目标，就要在管理方面对成本给予高度的重视。尽管质量、服务以及其他方面也不容忽视，但贯穿整个战略的是使成本低于竞争对手。成本较低，意味着当别的组织在竞争过程中已失去利润时，依然可以获得利润。

赢得总成本最低的有利地位通常要求具备较高的相对市场份额或其他优势，诸如与原材料供应商的良好联系等，或许也可能要求产品的设计要便于制造生产，易于保持一个较宽的相关产品线以分散固定成本，以及为建立批量而为所有主要顾客群服务。

总成本领先地位非常吸引人。一旦组织赢得了这样的地位，所获得的较高边际利润又可以重新对新设备、现代化设施进行投资以维护成本上的领先地位，而这种再投资往往是保持低成本状态的先决条件。美国西南航空公司是实施总成本领先战略的最佳代表。

(二) 差别化战略

差别化战略是指将产品或组织提供的服务差别化，树立起一些全产业范围中具有独特性的东西。实施差别化战略可以有许多方式：设计名牌形象、技术上的独特性、性能特点、顾客服务、商业网络及其他方面的独特性。最理想的情况是公司在几个方面都有其差别化特点。例如卡特彼勒公司不仅以其商业网络和优良的零配件供应服务而著称，而且以其优质耐用的产品质量享有盛誉。

如果差别化战略成功地实施了，就成为在一个产业中赢得高水平收益的积极战略，因为它建立起防御阵地来对付五种竞争力量，不过其防御的形式与总成本领先有所不同。波特认为，推行差别化战略有时会与争取占有更大的市场份额相矛盾。推行差别化战略往往要求公司对于这一战略的排他性有思想准备。这一战略与提高市场份额两者不可兼顾。在建立公司的差别化战略的活动中总是伴随着很高的成本代价，有时即便全产业范围的顾客都了解公司的独特优点，也并不是所有顾客都将愿意或有能力支付公司要求的高价格。

小案例 5-3

宝洁公司的多品牌差别化策略

宝洁公司深刻地认识到，单一品牌延伸策略便于企业形象的统一和资金、技术的集约，并且易于被顾客接受，但单一品牌不利于产品的延伸和扩大，同时存在一荣俱荣、一损俱损的风险。多品牌营运虽然成本比较高，但更容易体现不同产品的特点，更利于市场细分。因此，宝洁公司的名称 P&G 没有成为用于一种产品和商标，而是根据市场细分洗发、护肤、口腔等几大类，各以品牌为中心运作。在中国市场上，香皂用的是“舒肤佳”，牙膏用的是“佳洁士”，卫生贴用的是“护舒宝”，洗发精有“飘柔”“潘婷”“海飞丝”3种品牌，洗衣粉有“汰渍”“碧浪”“洗好”“欧喜朵”“波特”“世纪”等9种品牌。多品牌频频出击使宝洁公司在顾客心目中树立起实力雄厚的形象。

宝洁公司的多品牌策略不是把一种产品简单地贴上几种商标，而是追求同类产品不同品牌之间的差异，包括功能、包装、宣传等诸方面，从而形成每个品牌的鲜明个性。这样，每个品牌都有自己的发展空间，市场就不会重叠。不同的顾客希望从产品中获得不同的利益组合，有些人认为洗涤和漂洗能力最重要，有些人认为使织物柔软最重要，有些人希望洗衣粉具有气味芬芳、碱性温和的特征。于是宝洁公司就基于洗衣粉的9个细分市场，设计了9种不同的品牌。宝洁公司利用一品多牌从功能、价格、包装等各方面划分出多个市场，满足不同层次、不同需要的各类顾客，从而培养消费者对某个品牌的偏好，提高其忠诚度。由于边际收入递减，要将单一品牌市场占有率从30%提高到40%很难，但重新另立品牌、获得一定的市场占有率则相对容易，这是单一品牌无法达到的。

（三）专一化战略

专一化战略是主攻某个特殊的顾客群、某产品线的一个细分区段或某一地区市场。和差别化战略一样，专一化战略有许多形式。总成本领先与差别化战略都是要在全产业范围内实现其目标，专一化战略的整体却是围绕着很好地为某一特殊目标服务这一中心建立的，它所开发推行的每一项职能化方针都要考虑这一中心思想。这一战略依靠的前提思想是：公司业务的专一化能够以较高的效率、更好的效果为某一狭窄的战略对象服务，从而超过在较广阔范围内竞争的对手。波特认为这样做的结果是，组织或者通过满足特殊对象的需要而实现了差别化，或者在为这一对象服务时实现了低成本，或者二者兼得。这样的组织可以使其盈利的潜力超过产业的普遍水平。这些优势保护组织抵御各种竞争力量的威胁。

但专一化战略常常意味着限制了可以获取的整体市场份额。专一化战略中必然包含利润率与销售额之间互以对方为代价的关系。在专一化竞争战略实践上，英特尔公司是一个典型代表。

(四) 竞争战略的选择

波特认为，这三种战略是每一个公司都必须明确的，徘徊其间的公司会处于极其糟糕的战略地位。这样的公司缺少市场占有率，缺少资本投资，从而削弱了“打低成本牌”的资本。全产业范围差别化的必要条件是放弃对低成本的追求。而采用专一化战略，在更加有限的范围内建立起差别化或低成本优势，更会面临同样的问题。徘徊其间的公司几乎注定是低利润的，所以必须做出一种根本性的战略决策，向三种通用战略靠拢。一旦公司处于徘徊状况，摆脱这种令人不快的状态往往要花费时间并经过一段持续的努力；而相继采用三种战略，波特认为注定会失败，因为它们要求的条件是不一致的。

除了波特的竞争战略，其他如顾客中心战略、垄断经营战略也都是在经营中采用的竞争战略类型。

第 4 节　战略实施与控制

一、战略实施

战略实施即战略执行，是为实现组织战略目标而对战略规划予以实施与执行。组织在明晰了自己的战略目标后，就必须专注于如何将其落实转化为实际的行动并确保实现。

战略实施是一个自上而下的动态管理过程。所谓自上而下，主要是指战略目标在公司高层达成一致后，再向中下层传达，并在各项工作中得以分解、落实。所谓动态，主要是指战略实施的过程中，常常需要在“分析—决策—执行—反馈—再分析—再决策—再执行”的不断循环中达成战略目标。战略实施有四个相互关联的阶段。

(1) 战略发动。在这一阶段上，组织的领导者要研究如何将战略的愿景变成大多数员工的实际行动，调动起大多数员工实现新战略的积极性和主动性，这就要求对组织管理人员和员工进行培训，向他们灌输新的思想、新的观念，提出新的口号和新的概念，消除一些不利于战略实施的旧观念和旧思想，以使大多数人逐步接受新战略。对于一个新战略，在开始实施时相当多的人会产生各种疑虑，而一个新战略往往要将人们引入一个全新的境界，如果员工对新战略没有充分的认识和理解，它就不会得到大多数员工的充分拥护和支持。因此，战略的实施是一个发动广大员工的过程，要向广大员工讲清楚企业内外部环境的变化给企业带来的机遇和挑战、旧战略存在的各种弊病、新战略的优点以及存在的风险等，使大多数员工能够认清形势，认识到实施新战略的必要性和迫切性，树立信心，打消疑虑，为实现新战略的美好前景而努力奋斗。

(2) 战略计划。这个阶段将战略分解为几个战略实施阶段，每个战略实施阶段都有分阶段的目标，相应地有每个阶段的政策措施、部门策略以及方针等。要制定分阶段目标的时间表，对各分阶段目标进行统筹规划、全面安排，并注意各个阶段之间的衔接。对于远期阶段的目标方针可以概括一些，对于近期阶段的目标方针则应该尽量详细一些。战略实施的第一阶段应该做好新旧战略的顺利衔接，以减少阻力和摩擦；每个阶段的分目标及计划应该更加具体化和操作化，应该制定年度目标、部门策略、方针与沟通措施等，使战略最大限度地具体化，变成各个部门可以具体操作的业务。

（3）战略运作。在该阶段，组织应该根据战略内容，设计相适应的组织结构，调整各种可以利用的资源，进行合理再分配，建设良好的企业文化，以有利于战略的成功实施，建立控制及激励制度以及良好的内部沟通体制。

（4）战略控制与评估。战略是在变化的环境中实践的，组织只有加强对战略执行过程的控制与评价，才能适应环境的变化，完成战略任务。

二、战略控制

战略控制主要是指在组织战略的实施过程中，检查为达到目标所进行的各项活动的进展情况，评价实施企业战略后的企业绩效，把它与既定的战略目标与绩效标准相比较，发现战略差距，分析产生偏差的原因，纠正偏差，使组织战略的实施更好地与当前所处的内外部环境、目标协调一致，保证组织战略得以实现。

（一）控制步骤

（1）制定效益标准。战略控制过程的第一个步骤是评价计划，制定出效益的标准。组织可以根据预期的目标或计划制定出应当实现的战略效益。在这之前，组织需要评价已定的计划，找出需要努力的方向，明确实现目标所需要完成的工作任务。

（2）衡量实际效益。主要是判断和衡量实现企业效益的实际条件。管理人员需要收集和处理数据，进行具体的职能控制，并且监测环境变化时所产生的信号。此外，为了更好地衡量实际效益，组织还要制定出具体的衡量方法以及衡量的范围，保证衡量的有效性。

（3）评价实际效益。将实际效益与计划效益相比较，确定两者之间的差距，并尽量分析出形成差距的原因。

（4）纠正措施和权变计划。要考虑采取纠正措施或实施权变计划。在生产经营活动中，一旦组织判断出外部环境的机会或威胁可能造成的结果，则必须采取相应的纠正或补救措施。当然，当组织的实际效益与标准效益出现了很大的差距时也应及时采取纠正措施。

（二）控制方式

从控制的时间来看，战略控制可以分为事前控制、事中控制和事后控制三种方式。

（1）事前控制。在战略实施之前，要设计好正确有效的战略计划，该计划得到组织高层领导者的批准后才能执行，其中重大的经营活动必须通过领导者的批准同意才能开始实施，所批准的内容往往也就成为考核经营活动绩效的控制标准，这种控制多用于重大问题的控制，如任命重要人员、签订重大合同、购置重大设备等。

（2）事中控制。即过程控制，高层领导者要控制组织战略实施中的关键过程或全过程，随时采取控制措施，纠正实施中产生的偏差，引导组织沿着战略的方向经营，这种控制方式主要是对关键的战略措施进行随时控制。

（3）事后控制。这种控制方式发生在组织的经营活动结束之后，把战略活动的结果与控制标准相比较，这种控制方式的重点是要明确战略控制的程序和标准，把日常的控制工作交由职能部门人员去做，即在战略计划部分实施之后，将实施结果与原计划标准相比较，由职能部门及各事业部定期将战略实施结果向高层领导者汇报，由领导者决定是否有必要采取纠正措施。

□ 本章小结

组织从使命和愿景出发，根据外部环境和内部具有的条件设定目标，战略就是为实现这些目标而进行的谋划和决策。战略的形成包括四种模式：自上而下模式、自下而上模式、上下结合模式以及咨询小组模式。战略的形成是分层次的，包括组织战略、业务战略或竞争战略和职能战略。组织的外部环境分析包括三个层次：宏观外部环境、中观外部环境以及微观外部环境。宏观外部环境包括政治法律因素、经济因素、技术因素、社会人文因素；中观外部环境即组织所处的产业环境，在产业结构中存在五种基本竞争力量；微观外部环境即组织面临的相似组织带来的压力。组织的内部环境分析主要分析资源、能力、核心竞争力。组织战略选择主要包括稳定型战略、发展战略、防御战略、组合战略。战略选择的影响因素包括组织过去的战略、组织对外界环境的依赖程度、管理者对待风险的态度、组织中的权力关系以及中层管理人员和职能人员的影响等。经营战略主要包括总成本领先战略、差别化战略、专一化战略等。经营战略的选择主要依据企业自身的资源状况。

□ 关键术语

战略规划　组织战略　业务战略　职能战略　扩张战略　复合多样化战略　收缩战略
总成本领先战略　差别化战略　专一化战略　五种竞争力模型　核心竞争力

□ 复习题

1. 概述你对战略这个概念的认识，并谈谈战略对组织发展的作用。
2. 组织战略形成的模式有哪些？各自的优缺点是什么？
3. 解释影响一个企业的产业竞争环境的五种基本力量。以餐饮行业为例，分析产业竞争五种基本力量对餐饮行业的影响。
4. 以一个实际企业为例，鉴别它所采用的战略。
5. 试述战略实施与控制的具体步骤。

案例分析

从吉利的收购行为解读其战略发展方向

从“造老百姓买得起的好车”到“造每个人的精品车”；从 2002 年拿到轿车生产资质并生产豪情轿车到 2010 年收购福特旗下沃尔沃汽车乘用车业务开始显露扩张野心，再到近一年爆发式收购的全球化产品战略，一个规模庞大的跨国汽车集团雏形已经成型。回望吉利所踏出的每一步，除了“敢闯”“低调”“共赢”“和气”等特点，还有企业产品战略的细心谋划。以下篇幅就一同讨论吉利的收购行为及其产品品牌战略的发展。

2008 年关键词：同级别多产品战略，占股英国锰铜公司，合营上海英伦品牌

2003 年第一代通用凯越上市发布，冲击了 10 万～15 万元价格，原本是捷达、桑塔纳和富康三强占据的主要市场；同年上市的吉利豪情 SRV 基于“造老百姓买得起的好车”的口号，徘徊在 5 万～7 万元价格上下，外观上模仿奔驰前隔栅十富康的两厢造型，以期普及二线以下城市的家轿市场。

吉利那些年的车型基本以 A 级以下家轿为主，未敢有 B 级及以上的突破，以吉利和华普两个品牌的同级别多产品战略（“多生儿子好打架”战术）发展自己的一亩三分地。以 19.3 万辆的峰值年 2006 年为例，当年市场总量为 370 万辆，吉利的市场占有率为 5.2%，但拥有 12 款车型，其中销量贡献最大的仅是自由舰 6.4 万辆，单车效率之低可见一斑。“敢闯”的个性造就了吉利国际化的第一步，2006 年同英国锰铜公司（Manganese Bronze）合营，将自己下属华普（Maple）汽车品牌更名为英伦（Englon）汽车品牌，引进伦敦“1948 年造型”出租车 TX4 进行本土化装配和营销试水，主攻大都市的出租车市场，并在 2009 年正式启用，产品延伸至深圳、广州、宁波等地区。这款车在欧洲定义为基于轿车平台的厢式车（car derived van，CDV），按照国家标准实际上属于广义乘用车范畴，如同日产的 NV200 或金杯 9 座面包车。不过，由于造型结构老旧、布置无创新、售价偏高（近 20 万元的官方售价），市场并不普及，产品始终处于不愠不火的状态。可这项尝试为吉利以后进军英国大客户市场（fleet market）打下了基础。

2013 年关键词：品牌整合，收购澳大利亚 DSI 变速箱公司，收购福特旗下沃尔沃汽车乘用车业务，启用国外设计师，旗舰车型造型突破

2008 年的全球金融危机对国内车市造成了较大影响，消费力疲软和生产规模收缩，这才有了 2009 年的汽车消费刺激政策以及小排量车的热销。这项政策正中吉利下怀，借着政策的春风，吉利当年国内市场的销量达 31 万辆，同比增加 72%。同年，吉利初现野心，进行了品牌产品战略整合，逐步淡化以公司命名产品品牌，引入全球鹰（Gleagle）品牌和帝豪（Emgrand）品牌，整合下属车型，导入新产品以产生良好的规模经济效应。

不过，当时爱信（Aisin）、采埃孚（ZF）等变速箱对国产品牌的配套壁垒让各自主品牌苦恼不已，为此，吉利的“敢闯”性格又一次显现：放眼海外市场，谋求出路。同年 3 月 27 日，吉利在澳大利亚 DSI 变速箱公司宣布破产后 40 天内敲定了收购事项，并在 4 个月后以 7 000 万澳大利亚元取得 DSI 全部股权，完成收购行动。2012 年开始，吉利将 DSI 的 6AT 变速箱装备在帝豪 EC7 等车型上，缩小同合资同级产品的竞争差距。不仅如此，吉利也愿意以中国制造的成本优势强化 DSI 的产品竞争力，将其推广配套至其他自主品牌，通过抱团和“共赢”的方式，抗衡日系/德系变速箱的技术壁垒，不过只有少数厂家的产品相互应和。当时各自主品牌由于受母公司合资外方的影响，或是对关键零部件采购更加谨慎等，均未及时响应，以至于未能拓宽国内市场，高研发和制造成本始终困扰着吉利，使之成为鸡肋。几年后，连吉利自身的自动变速箱也转向格特拉克（Getrag）的 6 速双离合 DCT。收购 DSI 后一年，也就是 2010 年 8 月 2 日，举国的目光都在聚焦上海世博会。吉利完成收购福特旗下沃尔沃汽车乘用车业务全部股权的消息令人震惊，但也饱受争议。

吉利的目光具有远瞻性，可能是早已闻到了全球化的气息。浙江民营企业共花了 27 亿美元收购被福特抛弃的北欧豪华品牌和它所拥有的专利，之后的几年却并不吞并它，而是使其独立运作，利用宽裕的时间逐步吸收消化沃尔沃的专利技术。这也就是我们为什么觉得当时吉利产品战略规划领域的远瞻性很强，并且很有耐心，等待时机成熟后再发力。

其一，产品规划获益。2012年吉利同沃尔沃签署汽车平台化合作协议，为吉利欧洲的研发和造型中心提供技术背书。其中重要的内容是今天令人熟知的紧凑型模块化基础架构（CMA）平台，因此才有了新品牌领客（Lynk&Co）以01（SUV）、02（Sedan NB）、03（Crossover）、04（Sedan HB）……为代号的后续车型。

其二，产品配套体系获益。吉利博越18TD发动机的零部件供应商有50%也是沃尔沃发动机的供应商。博世（Bosch）也提供自适应巡航（ACC）、预测性紧急制动系统、最新装配量产车的多功能摄像头等。

其三，给吉利带来全新的技术支持、人员输入、品牌理念和运作思路，帮助产品脱胎换骨。以全新旗舰车的造型为例，吉利直接聘请沃尔沃设计副总裁彼得·霍布里设计吉利全新GC9（上市时换名博瑞，制造商建议零售价为11.98万～22.98万元，主力区间为15万～17万元）。其时代感和高端体验比肩同时代的合资品牌拳头产品。上市当年即获市场良好反响，提升了吉利品牌的档次感。还有前述的英国锰铜公司，其在2012年10月进入破产保护程序，吉利于2013年2月宣布以1 104万英镑（约合1.1亿元人民币）全面收购，后者唯一商业模块的伦敦出租车公司（LTC）进入吉利时代。近些年，吉利追资建设英国考文垂的安斯蒂工厂和投资吉利英国前沿研发中心（两者总共3亿英镑），进行TX4后续车型TX5的研发和制造并于2015年更新伦敦的老款车型。此外全新一代的TX5新能源车款和搭载沃尔沃新能源技术的轻型商用车也将启用LEVC新标识，并从安斯蒂工厂下线。

今日关键词：品牌再度整合，销量和品牌力提升，收购宝腾和莲花品牌，收购沃尔沃集团股份（商用车技术）、戴姆勒股份（新能源技术）

2014年4月18日，吉利在北京举办了以“聚合未来”为主题的品牌发布活动，宣布了新的品牌架构和标识。吉利表示，未来将把目前的帝豪、全球鹰、英伦三个子品牌汇聚为统一的吉利品牌，将原先品牌下的车型根据级别重新注入吉利品牌下各个系列中。同时，开展新车型平台化战略，FE/CMA/KC三个平台覆盖A－/A/A＋/B级的所有乘用车车型。

吉利理顺下属品牌和产品的从属关系后，2015年销量开始腾飞，达到53.9万辆，同比增长26%，2016年达到76.6万辆，2017年达到破纪录的124万辆。而车型数目由原先2014年的20款在售车型下降到2017年的10款，其单车效率之高、资源利用率之高排在自主品牌前列。2017年5月24日，吉利再度出手，踢开竞争对手PSA集团，以12亿美元的价格收购DRB旗下宝腾控股（PROTON Holding）49.9%的股份以及英国豪华跑车品牌路特斯集团（Lotus Group）51%的股份，吉利集团将成为宝腾汽车的独家外资战略合作伙伴。预计短期内吉利消化宝腾的产品和摸清当地市场后，很可能规划A0级别的吉利小车型进行贴标本土化试水。原因有以下几个方面：(1) 地处东南亚的马来西亚对吉利收购一事至今仍有不同的呼声和看法。吉利事实上接盘宝腾，但因此品牌是大马汽车工业的象征，国民心中吉利的接盘尚未被完全认可，所以吉利尽量呵护宝腾的形象；(2) 该地区是伊斯兰世界，国内政企复杂，中国车企经验不足，吉利不敢贸然行动；(3) 所处的东盟市场（Asean Market）由日企一手经营了40多年，它们牢牢地占据3/4的市场份额，欧美品牌基本都铩羽而归，本土品牌车型或多或少也与日系有渊源，所以消费者原有的对品牌的接受度短期内不可能改变，吉利应深知此道。

对于英国小众豪华跑车莲花品牌（Lotus，属于跑车车型），吉利倒是会显出感兴趣的一面，以丰富目前的产品线，用吉利的生产资质开展新能源本土化制造和国内销售以及出口海外。2017年7月，吉利控股集团宣布与美国Terrafugia飞行汽车公司达成最终协议，将收购 Terrafugia 的全部业务及资产。李书福表示，吉利预计于2019年推出首款飞行汽车，并将在2023年发布全球首辆垂直起降飞行汽车。这个交易在产品规划上纯粹是对全新出行方式的致敬和科学培养，短期内没有商业规模化的意义。到了2017年底，吉利宣布与欧洲基金公司 Cevian Capital 达成一致，将收购其持有的沃尔沃集团（AB Volvo）8 847万股A股股票和7 877万股B股股票。项目交割后，吉利控股将拥有沃尔沃集团8.2%股权，成为第一大持股股东，并拥有15.6%的投票权。这笔交易由法国巴黎银行（BNP Paribas）和中信银行承担资金筹备工作，并于2018年2月中旬启动高级银团业务。借款为21亿欧元5年期贷款、9.5亿欧元12个月过桥贷款。这两笔资金都获得了吉利瑞典控股有限公司的担保。

在此项收购中，吉利首先看中的是沃尔沃集团的卡车业务，其电气化进程在行业中领先，可以把这项技术消化和应用到刚成立的吉利商用车品牌远程汽车上。沃尔沃商用车上的王牌技术高效增程器、分布式智能化动力系统、纯电驱动传动系统、轻量化车身技术以及智能化安全技术很可能为远程汽车品牌所用。

总结

无论是2018年2月底的车市爆炸性新闻——吉利成为奔驰母公司戴姆勒的第一大股东(9.69%股权）还是历年来的品牌收购与发展，吉利的步伐都是稳扎稳打，充分调用收购的新业务来整合资源，采取优势互补而不是套用简单的拿来主义原则，以对其品牌和产品战略建立补充和研发等的资源储备。相信入股戴姆勒的目的绝不是简单的资本层面收益，或许，和戴姆勒一同在电动车领域形成战略结盟，然后共享更多技术和资源、降低电动车成本才是吉利感兴趣的地方。

资料来源：从品牌战略与产品发展角度解读吉利的收购行为．[2018-03-15]．http：//dy.163.com/v2/article/detail/DCS2T06O0527HJCG.html.

思考题

1. 简述吉利品牌战略的演变过程。
2. 从吉利的收购行为解读其战略发展方向。

第6章 传统组织结构设计

导读案例

同素异构现象

在自然科学中，分子是由原子构成的，原子之间的相互作用方式（排列规则）构成这种物质的分子结构图。有时，由一些相同的化学元素构成的物质，由于其分子结构图不同，而表现出截然不同的物理性质和化学性质。譬如在化合物中，乙醇和甲醚属于同分异构体，它们的分子式均为C_2H_6O，由于二者分子结构图不一样，从而表现出截然不同的物理性质和化学性质。另外，在单质中也有金刚石、石墨这样的同素异形体。金刚石与石墨都是由碳原子构成的，但由于它们的组织结构不同（见图6-1），表现出两种更加直观、明确的物理性质：一个坚硬无比，一个滑软异常。

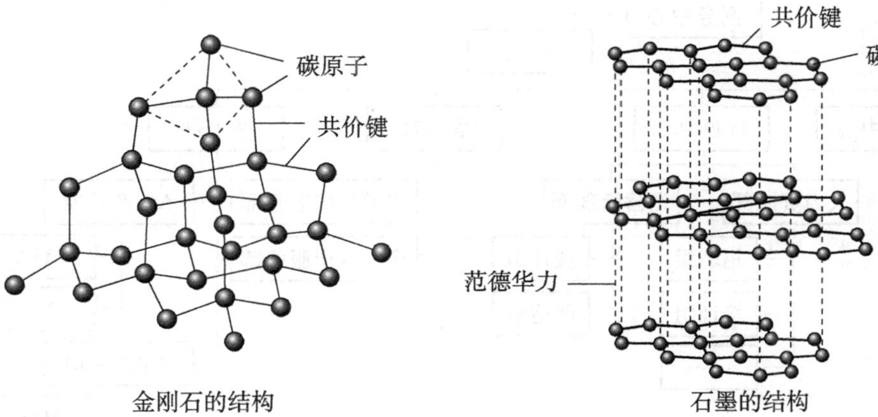

图6-1 同素异构现象

在现代企业管理中也有同样的现象，由一些相同个体组成的组织，由于组织方式不同，可能会表现出具有极大差异的组织特征。譬如，在改革开放前，由于计划经济条件下的“大锅饭”组织方式，中国人吃不饱肚子，但在责、权、利被明晰化之后，中国迅速解决了温饱问题，这就是组织的同素异构表现出的独特现象。另外，目标使命不同，组织需要的组织结构也不同。组织结构的特征决定了组织的物理特征，同时，组织结构还必须与组织战略相匹配。

第1节　组织结构及其设计要素

组织结构理论是关于一种组织构成及运行有效性的研究，是深入、准确地洞察和分析组织的方法，是组织设计的基础。

一、组织结构与组织特性

（一）组织结构

组织结构（organization structure）是组织存在的空间形式，是在特定的认知水平与技术水平下为了最有效地实现组织目标，对组织内部进行人员配置、安排与组合，并进行责、权、利的划分与协调，从而形成一个相对稳定的分工结构体系。组织结构可以明晰地指出一个组织内各构成要素以及它们之间的相互关系，主要涉及组织部门构成、岗位设置、权责关系、业务流程、管理流程、组织内部协调与控制机制等，描述了组织的框架体系。

组织结构是组织指挥控制系统的框架，反映组织各构成要素的空间序列、沟通渠道、隶属关系等基本特征，通常可以用组织结构图（见图6-2）表现出来。

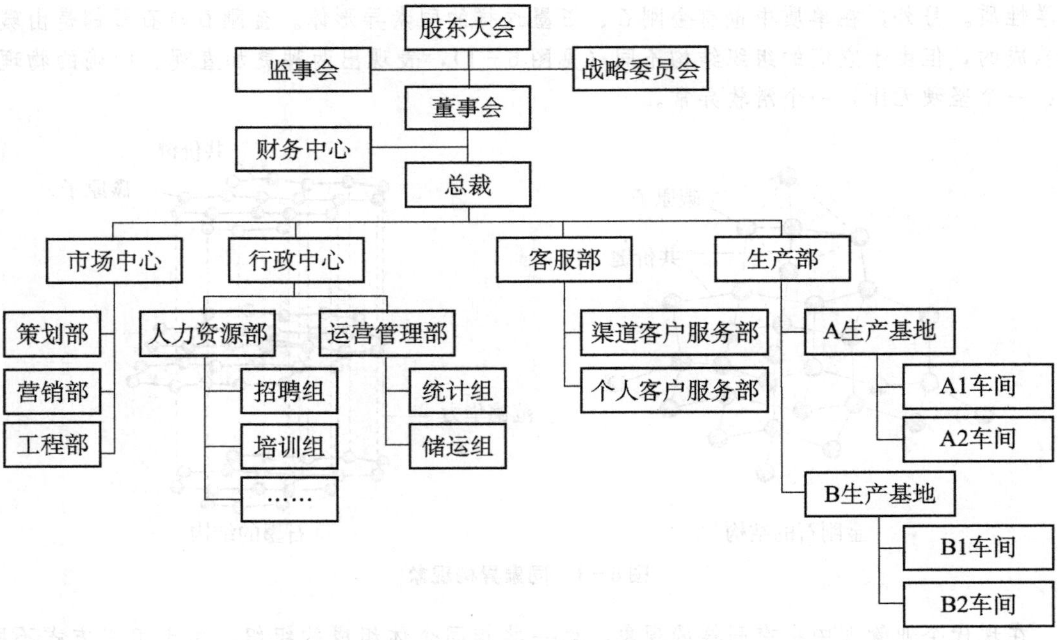

图6-2　组织结构图

组织结构的本质是为实现组织战略目标而采取的一种分工协作体系，组织结构必须随着组织的重大战略调整而调整。

组织结构理论是研究组织结构与组织效率相互关系的理论，它以结构决定特征为出发点，分析不同结构的组织适应性及组织效率。组织结构通过专业化分工以及部门与层级权责关系的界定，使组织成为在一定时期内具有相对稳定的外在形态，并能够保证内部一致性与外部竞争性的社会细胞。

(二) 组织结构与组织特征

1. 组织的结构决定了组织的外在特征

组织结构无好坏之分，只有是否适宜之别。每一种组织结构一旦确定，就会呈现出一定的特征，而这种特性与组织所处的社会环境、组织的产出之间可能会契合，也可能会不适应，正因如此，我们才有必要研究组织结构。譬如，工业革命之后，金字塔形的科层制组织结构成为大多数组织的选择，这种组织结构以组织内部严格的纵向层级划分、缜密的横向职能分工为主要特征，辅之以清晰的命令链、严苛的管理制度，使企业组织呈现出较强的刚性特征。这种组织结构对于组织外部环境稳定、产品与服务更新周期较长的企业是比较适合的，可以激发出明显的规模经济效应与协同效应。但是，这种结构在外部环境复杂、面临经常性产品技术创新挑战的组织中就会显得呆板，缺乏活力，缺少应变能力。对于变化的环境，我们更强调组织的快速反应能力，强调组织的弹性和自我调整能力，因此，矩阵制结构、虚拟型结构就会成为组织的选择。

2. 组织结构的四个亚结构

组织结构一般分为职能结构、层级结构、部门结构、职权结构四个方面。

(1) 职能结构。职能结构是指实现组织目标所需的各项业务工作以及比例和关系。职能是一定的知识、技能、行为与态度的组合，能够帮助提升个人的工作成效，进而带动组织提升影响力与竞争力。譬如，一个企业可能拥有销售职能、采购职能、账务职能、研发职能、生产职能等，各个职能由一系列工作内容、性质、特点相似的业务构成。不同类型的组织在职能划分方面可能存在较大差异。职能结构的考量维度包括职能交叉（重叠）、职能冗余、职能缺失、职能割裂（或衔接不足）、职能分散、职能分工过细、职能错位、职能弱化等。

(2) 层级结构。层级结构是指管理层级的构成以及管理者所管理的人数（纵向结构）。其考量维度包括管理人员分管职能的相似性、管理幅度、授权范围、决策复杂性、指导与控制的工作量、下属专业分工的相近性。直观来看，组织的层次结构决定了组织的层级数量。在传统组织中，大规模企业往往具有较多的纵向层级。譬如，通用电气20世纪70年代从最高决定层到基层有12个管理层级。目前，随着信息传递越来越便利、速度越来越快，组织管理层级越来越少，使组织整体上趋于扁平化。

(3) 部门结构。部门结构是指各管理部门的构成（横向结构）。其考量维度主要是一些关键部门是否缺失或优化。组织的部门结构不同于职能结构，多数情况下，一个部门可能有多项职能，譬如行政部门就包括日常管理、对外交往，甚至包括人力资源管理职能。当然，有些部门也可能只有一项职能，譬如，账务部门多数情况下职能比较单一。至于如何划分部门、整合职能，需要依据组织自身的实际情况酌定。譬如，有些组织设立供销部，既包括原材料的采购职能，又包括产品或服务的销售职能；而另外一些组织可能分别设立采购部、销售部。

(4) 职权结构。职权结构是指各层级、各部门在权力和责任方面的分工及相互关系。主要考量部门、岗位之间权责关系是否对等。不同组织文化背景下，组织对职位权力的授予会有较大的差别，但总体上看，职位权力与职位责任密不可分，职位权力之间的制衡是缜密安排的。

(三) 组织结构设计

组织结构设计是通过对组织资源的整合和优化，确立企业某一阶段最合理的管控模式，实现组织资源价值最大化和组织绩效最大化。或者说，组织结构设计就是对组织框架进行设计的过程，即在组织目标指引下，纵向合理设定组织的管理层级、管理职能，横向合理设定组织的部门、岗位，并且明确各管理层级、各部门、各岗位之间的责权、协作关系，在企业的战略目标实现过程中获得最佳的工作业绩。

对于已经存在的企业组织来说，组织结构设计实质上是一个组织变革的过程，是把企业的任务、流程、权力和责任重新进行有效组合和协调的一种活动。根据时代和市场的变化，进行组织结构设计或组织结构变革（再设计）的结果往往是企业的运行效率和经济效益大幅提高。

二、组织结构设计的关键维度

管理者在进行组织结构设计时，必须正确考虑6个关键维度：工作专门化、部门化、命令链、管理幅度、集权与分权、正规化。

(一) 工作专门化

1. 工作专门化

工作专门化指的是组织把工作任务划分成若干步骤来完成的细化程度，这是从纵向来对组织结构进行划分。其实质是：一个人不是承担一项工作的全部，而是只完成某一步骤或某一环节的工作，这是一种最有效地利用员工技能的方式。20世纪40年代后期，工业化国家大多数生产领域的工作都是通过工作专门化来完成的。

2. 工作专门化可以提高效率

通过实行工作专门化，可以提高组织的运行效率：通过对复杂工作的拆解，使员工只需较少的时间就可掌握工作方法和步骤，有利于提高组织的培训效率；通过重复性的工作，员工的技能有所提高，在改变工作任务或在工作过程中安装、拆卸工具及设备所用的时间会减少，因此，工作速度较快，产出高；挑选并训练从事具体的、重复性工作的员工比较容易，对工作人员技能和受教育程度的要求较低。

3. 工作专门化可以节约成本

在大多数组织中，有些工作需要技能很高的员工来完成，有些则不经过训练就可以做好。如果所有的员工都参与组织制造过程的每一个步骤，那么，就要求所有的人不仅具备完成最复杂的任务所需要的技能，而且具备完成最简单的任务所需要的技能。结果，那些高技能人员除了从事需要较高技能或较复杂的任务，还要把部分时间花费在完成低技能的工作上。由于高技能员工的报酬比低技能员工高，而工资一般反映一个人最高的技能水平，因此，付给高技能员工高薪，却让他们做简单的工作，这无疑是对组织资源的浪费。

小案例6-1

福特公司的工作专门化

20世纪初，亨利·福特通过建立汽车生产线而富甲天下，享誉全球。他的做法是，给公司每一位员工分配特定的、重复性的工作。例如，有的员工只负责装配汽车的右前轮，有的员工只负责安装右前门。通过把工作分化成较小的、标准化的任务，使工人能够反复地进行同一种操作，福特公司利用技能相对有限的员工，每10秒钟就能生产出一辆汽车。福特公司的经验表明，让员工从事专门化的工作，他们的生产效率会提高。

4. 工作专门化的缺点

工作专门化程度究竟是高了好，还是低了好？关于这个问题，工程技术人员、社会学家、心理学家、经济学家、管理者、工人等，从各自的立场出发，有多种观点和看法。

20 世纪 50 年代以前，管理人员把工作专门化看作提高生产率的不竭之源，或许他们是正确的，因为当时工作专门化的应用尚不够广泛，只要引入它，几乎总是能提高生产率。但到了 60 年代以后，越来越多的证据表明，好事做过了头就成了坏事。工作专门化的潜在缺点是：

（1）工作专门化可能会导致员工产生厌烦情绪、疲劳感、压力感，从而降低生产效率，出现缺勤率上升、流动率上升等不良后果。

（2）过度的工作专门化可能导致细化工作做得不完美，工作人员忙闲不均；可能导致工作环节增多，不同环节之间要求有更多的协作，物流、信息流都较复杂；可能因工作的重复性导致诸如效率低下、质量降低等不利的行为结果。

5. 把握好工作专门化的度

对于工作专门化的程度多大为合适，需要具体情况具体分析。对于某些企业、某些工作，工作专门化程度较高是有利的；对于另外一些企业和工作，可能正好相反。在大多数以产品对象专业化为生产组织方式的企业里，高度工作专门化都可取得较好的效果。例如，大量生产方式（汽车、家电）中装配线上的工作就适应这种高度工作专门化。反过来，对于主要进行多品种小批量生产的企业来说，工作专门化程度低一些才能有较强的适应性。

现在，大多数管理人员并不认为工作专门化已经过时，但也不认为它还是提高生产率的不竭之源。他们认识到了在某些类型的工作中工作专门化所起到的作用，以及使用过头可能带来的问题。例如，在麦当劳快餐店，管理人员运用工作专门化来提高生产和售卖汉堡包、炸鸡的效率。但是，像奥帝康公司和土星公司则通过丰富员工的工作内容、降低工作专门化程度而获得了成功。

小案例 6-2

沃尔沃降低工作专门化程度

沃尔沃汽车公司是以安全著称的汽车生产商，该公司曾有四个汽车装配厂，其中一个工厂的装配线采取了这样一种工作方法，即将 8～10 名工人组成一组，负责整车的装配。在这样一个小组内，每个工人对于装配线上每道工序的工作都可以胜任，3 小时更换一次工作内容。这样一个工作小组，一天可装配 4 辆整车。而传统的装配线的工作方法是，每人只负责一道工序，该工序的工作也许只用一两分钟就可完成，每天大量重复同样的工作。该工厂采用这种小组工作方式以后，出现的几个明显结果是：质量提高，效率提高（装配一辆整车所需的时间减少），缺勤率明显降低（从 20%降到 8%）。该事例说明了工作设计中的一个重要问题，即不仅应该从技术性的角度，而且应该从社会性的角度去进行工作设计。由此产生了工作设计中的社会技术理论和行为理论。

资料来源：根据互联网资料改编。

（二）部门化

一旦通过工作专门化完成任务细分，就需要按照类别对它们进行分组以便共同的工作可以进行协调。对工作活动进行分类主要是根据活动的职能，譬如，制造业的企业通常把工程、会计、制造、人事、采购等方面的专家分别组建部门；学校则可能有科研部门、教务部门、财务部门、总务部门等；而一个超市则可能设收银部、导购部、仓储运输部、保安部、行政人事部等。这种职能分组法的主要优点在于，把同类专家集中在一起，能够提高工作效率。

职能性部门化通过把专业技术、研究方向接近的人分配到同一个部门中，来实现规模经济。此外，还可以依据工作任务、地域、生产或服务流程、顾客类型来进行部门化。组织可以依据自身的实际情况按以上一种或多种维度构建部门。在快速多变的知识经济时代，以顾客为基础进行部门化越来越受到青睐。许多组织为了更好地掌握顾客的需要，并有效地对顾客需要的变化做出反应，更强调以顾客为基础划分部门的方法。

（三）命令链

在古典组织理论阶段，命令链是组织设计的基石，如今其重要性虽然降低，但仍是维系组织正常运转的主要手段。命令链是一种不间断的权力路线，从组织最高层扩展到最低层，明确命令对象与报告对象。

在讨论命令链之前，应先讨论两个辅助性概念：权威和命令统一性。权威是指管理职位所固有的发布命令并期望命令被执行的权力。为了促进协作，每个管理职位在命令链中都有自己的位置，每位管理者为完成自己的职责任务，都要被授予一定的权威。命令统一性原则有助于保持权威链条的连续性。它意味着，一个人应该对一个主管，且只对一个主管直接负责。如果命令链的统一性遭到破坏，下属将可能无所适从。

时代在变化，组织设计的基本原则也在变化。随着电脑技术的发展和给下属充分授权的潮流的冲击，命令链、权威、命令统一性等概念的重要性大大降低了。

小案例6-3

网络时代命令链缩短与授权下移

3月中旬一个星期三的上午，查尔斯·凯瑟困惑地扫视了一眼从公司配送中心送来的存货报告。根据电脑打印出来的报告，玫瑰牌上光油只能保证3天的供货了，远远低于公司要求的3周半的库存要求。但凯瑟知道，公司设在密苏里州杰弗逊城的工厂两天前刚运来346箱（每箱12瓶）上光油，玫瑰牌上光油一定是被抢购一空了。他便打开自己与生产线相连的电脑，把批示输进去：在周四上午再生产400箱上光油。

这是一位计划经理工作日程中的一段小插曲，对不对？但事实上凯瑟不是管理人员，他只是生产线上的一名工人，官方的头衔是“生产线协调员”，是公司上百名工作于电脑网络上的工人中的一员。他们有权检查核对货物运送情况，安排自己的工作负荷，并经常从事以前属于管理人员的工作。

现在，一个基层雇员能在几秒钟内得到20年前只有高层管理人员才能得到的信息。同样，电脑技术的发展日益使组织中任何位置的员工都能同任何人进行交流，而无须通过正式渠道。而且，权威的概念和命令链的维持越来越无关紧要，因为以前只能由管理层做出决策，现在则授权给操作员工自己做决策。此外，随着自我管理团队、多功能团队和包含多个上级的新型组织设计思想的盛行，命令统一性的概念越来越无关紧要。当然，很多组织仍然认为通过强化命令链可以使组织的生产率最高，但今天这种组织越来越少了。

资料来源：根据《商业周刊》相关内容改编。

(四) 管理幅度

管理幅度就是讨论一个层级的领导者可以有效指导多少个下属的问题。不同的知识能力水平、不同的管理手段、不同的时代背景，主管可以管控的下属存在较大差异。在网络化的今天，管理幅度有逐渐扩大的趋势，这也是组织扁平化的一个重要诱因。例如，在通用电气公司和雷诺金属公司这样的大公司中，控制幅度已达 10～12 人，几乎是过去的 2 倍。

假设有两个组织，基层操作员工都是 4 096 名，如果一个管理幅度为 4，另一个为 8，那么幅度为 4 的组织各级直线管理人员之和为 1 365 名，幅度为 8 的组织各级直线管理人员的总数为 585 名。而且，前者管理层级要比后者多 2 层。显然，减少管理人员可以节约大量的薪资成本，减少层级则可以缩短命令链长度，减少信息传递失真的风险。

当然，管理幅度窄也有其好处，主要表现为管理者可以对员工实行更严密的控制、更具体的指导。管理幅度窄的主要缺点有：第一，管理层级会因此而增多，管理成本会大大增加。第二，使组织的垂直沟通更加复杂。管理层级增多也会减慢决策速度，增加信息传递失真风险。第三，管理幅度过窄易束缚下属的手脚，妨碍下属的能动性。

(五) 集权与分权

集权是指组织中高层管理者拥有绝大多数决策权，低层管理者只负责执行高层管理者的指示。分权是指组织把较多的决策权下放到各级基层管理者手中，让基层管理者有随机应变的自由度。集权有集权的优势，分权有分权的好处；集权有集权的劣势，分权也有分权的坏处。要具体问题具体分析，不要一概而论。

集权式组织的优点主要有以下几个方面：一是易于协调各职能间的决策；二是对报告线的形式进行了规范，比如利用管理账户；三是能与企业的目标达成一致；四是危急情况下能进行快速决策；五是有助于实现规模经济；六是这种结构比较适用于由外部机构（比如专业的非营利企业）实施密切监控的企业，因为所有的决策都能得以协调。

集权式组织的缺点主要有以下几个方面：一是高级管理层可能不会重视个别部门的特殊要求；二是由于决策时需要通过集权职能的所有层级向上汇报，因此决策时间过长；三是对级别较低的管理者而言，其职业发展有限。

目前，分权式决策的趋势比较突出，这与使组织更加灵活和主动地做出反应的管理思想是一致的。在大公司中，基层管理者更贴近生产实际，对有关问题的了解比高层管理者更翔实。因此，决策权下移可能更加贴近网络时代的现实要求。譬如，蒙特利尔银行把它在加拿大的 1 164 家分行组合成 236 个社区，即在一个有限地域内的一组分行，每个社区设一名经理，他在自己所辖各行之间可以自由巡视，各个分行之间的最长距离不过 20 分钟的路程。他对自己辖区内的问题反应远远快于公司总部的高级主管，处理方式也更得当。IBM 欧洲公司总监瑞纳托·瑞沃索采取类似的办法把欧洲公司分成 200 个独立自主的商业单位，每个单位都有自己的利润目标、员工激励方式、重点顾客。“以前我们习惯于自上而下的管理，像在军队中一样，”瑞沃索说，“现在我们尽力使员工学会自我管理。”

（六）正规化

正规化是指组织中的工作实行标准化的程度，这是在泰勒时代就提出的效率要求。企业正规化程度较高，就意味着做这项工作的人对工作内容、工作时间、工作手段没有太大的自主权。在高度正规化的组织中，有明确的工作说明书，有繁杂的组织规章制度，对于工作过程有详尽的规定。在正规化程度较低的工作中，工作执行者和日程安排没有那么僵硬，员工对自己工作的处理许可权比较宽。可见，工作标准化程度越高，员工决定自己工作方式的权力就越小。工作标准化不仅减少了员工选择工作行为的可能性，而且使员工无须考虑其他行为选择。

在组织之间或组织内部不同的部门中，不同岗位的正规化程度不尽相同。譬如，大学教师就是自由度比较大的职业，对讲课内容、方式、侧重点可以有自己的选择，但流水线上的工作就要求有较高的正规化程度，什么时间做什么、怎么做、达到什么标准都没有变通的余地。

三、组织结构的优化与再造

在对企业进行组织结构优化时，通常会分为三大部分展开，通过企业组织结构建设的优化，最终形成科学、系统化的管理思维模式。

第一，要以组织结构的稳定性过渡或稳定性存在为前提。稳定现时的经营生产管理活动；设置的组织结构具有一定的稳定性；能将旧的结构平稳过渡到新的结构；人员能顺利平稳过渡到新的部门和岗位；不适应的原有岗位人员能平稳离职，不会因为个别人员的离职而给企业带来负面影响，不会因为个别人的离职带走人员，导致员工对企业产生没有信心的思想变化。

第二，要分工清晰，有利于考核与协调。在现有基础上改进不协调的组织关系，预防和避免今后可能存在的摩擦关系，优化的表现结果应该是部门职能清晰、权责到位，能够进行评价和考核，部门间的管理联系、工作程序协调，公司的管理制度有效实施。

第三，设置部门、岗位要与培养人才、提供良好发展空间相结合。优化调整部门和岗位时，既不能受制于现有岗位人员的既得利益，又要综合考虑所有人员的职业发展规划；既要坚决杜绝为了照顾人情关系，因人设部或因人设岗，又要综合考虑现有人员的品行、可能的培养价值、企业发展所需要的能力和潜力等因素，在风险可控的条件下，有意识地将部门、岗位和人才培养相结合，为员工成长提供尽可能宽广的平台。

第2节 组织结构设计的原则与方法

组织结构是组织正常运营和提高经济效益的支撑和载体。现代组织如果缺乏良好的，即分工明确、权责清楚、协作配合、合理高效的组织结构，其内在机制就不可能充分发挥作用。

一、组织结构设计的原则

（一）任务与目标原则

企业组织设计的根本目的是为实现企业的战略任务和经营目标服务。这是一条最基本的原则。组织结构的全部设计工作必须以此作为出发点和归宿点，即企业任务、目标同组织结构之间是目的与手段的关系；衡量组织结构设计的优劣要以是否有利于实现企业任务、目标作为最终的标准。从这一原则出发，当企业的任务、目标发生重大变化时，例如，从单纯生产型向生产经营型、从内向型向外向型转变时，组织结构必须做相应的调整和变革，以适应任务、目标变化的需要。又如，进行企业结构改革时，必须从任务和目标的要求出发，该增则增，该减则减，避免单纯地把精简结构作为改革的目的。

（二）专业分工和协作原则

现代企业的管理，工作量大，专业性强，分别设置不同的专业部门，有利于提高管理工作的质量与效率。在合理分工的基础上，各专业部门只有加强协作与配合，才能保证各项专业管理工作的顺利开展，达成组织的整体目标。贯彻这一原则，在组织设计中要十分重视横向协调问题。主要的措施有：

（1）实行系统管理，把职能性质相近或工作关系密切的部门归类，成立各个管理子系统，分别由各副总经理（副厂长、部长等）负责管辖。

（2）设立一些必要的委员会及会议来实现协调。

（3）创造协调的环境，提高管理人员的全局观念，增加相互间的共同语言。

（三）有效管理幅度原则

由于受个人精力、知识、经验条件的限制，一名管理者能够有效领导的直属下级人数是有一定限度的。有效管理幅度不是一个固定值，它受职务的性质、人员的素质、职能机构健全与否等条件的影响。这一原则要求在进行组织设计时，管理者的管理幅度应控制在一定水平，以保证管理工作的有效性。由于管理幅度的大小同管理层级的多少呈反比例关系，这一原则要求在确定企业的管理层级时，必须考虑到有效管理幅度的制约。因此，有效管理幅度也是决定企业管理层级的一个基本因素。

（四）集权与分权相结合原则

企业组织设计时，既要有必要的权力集中，又要有必要的权力分散，两者不可偏废。集权是大生产的客观要求，有利于保证企业的统一领导和指挥，有利于人力、物力、财力的合理分配和使用。而分权是调动下级积极性、主动性的必要组织条件。合理分权有利于基层根据实际情况迅速而正确地做出决策，也有利于上层摆脱日常事务，集中精力抓重大问题。因此，集权与分权是相辅相成的，是矛盾的统一。没有绝对的集权，也没有绝对的分权。企业在确定内部上下级管理权力分工时，主要应考虑的因素有企业规模的大小、企业的生产技术特点、各项专业工作的性质、各单位的管理水平和人员素质的要求等。

（五）稳定性和适应性相结合原则

稳定性和适应性相结合原则要求组织设计时，既要保证组织在外部环境和企业任务发生变化时，能够继续有序地正常运转，又要保证组织在运转过程中，能够根据变化的情况做出相应的变更，具有一定的弹性和适应性。为此，需要在组织中建立明确的指挥系统、责权关系及规章制度；同时又要选用一些具有较好适应性的组织形式和措施，使组织在变动的环境中具有一种内在的自动调节机制。

（六）权力与责任对等原则

权力是指在规定的职位上可以行使的权力。领导人员率领下属人员去完成某项工作，必须拥有包括指挥、命令等在内的各种权力。

责任是指在接受职位、职务后必须履行的义务。在任何工作中，权与责都必须大致对等。更移责任时，必须同时更移与责任相应的权力；更移权力时，必须同时更移与权力相应的责任。如果要求一个经理履行某些责任，就要授予他充分的权力以促使他更好地履行责任。

（七）精干高效原则

要机构精简，队伍精干。机构精简即对管理业务进行具体分析，减少业务中的重复环节。队伍精干即设置必要的、胜任的工作人员，调整不必要的、不胜任的工作人员，减少机构的管理费用。

（八）效果和效率原则

效果是指组织各机构的活动要有成效、有效果。组织不但要能保证企业生产经营活动的进行，同时要使活动有成果。要确立组织目标，集中主要力量于主要目标，不断解决问题，争取更大的效果。效率是指在单位时间内取得成果的速度，反映在单位时间内取得成果的过程中。各种物质资源的利用程度，工人的劳动效率，工作人员的工作效率，各部门、各层级的工作效率，整个组织的工作效率等各方面，都反映组织结构的效率。效率不高，反应迟缓，说明整个结构或结构的某些方面已经不适应客观要求。

二、组织结构设计的方法

企业内部的部门是承担某种职能模块的载体，按一定的原则把它们组合在一起，便表现为组织结构。

（一）组织结构的影响因素分析

1. 企业环境

企业面临的环境特点对组织结构中职权的划分和组织结构的稳定有较大的影响。如果企业面临的环境复杂多变，有较大的不确定性，就要求在划分权力时给予中下层管理人员较多的经营决策权和随机处理权，以增强企业对环境变动的适应能力。如果企业面临的环境是稳定的、可把握的，对生产经营的影响不太显著，则可以把管理权较多地集中在企业领导者手里，设计比较稳定的组织结构，实行程序化、规模化管理。

2. 企业规模

一般而言，企业规模小，管理工作量小，为管理服务的组织结构也相应简单；企业规模大，管理工作量大，需要设置的管理机构多，各机构间的关系也相对复杂。可以说，组织结构的规模和复杂性是随着企业规模的扩大而相应增长的。

3. 企业战略目标

企业战略目标与组织结构之间是作用与反作用的关系，有什么样的企业战略目标就有什么样的组织结构，同时企业的组织结构又会对企业的战略目标和政策产生很大的影响。在进行组织结构设计和调整时，只有对本企业的战略目标及其特点进行深入的了解和分析，企业才能正确选择组织结构的类型和特征。

4. 信息沟通

信息沟通贯穿管理活动的全过程，组织结构功能的大小在很大程度上取决于它能否获得信息、能否获得足够的信息以及能否及时地利用信息。

总之，组织结构设计必须认真研究上述四个方面的影响因素，并与之保持相互衔接和相互协调，究竟主要应考虑哪个因素，视企业具体情况而定。一个较大的企业，其整体性的结构模式和局部性的结构模式可以是不同的。例如，在整体上可以是事业部制结构，在某个事业部内则可以采用职能制结构。因此，不应该把不同的结构模式截然对立起来。

（二）职能设计

一般来说，不论选择什么样的组织结构，对职能的分析与设计都是必不可少的。

职能设计是进行组织结构设计的首要步骤，是指根据组织的目标来确定组织应该具备哪些基本的职能及其结构。职能设计在职能分析的基础上进行，包括基本职能设计和关键职能设计。

1. 基本职能设计

基本职能设计是根据组织设计的权变因素如环境、战略、规模、员工素质等，确定特定企业应具备的基本职能。而企业的行业特点、技术特点及外部环境特点制约并调整着基本职能的设计，例如企业的财务、研发、生产、销售及售后服务等职能设计。

2. 关键职能设计

关键职能设计就是在生产、技术、开发、销售、财务、人事等基本职能中，将对实现企业任务和战略起关键作用的职能部门找出来。在结构设置上，不是平起平坐，而是要突出关键部门的作用。关键职能部门在人员配备及职权上要比其他部门高，在人力、物力、财力上都要被赋予更大的权限和责任。把关键职能提高到决策层，让它有指挥权、否决权，这是组织成功的重要条件。不同的企业，不同的经营战略，关键职能部门是不一样的。常见的关键职能设计有以下几种：

（1）以质量为中心的企业把质量管理部门作为一个关键职能部门看待。譬如，海尔就是以质量取胜、把质量作为品牌优势的企业。它对质量管理非常重视，在组织结构设计中设计了质量管理部门，即质量管理委员会（总经理直接领导下的一个直属委员会），把它作为一个决策机构来考虑。质量管理委员会研究提高产品质量的措施，经其主任即总经理同意后，以总经理的名义颁布实施。这时，质量管理部门就不再是一个简单的部门，而是对企业发展有重要影响力的关键职能机构。

（2）以开发为中心，突出对新产品、新技术的研发职能。这样的企业会设立开发部门，主要靠研发引领企业发展。这种关键职能常见于高新技术行业，譬如电子计算机制造企业、精密仪表企业、生物工程企业等。

（3）以销售为中心的企业常把销售部门作为关键职能部门。这个模式多适用于轻工企业，如服装、食品、造纸等。这种轻工企业基本都以销售为中心，将销售部门作为关键部门。因为轻工企业的技术、生产都不是很难，关键是要有销路，销路打开了，销售渠道畅通了，企业就会掌握自身发展的主动权。曾在 20 世纪 80 年代后期红极一时的石家庄造纸厂厂长马胜利承包前是销售科长，他看其他厂长一直不能扭转企业亏损局面，自告奋勇出来承包，把销售科的位置提高了，经营也就见成效了。

(三) 部门设计

部门化是组织管理的基础，进行部门设计就是要在合理确定权力边界、责任边界的基础上，按照人数、地域、产品、流程、职能、顾客群体、职能等维度划分部门。常见的部门划分方法如下。

1. 按人数划分

按人数划分是按照组织中人数的多少来划分部门，即抽取一定数量的人员在主管人员的指挥下去执行一定的任务。这是最原始、最简单的划分方法，军队中某一兵种的师、旅、团、营、连、排、班就是以这种方法划分的。

2. 按地域方位划分

按地域划分就是按经营业务的区位来划分部门。销售类组织通常根据地域划分部门，譬如北美市场、东南亚市场、大中华市场，或者按华东、华北、西北、东北等地域划分部门。如果一个公司的顾客分布地域较广，这种部门化方法就有其独特的价值。

3. 按产品划分

按产品划分即按组织向社会提供的产品和服务的不同来划分部门。它是随着科学技术的发展，为了适应新产品的生产而产生的。这种方法的主要优点在于提高产品或绩效的稳定性，因为公司中与某一特定产品有关的所有活动都由同一主管指挥。如果一个组织的活动是与服务而不是产品有关，每一种服务活动就可以自然地进行分工。这种划分方法有利于发挥专用设备效益，发挥个人的技能和专业知识，并有利于部门内的协调。但是它要求更多的人具有全面管理的能力，各产品部门独立性较强而整体性较差。

4. 按地区划分

按地区划分就是按照企业活动分布的地区来划分部门。这种划分能够调动地方、区域的积极性，因地制宜，谋取地方化经营的最佳经济效果。但是由于地域的分散性，增加了主管部门控制的困难，容易出现各自为政的局面，不利于企业总体目标的实现。这种划分方法多用于大型集团公司和跨国公司。

5. 按流程划分

按流程划分就是按照企业提供产品和服务所经历的不同阶段来划分。譬如，按照原材料的采购供应、生产加工、销售推广、售后服务，依次分为采购部、生产部、销售部等。

6. 按顾客划分

按顾客划分即顾客部门化越来越受到重视。它是基于顾客需求的一种划分方法，即按组织服务的对象类型来划分部门。譬如，产销办公设备的公司可下设三个部门：零售服务部、批发服务部、政府部门服务部。根据顾客类型来划分部门的理论假设是，每个部门的顾客存在共同的问题和要求，因此通过为他们分别配置有关专家，能够满足他们的需要。

以上我们仅列举了组织在实现目标过程中划分部门的基本方法，在现实的管理活动中，企业部门的划分方法往往不是单一的，而是以上多种方法的结合，即常常使用混合的方法划分部门。

(四) 岗位设计

岗位设计也称职位设计，是在工作任务细分的基础上，给员工分配所要完成的任务，并规定员工的责任和职责。岗位设计的科学性直接决定着人力资源管理工作的有效性，决定着人力资源管理工作效用的发挥。管理人员在岗位设计时，应有意识地为提高员工的积极性而改变岗位设计。岗位设计的方法概括起来有以下几种。

1. 岗位专业化

岗位专业化盛行于 20 世纪上半叶，它是以亚当·斯密的分工理论和弗雷德里克·泰勒的科学管理理论为前提而出现的。岗位专业化就是将工作进行细分，使其专业化，这样员工承担的工作往往是范围狭小和极其有限的。

2. 岗位轮换制

为了缓和工人对简单重复工作的不满情绪，许多组织开始实行岗位轮换制。岗位轮换制是指员工可以在不同的岗位上定期轮换。通过这一方法可以拓宽员工的工作领域，使员工获得新的技能，为员工在企业的进一步发展奠定基础。

3. 岗位丰富化

继梅奥人际关系学说之后，行为组织理论对管理实践产生了较大影响，满足员工的需求成为岗位设计的主导因素。岗位丰富化又称为垂直职务承载，它充实了工作内容，增加了职务深度，使岗位设计更具有挑战性、成熟感、责任感和自主性，从而提高了员工的满意度和工作积极性。岗位丰富化的具体办法有：改变领导者的控制程度，提高员工的自主性和独立性；赋予员工更多的责任，使员工对工作拥有更多的支配权；提供员工培训的机会，以满足他们个人发展的需要等。

4. 岗位扩大化

岗位扩大化是指拓展工作的外围边界，为员工提供更多的工作接触机会。相对于岗位丰富化来说，它主要是指员工的岗位范围增大，是工作范围的水平扩展，因此又称为水平职务承载。岗位扩大化赋予员工更多的工作自主权，例如做出决策权和控制权。

第 3 节　传统组织结构类型

原则上每一个企业的组织结构都是独一无二的，特别是在考虑到组织结构的运行因素时更是这样。但是就企业组织结构的整体架构而言，目前比较典型的组织结构主要有直线制、职能制、事业部制、矩阵制、混合制等几种形式。另外根据组织关键职能的不同，还可以分出创新型组织、控制型组织和沟通型组织的设计。

一、直线制

直线制组织结构是最简单和最基础的组织形式。它的特点是企业各级单位从上到下实行垂直领导，呈金字塔结构。直线制组织结构中下属部门只接受一个上级的指令，各级主管负责人对所属单位的一切问题负责。

其优点是一个下级只受一个上级领导管理，上下级关系简明清晰，层级制度严格明确，保密性好，决策与执行工作有较高效率；管理沟通的信息来源与基本流向固定，管理沟通的渠道也简单固定，管理沟通的速度和准确性在客观上有一定保证。缺点是管理无专业分工，各级管理者必须是全能管理者，负担较重，当企业较大时难以有效领导与管理；管理沟通的信息来源与基本流向被管理者死死控制，并且管理沟通的速度和质量严重依赖直线中间的各个点，信息容易被截取或增删，造成管理沟通不顺畅或失误。

这种组织结构适用于企业规模不大、员工人数不多、生产和管理工作都比较简单的情况或现场作业管理，也适用于中小型项目。在人数不多的小企业或信息需要严格分层保密的组织如军队中，直线制组织结构与链型沟通渠道模式可以简化管理与沟通过程，有助于产生较高的组织工作效率与效益。

二、职能制

职能制是指行政组织同一层级横向划分为若干个部门，每个部门业务性质和基本职能相同，但互不统属、相互分工合作的组织体制。职能制的优点是行政组织按职能或业务性质分工管理，选聘专业人才，发挥专业特长的作用；利于业务专精，思考周密，提高管理水平；同类业务划归同一部门，职有专司，责任确定，利于建立有效的工作秩序，防止顾此失彼和互相推诿。缺点是不便于行政组织间各部门的整体协作，容易形成部门间各自为政的现象，使行政领导者难以协调。单纯的职能制很难存在，所以它往往与直线制相结合，形成所谓的直线职能制。职能制组织结构图如图6-3所示。

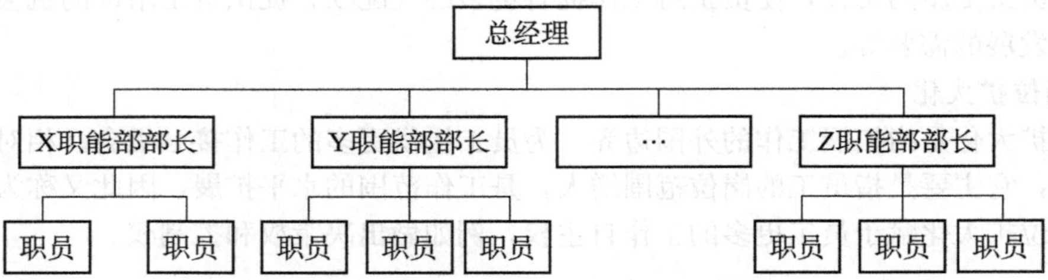

图6-3 职能制组织结构图

三、直线职能制

（一）直线职能制的由来

直线职能制组织结构是现实中运用最为广泛的一种组织形态，它把直线制结构与职能制结构结合起来，以直线为基础，在各级行政负责人之下设置相应的职能部门，分别从事专业管理，作为该领导者的参谋，实行主管统一指挥与职能部门参谋、指导相结合。直线职能制组织内部既有保证组织目标实现的直线部门，也有按专业分工设置的职能部门，但职能部门在这里的作用是作为该级直线领导者的参谋和助手，不能对下级部门发布命令。

（二）主要特点

（1）各级管理机构和人员实行高度的专业化分工，各自履行一定的管理职能。因此，每一个职能部门所开展的业务活动均为整个组织服务。

（2）实行直线-参谋制。整个管理系统划分为两大类机构和人员：一是直线指挥机构和人员，对其直属下级有发号施令的权力；二是参谋机构和人员，其职责是为同级直线指挥人员出谋划策，对下级单位不能发号施令，而是起业务上的指导、监督和服务作用。

（3）企业管理权力高度集中。由于各个职能部门和人员都只负责某一个方面的职能工作，唯有最高领导层才能纵观企业全局，因此，经营决策权必然集中于最高领导层。

（三）主要优点

（1）由于按职能划分部门，其职责容易明确规定。

（2）每一个管理人员都固定地归属于一个职能结构，专门从事某一项职能工作，在此基础上建立的部门间联系能够长期不变，这就使整个组织系统具有较高的稳定性。

（3）各部门和各类人员实行专业化分工，有利于管理人员注重并熟练掌握本职工作所需的技能，有利于强化专业管理，提高工作效率。

（4）管理权力高度集中，便于最高领导层对整个企业实施严格的控制。

（四）主要缺点

（1）横向协调差。高度的专业化分工以及稳定性使各职能部门的眼界比较狭窄，它们往往片面强调本部门工作的重要性，希望提高本部门在组织中的地位，十分重视维护本部门的利益，特别致力于提高本部门的工作效率。因此，容易产生本位主义、分散主义，造成许多摩擦和内耗，使职能部门之间的横向协调比较困难。

（2）适应性差。由于人们主要关心自己狭窄的专业工作，这不仅使部门之间的横向协调困难，而且妨碍相互间的信息沟通，高层决策在执行中也往往被狭隘的部门观点和利益曲解，或者受阻于部门隔阂而难以贯彻。这样，整个组织系统就不能对外部环境的变化及时做出反应。

（3）企业领导负担重。在直线职能制结构条件下，部门之间的横向协调只有企业高层领导者才能解决，加之经营决策权又集中在他们手中，企业高层领导者的工作负担十分重，容易陷入行政事务之中，无暇深入研究和妥善解决重大的经营问题。

（4）不利于培养素质全面、能够经营整个企业的人才。由于各部门的主管人员属于专业职能人员，工作本身限制着他们扩展自己的知识、技能和经验。而且，他们养成了注重部门工作与目标的思维方式和行为习惯，难以胜任也不适合担任对企业全面负责的高层领导工作。

（五）适用范围

（1）中小型、产品品种比较单一、生产技术发展变化较慢、外部环境比较稳定的企业。具备以上特性的企业，其经营管理相对简单，部门较少，横向协调的难度小，对适应性的要求较低，因此直线职能制结构的缺点不突出，而优点却能得到较为充分的发挥。

（2）当企业规模、内部条件的复杂程度和外部环境的不确定性超出了直线职能制结构所允许的限度时，固然不应再采用这种结构形式，但在组织的某些局部，仍可部分运用这种按职能划分部门的方法。例如，在分权程度很高的大企业中，组织的高层往往设有财务、人力资源等职能部门，这既有利于保持重大经营决策所需要的必要集权，也便于让这些部门为整个组织服务；同时，在组织的作业管理层，也可根据具体情况程度不同地运用设置职能部门或人员的做法，保证生产效率的稳定和提高。

但在实际工作中，直线职能制有过多强调直线指挥，而对参谋职权注意不够的倾向，应该注意规避。由于这种组织结构形式具有以上优点，它在各国的组织中被普遍采用，而且采用的时间也较长。我国时下大多数企业，甚至机关、学校、医院等一般也都采用直线职能制结构。

四、事业部制

（一）事业部的由来

事业部制结构最早起源于美国通用汽车公司。20世纪20年代初，通用汽车公司合并收购了许多小公司，企业规模急剧扩大，产品种类和经营项目增多，而内部管理却很难理顺。当时担任通用汽车公司常务副总经理的斯隆参考杜邦化学公司的经验，以事业部制的形式于1924年完成了对原有组织的改组，使通用汽车公司的整顿和发展获得了很大的成功，成为实行事业部制的典型，因而事业部制又称“斯隆模型”。

一般来说，事业部制就是按照企业所经营的事业，包括按产品、按地区、按顾客（市场）等来划分部门，设立若干事业部。事业部是在企业宏观领导下，拥有完全的经营自主权，实行独立经营、独立核算的部门，既是受公司控制的利润中心，具有利润生产和经营管理的职能，也是产品责任单位或市场责任单位，对产品设计、生产制造及销售活动负有统一领导的职能。事业部制组织结构图如图6-4所示。

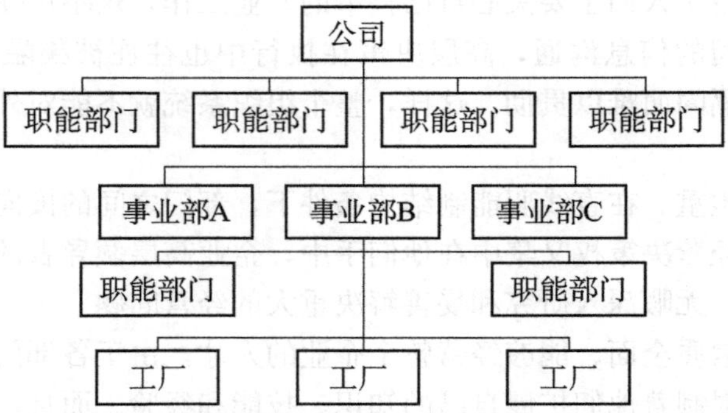

图6-4 事业部制组织结构图

（二）事业部制的主要特点

1. 相对独立的业务或经营范围

按企业的产出将业务活动组合起来，成立专业化的生产经营管理部门，即事业部。如产品品种较多、每种产品都能形成各自市场的大企业，可按产品设置若干事业部，凡与该产品有关的设计、生产、技术、销售、服务等业务活动，均组织在这个产品事业部之中，由该事业部总管；在销售地区广、工厂分散的情况下，企业可按地区划分事业部；如果顾客类型和市场不同，还可按顾客（市场）成立事业部。这样，每个事业部都控制自己的产品或服务的生产经营全过程，为企业贡献一份利润。

2. 相对独立的经营自主权

在纵向关系上，按照“集中政策，分散经营”的原则，处理企业最高领导层与事业部之间的关系。实行事业部制，企业最高领导层要摆脱日常的行政事务，集中力量研究和制定企业发展的各种经营战略和经营方针，而把最大限度的管理权限下放到各事业部，使它们能够依据企业的经营目标、政策和制度，完全自主经营，充分发挥各自的积极性和主动性。例如，通用汽车公司当初按照斯隆模型改组后，各事业部出售汽车的价格在公司规定的价格幅度内，除此之外，事业部是完全自治的。

3. 相对独立的利润核算

在横向关系方面，各事业部均为利润中心，实行独立核算。这就是说，实行事业部制，就意味着把市场机制引入企业内部，各事业部间的经济往来将遵循等价交换原则，结成商品货币关系。

4. 事业部内以职能制结构为基础

企业高层和事业部内部仍然按照职能制结构进行组织设计。从企业高层组织来说，为了实现集中控制下的分权，提高整个企业管理工作的经济性，要根据具体情况设置一些职能部门，如资金供应和管理、科研、法律咨询、公共关系、物资采购等。从事业部来说，为了经营自己的事业，也要建立管理机构。因事业部规模小，产品单一，故一般采用职能制结构。由此可见，事业部制与职能制结构相比，主要区别在于其企业最高层领导下的第一级部门，是按照事业部分设还是按照职能部门分设。

（三）事业部制的主要优点

（1）每个事业部都有自己的产品和市场，能够规划其未来发展，也能灵活自主地根据市场出现的新情况迅速做出反应，所以，这种组织结构既有高度的稳定性，又有良好的适应性。

（2）权力下放，有利于最高领导层摆脱日常行政事务和直接管理具体经营工作的繁杂事务，成为坚强有力的决策机构，同时又能使各事业部发挥经营管理的积极性和创造性，提高企业的整体效益。

（3）事业部经理虽然只负责领导一个比所属企业小得多的单位，但是由于事业部自成系统，独立经营，相当于一个完整的企业，所以，他能经受企业高层管理者面临的各种考验。显然，这有利于培养全面管理人才，为企业的未来发展储备干部。

（4）事业部作为利润中心，便于建立衡量事业部及其经理工作效率的标准，进行严格的考核，易于评价每种产品对公司总利润的贡献大小，用以指导企业发展的战略决策。

（5）按产品划分事业部，便于组织专业化生产，采用专用设备，形成经济规模，并能使个人的技术和专业知识在生产和销售领域得到最大限度的发挥，因而有利于提高劳动生产率和企业经济效益。

（6）各事业部之间可以有比较、有竞争，由此而增强企业活力，促进企业全面发展。

（四）事业部制的主要缺点

事业部制的缺点可能体现在以下几个方面：

第一，总部、事业部职能部门重合，机构庞大，一定程度上增加了费用开支。

第二，由于各事业部利益的独立性，容易滋长本位主义。同时，对公司总部的管理工作要求较高，否则容易失控。

第三，各事业部分区独立经营容易导致无效沟通，各自为战，争夺资源，不利于整体利益的最大化。

第四，各地区都需要大量的管理人员，造成人才浪费。

第五，产品品种增多时，难以协调多种产品的经营活动。

（五）最常见的两种事业部

1. 产品事业部

按照产品或产品系列组织业务活动，在经营多种产品的大型企业中日益普遍。产品部门化主要是以企业所生产的产品为基础，将生产某一产品有关的活动，完全置于同一产品部门内，再在产品部门内细分职能部门，进行该产品的生产工作。这种结构形态在设计中往往将一些共用的职能集中，由上级委派以辅导各产品部门，做到资源共享。

产品部门化的优点是：有利于采用专业化设备，并能使个人的技术和专业化知识得到最大限度的发挥；每一个产品部门都是一个利润中心，部门经理承担利润责任，这有利于总经理评价各部门的业绩；在同一产品部门内有关的职能活动协调比较容易，比完全采用职能部门管理更有弹性；容易适应企业的扩展与业务多元化要求。

产品部门化的缺点是：需要更多的具有全面管理才能的人才，而这类人才往往不易得到；每一个产品部门都有一定的独立权力，高层管理人员有时难以控制；对总部的各职能部门，例如人事、财务等，产品部门往往不会善加利用，以致总部一些服务不能得到充分的利用。

2. 区域事业部

对于在地理上分散的企业来说，按地区划分部门是一种比较普遍的方法。其原则是把某个地区或区域内的业务工作集中起来，委派一位经理来主管其事。按地区划分部门，特别适用于规模较大的公司，尤其是跨国公司。这种组织结构形态在设计上往往设有中央服务部门，如采购、人事、财务、广告等，向各区域提供专业性的服务。

区域部门化的优点是：责任到区域，每一个区域都是一个利润中心，每一个区域部门的主管都要负责该地区的业务盈亏；放权到区域，每一个区域有其特殊的市场需求与问题，总部放手让区域人员处理，会比较妥善、实际；有利于区域内部协调；对区域内顾客比较了解，有利于服务与沟通；每一个区域主管都要担负一切管理职能的活动，这对培养通才管理人员大有好处。

区域部门化的缺点是：随着地区的增加，需要更多具有全面管理能力的人员，而这类人员往往不易得到；每一个区域都是一个相对独立的单位，加上时间、空间上的限制，往往是“天高皇帝远”，总部难以控制；由于总部与各区域天各一方，难以维持集中的经济服务工作。

五、子公司制和分公司制

（一）子公司制

1. 子公司制组织结构

子公司制是一种较为彻底的分权型组织形式。虽然母公司是子公司的持股公司，但子公司在法律上是完全独立的企业，拥有自己的一整套生产经营管理机构，自主经营，自负盈亏。因此母公司的行政机构比较简单，不直接负责子公司的任何决策。它掌握各子公司的经济效益状况，以便做出增加或减少投资的决定。对于子公司的控制，母公司主要是凭借股权，在董事会经营决策中发挥作用，并通过董事会任免子公司的总经理，由总经理来贯彻实施董事会的决策，最终实现母公司的战略意图。

实行跨行业多种经营的大型公司，由于各行业之间在生产技术和经营管理上差别很大，必须保证从事不同行业生产经营的各单位具有足够的独立性，能够根据行业特点开展各项业务活动。因此，适合采用子公司分权型，借以扩大经营范围，减少投资风险，发挥子公司的创造性，提高各项事业的成功率。

2. 子公司与母公司的相互关系

母公司是指拥有另一公司一定比例以上的股份或通过协议方式能够对另一公司实行实际控制的公司。子公司是指一定比例以上的股份被另一公司拥有或通过协议方式受到另一公司实际控制的公司。

子公司受母公司的实际控制。所谓实际控制，是指母公司对子公司的一切重大事项拥有实际上的决定权，其中尤为重要的是能够决定子公司董事会的组成。在未经他人同意的情况下，母公司自己就可以通过行使权力而任命董事会的多名董事。某些信托机构虽然拥有公司的大量股份，但并不参与对公司事务的实际控制，因而不属于母公司。

母公司与子公司之间的控制关系是基于股权的占有或控制协议。根据股东大会多数表决原则，拥有股份越多，越能够取得对公司事务的决定权。因此，一家公司如果拥有了另一家公司 50%以上的股份，就必然能够对该公司实行控制。但实际上由于股份的分散，只要拥有一定比例以上的股份，就能够获得股东大会表决权的多数，取得控制的地位。除了股份控制方式，通过订立某些特殊契约或协议而使某一公司处于另一公司的支配之下，也可以形成母公司、子公司的关系。

母公司、子公司各为独立的法人。虽然子公司处于受母公司实际控制的地位，许多方面都要受到母公司的管理，有的甚至类似母公司的分支机构，但法律上，子公司仍是具有法人地位的独立公司，它有自己的公司名称和公司章程，并以自己的名义进行经营活动，其财产与母公司的财产彼此独立，有各自的资产负债表。在财产责任上，子公司和母公司也各以自己所有财产为限承担各自的财产责任，互不连带。但是，母公司只要通过较少的资本就可以利用子公司的资本购买别的公司，组建起金字塔形的公司集团模式。

（二）分公司制

分公司是与总公司或本公司相对应的一个概念。许多大型企业的业务分布于全国各地甚至许多国家，直接从事这些业务的是公司所设置的分支机构或附属机构，这些分支机构或附属机构就是所谓的分公司。而公司本身则称为总公司或本公司。

分公司与总公司的关系虽然同子公司与母公司的关系有些类似，但分公司的法律地位与子公司完全不同，它没有独立的法律地位。

分公司是总公司下属的直接从事业务经营活动的分支机构或附属机构。虽然分公司有公司字样，但它不是真正意义上的公司。因为分公司不具有企业法人资格，不具有独立的法律地位，不独立承担民事责任。

分公司的特征具体表现为：分公司没有自己的独立财产，其实际占有、使用的财产是总公司财产的一部分，列入总公司的资产负债表中；分公司不独立承担民事责任；分公司不是公司，它的设立不用依照公司设立程序，只要在履行简单的登记和营业手续后即可成立；分公司没有自己的章程，没有董事会等形式的公司经营决策和业务执行机关；分公司名称只要在总公司名称后加上分公司字样即可。

（三）分公司和子公司的区别

1. 法人地位不同

子公司是独立的法人，拥有自己独立的名称、章程和组织结构，对外以自己的名义进行活动，在经营过程中发生的债权债务由自己独立承担。分公司则不具备企业法人资格，没有独立的名称，其名称应冠以隶属公司的名称，由隶属公司依法设立，只是隶属公司的一个分支机构。

2. 成立方式不同

母公司对子公司的控制必须符合一定的法律条件。母公司对子公司的控制一般不是采取直接控制，更多地是采用间接控制方式，即通过任免子公司董事会成员和控制投资决策来影响子公司的生产经营决策。而分公司则不同，其人事、业务、财产受隶属公司直接控制，在隶属公司的经营范围内从事经营活动。

3. 承担债务的责任方式不同

母公司作为子公司的最大股东，仅以其对子公司的出资额为限对子公司在经营活动中的债务承担责任；子公司作为独立的法人，以子公司自身的全部财产为限对其经营负债承担责任。分公司由于没有自己独立的财产，与隶属公司在经济上统一核算，因此其经营活动中的负债由隶属公司负责清偿，即由隶属公司以其全部资产为限对分公司在经营中的债务承担责任。

（四）子公司与分公司设置的考虑：税收角度

子公司与分公司是现代大公司经营组织的重要形式。一家公司为什么安排它的某些附属单位作为子公司，而另一些附属单位又作为分公司？这恐怕最主要是从税收筹划的角度来分析的，因为在市场竞争日趋激烈的条件下，一切合法的有利于提高企业经济效益的措施均是企业考虑的重点，而选择有利于纳税优惠的组织形式，正是达到这一目标的重要途径之一。

世界各国（包括我国）对子公司和分公司在税收待遇等方面存在许多不同的规定，这就为企业或跨国公司设立附属企业的组织形式提供了选择空间。一般来说，设立子公司有如下好处：

（1）在东道国同样只负有限的债务责任（有时需要母公司担保）。

（2）子公司向母公司报告企业成果只限于生产经营活动方面，而分公司则要向总公司报告全面情况。

（3）子公司是独立法人，其所得税计征独立进行。子公司可享受东道国给其居民公司提供的包括免税期在内的税收优惠待遇，而分公司由于是作为隶属公司的组成部分之一派驻国外，东道国大多不愿为其提供更多的优惠。

（4）东道国所适用税率低于居住国时，子公司的累积利润可得到递延纳税的好处。

（5）子公司利润汇回母公司要比分公司灵活得多，这等于母公司的投资所得、资本利得可以持留在子公司，或者选择税负较轻的时候汇回，得到额外的税收利益。

（6）许多国家对子公司向母公司支付的股息规定减征或免征预提税。

设立分公司的好处一般有：

（1）分公司一般便于经营，财务会计制度的要求也比较简单。

（2）分公司承担的成本费用可能要比子公司节省。

（3）分公司不是独立法人，只有流转税在所在地缴纳，利润由总公司合并纳税。在经营初期，分公司往往出现亏损，但其亏损可以冲抵总公司的利润，减轻税收负担。

（4）分公司交付给总公司的利润通常不必缴纳预提税。

（5）分公司与总公司之间的资本转移因不涉及所有权变动，不必负担税收。

可见，子公司和分公司的税收利益存在较大差异，公司企业在选择组织形式时应仔细比较、统筹考虑、正确筹划。

□ 本章小结

组织结构设计就是在组织目标指引下，纵向合理设定组织的管理层级、管理职能，横向合理设定组织的部门、岗位，并且明确各管理层级、各部门、各岗位之间的责权关系、协作关系，并使其在企业的战略目标实现过程中，获得最佳的工作业绩。

组织结构设计要遵循任务与目标原则、专业分工和协作原则、有效管理幅度原则、集权与分权相结合原则、稳定性和适应性相结合原则、权力与责任对等原则、精干高效原则、效果和效率原则。

没有最好的组织结构，只有最适宜的组织结构。组织结构设计时要侧重分析设计以下 6 个关键因素：工作专门化、部门化、命令链、管理幅度、集权与分权、正规化。职能设计重在突出关键职能，部门设计重在确定责任边界。

传统企业组织结构的主要类型有直线制、职能制、直线职能制、事业部制、子公司制等。企业在不同发展阶段应该采用不同的组织结构。

□ 关键术语

组织结构　组织设计　直线制　职能制　事业部制　子公司制　分公司制

□ 复习题

1. 什么是组织结构设计？
2. 工作专门化有何利弊？
3. 组织结构设计应遵循怎样的原则？
4. 职能设计应注意哪些问题？
5. 部门设计有哪些维度？
6. 事业部制有何特点？
7. 子公司与分公司有何异同？
8. 如何看待组织中的集权与分权？

案例分析

百度调整组织结构

2016 年 4 月 13 日晚间消息，百度董事长兼首席执行官李彦宏通过内部邮件宣布，自即日起，百度将成立“百度搜索公司”，搜索业务群组总经理向海龙出任新公司总裁，向李彦宏汇报。

百度搜索公司下辖搜索业务群组（SSG）、移动服务事业群组（MSG）、糯米事业部。向海龙同时兼任搜索业务群组总经理、公司副总裁，MSG 总经理李明远转向向海龙汇报，副总裁曾良继续担任糯米事业部总经理，向向海龙汇报。

此次调整之后，李彦宏将把更多的时间和精力放在互联网金融、无人车、人工智能等创新业务上，同时更多地从战略层面关注内容生态、服务生态、金融生态的布局和建设。

近年来，百度进行了几次业务架构调整：2015 年 2 月，调整为移动服务事业群组、搜索业务群组及新兴业务群组（EBG）；2015年12月，宣布组建金融服务事业群组（FSG）。

据悉，百度此次组织结构重组不会改变股权结构。

成立百度搜索公司后，百度旗下的经营单位变成百度搜索公司、新兴业务群组和金融服务事业群组。

对于此次调整的原因，李彦宏解释称：“多年积累的人工智能，特别是深度学习方面的技术，正逐步在我们进入的各个领域发挥出无可替代的作用。互联网金融服务、无人车、开放云……一系列新业务的诞生，标志着我们开启了新的征程，在更广阔的领域开疆扩土。”也就是说，百度将在原有以搜索为核心业务的事业群组外，利用人工智能和深度学习，在其他领域进行开拓。

实际上，百度此举类似谷歌2015年做出的结构调整。

2015年8月，谷歌宣布进行内部组织结构调整，正式成立母公司Alphabet，时任公司首席执行官的拉里·佩奇出任母公司Alphabet的首席执行官。谷歌成为Alphabet旗下子公司，主要专注于搜索相关的主营业务，原高级副总裁桑达尔·皮猜出任谷歌公司首席执行官。

对比而言，百度虽然并没有造一个母公司，但实际上采用了跟谷歌类似的结构调整方法。

对于谷歌的调整，佩奇当时解释称，重组公司的主要目的是扩大管理范围，独立运营一些并不非常相关的业务。

不过，创新工场董事长李开复则对谷歌结构调整有进一步解读。这位谷歌前大中华区总裁于2018年2月带领中国创业者对硅谷包括谷歌在内的重要公司进行了为期半个月的考察，并和谷歌首席执行官皮猜进行了交流。在评价谷歌的结构调整时，他向新浪科技评论称：谷歌这么做看起来是要造一个“机器大脑”出来，原先搜索获得的搜索数据，通过“机器大脑”的人工智能和深度学习神经网络的相关计算，可以应用到各个垂直领域，比如医药健康、金融股票等。

而百度方面，在人工智能和深度学习领域虽然不能全方位与谷歌相提并论，但就人工智能所需要的计算能力和大数据，百度也有自己的优势。

现百度首席科学家吴恩达曾多次公开阐释自己从谷歌“跳槽”百度的原因：如果把人工智能和深度学习比作发射火箭，那么大数据是其中必备的燃料，而来自中国的百度在这方面享有优势，有利于自己未来的研究。

目前，百度人工智能方面的突破主要集中在语音和无人车两方面。语音方面获得了麻省理工学院（MIT）颁发的年度奖项，无人车方面则顺利完成了首次路测，并成立了自动驾驶事业部。该事业部负责人、百度高级副总裁王劲在接受采访时表示，人工智能在百度不仅应用于无人车方面，而且已经开始尝试与金融投资等进行结合。在成立百安保险时，李彦宏还表示百度进军保险金融行业的优势在于大数据和人工智能，这些优势能够让保险更“精准”。这一说法也得到合作方安联保险的认可，其负责人表示，百安保险是一次“技术”和“保险”领域的强强联合。

值得一提的是，2016年2月，百度刚进行了组织结构调整，新成立了金融服务事业群组。当时有评论称，该调整是为了突出金融业务，对标阿里巴巴的蚂蚁金服。

以下为李彦宏内部邮件全文：

各位百度同学，大家好！

一直以来，百度都以“让人们最平等便捷地获取信息，找到所求”作为自己的使命，在“连接人与信息”和“连接人与服务”方向上不断探索、力求为用户提供更好的产品与服务。过去 3 年多时间，在所有同学的共同努力下，我们成功实现了从个人电脑搜索到移动搜索的转型，并在 O2O 领域有了长足的进展，在市场上站稳了脚跟。多年积累的人工智能，特别是深度学习方面的技术，正逐步在我们进入的各个领域发挥出无可替代的作用。互联网金融服务、无人车、开放云……一系列新业务的诞生，标志着我们开启了新的征程，在更广阔的领域开疆扩土。我们的创新步伐不会停止，同时我们也需要更强大的搜索业务作为快速前行的坚实基础。2016 年以来，公司层面反复强调协同创新，资源整合，集中力量办大事，为了实现内容生态和服务生态的双繁荣，集团公司决定整合 SSG 和 MSG，组建新的百度搜索公司。即日起，任命公司高级副总裁向海龙为百度搜索公司总裁，下辖 SSG、MSG、糯米事业部。海龙同时兼任 SSG 总经理，公司副总裁、MSG 总经理李明远转向海龙汇报，副总裁曾良继续担任糯米事业部总经理，向海龙汇报。海龙继续向我汇报。

在与海龙密切配合的同时，我会把更多的时间和精力放在互联网金融、无人车、人工智能等创新业务上，同时更多地从战略层面关注内容生态、服务生态、金融生态的布局和建设。

明远是百度自己培养起来的年轻管理者，带领 MSG 在移动转型路上做出了很大的贡献。希望明远在未来能够与海龙紧密合作，在更具挑战的战场上敢拼敢打，做出更大的成绩。

期待我们大家团结一致，再接再厉，在百度未来的道路上开拓进取，为实现“让人们平等、便捷地获取信息，找到所求”这一使命，贡献重要力量！

资料来源：郭雨萌．百度又有新姿势，再次调整公司架构成立百度搜索公司．[2016-04-13]．http：//36kr.com/p/5045898.html.

思考题

1. 百度为何要频繁调整组织结构？
2. 有没有一种单一的组织结构适合百度？

第 7 章 信息时代组织结构设计的发展趋势

导读案例

为什么要用市场化网络组织打破科层制

“移动互联网时代，没有企业是不被影响的，只在于冲击的程度大小和速度快慢，企业应当保持一种危机感。”中欧国际工商学院飞利浦人力资源管理教席教授杨国安举了个例子：一个做到全球第一的运钞车公司领导者需要担忧什么吗？移动互联网会影响到他的业务吗？

当人们兜里揣着的“超级电脑”——智能手机的功能变得越来越强大，第三方支付工具的使用场景日益增多、使用愈加便利时，人们去自动柜员机提现钞的频率也随之下降。想到这里，运钞车公司还能高枕无忧吗？

无论是在硅谷还是在中国，全球化都使得国内外的市场竞争更加激烈，创新技术不断涌现，消费者也随之变得日益挑剔。这些综合挑战使企业不得不思考如何构建持续性的竞争力，甚至颠覆自身已有的商业模式。

杨国安认为，与大规模重复生产、为效率和质量而严格流程标准化的工业经济时代不同，知识经济时代的核心是人才，因为工作的标准越来越脱离流程化，更多的是比拼创意。

创造一个培育和滋养人才的环境成为关键。移动互联网时代，个体价值的崛起也给企业带来如何打造新型组织关系和组织能力的现实问题。

由于外部环境发生嬗变，传统的管控式科层制组织不再能满足移动互联网时代的企业需求。科层制建立在马克斯·韦伯的组织社会学基础上，体现了德国式的社会科学与美国式的工业主义的结合。科层式组织层级多，团队规模大，分工精细，权力集中在高管手中，作业流程标准化，凡事需要层层审批，中层负责传递政策、传递信息和监督进度。杨国安认为，更适合移动互联网时代的企业管理模式应该是市场化网络组织，它强调以人才为关键形成责任、权利结合的闭环小团队，采用市场化机制作为团队业务合作和文化导向的目标。

“每个小团队像一支特种兵队伍，使命精准，每个成员都是精英，也不需要跨部门协作，研发、销售、运营等业务成员都处于一个团队中。”杨国安认为，移动互联对于企业的影响在于组织结构的扁平化、商业模式的去中心化。将来应该是“业务团队十后端平台”的管理模式，相对传统的后端平台主要起技术和职能的支撑作用，而业务团队的使命则在于快速决策、直面市场。

一家企业不能只有少数人在动脑筋，不能仅仅依靠管理者。只有以市场化的网络组织来运营，才有可能人尽其才。奖金利润与团队直接挂钩时，驱动力会极大增强，甚至连引入一个新人都要反复斟酌成本。

在这种状况下，来自外部控制的中层会逐渐消失，因为团队已经实现自我驱动。“以前领导者很忙，总是被很多人找，但这并不意味着他是一个好领导者，”杨国安表示，在扁平化的组织里，最高决策者只需要负责搭建生态圈、制定游戏规则和奖惩措施，剩下的放手给团队来做就行。

有一家名冠全球的芬兰手游公司 Supercell，它的 3 款手游长期占据 App Store 收入榜前十，公司被估值 55 亿美元。Supercell 由一支 6 人团队起步，奉行扁平化组织结构，每个员工和团队都是各自独立的细胞，研发线分散但是研发力量集中。

巨人网络董事长史玉柱 2015 年 11 月初去这家公司参观后感慨：“这个年利润 12 亿美元的手游跨国公司总共只有 168 人，一个公司不是人越多越好，而是越少越好。”有趣的是，当月下旬，巨人网络就开始大幅调整，将干部总数从 160 名降至 27 名，6 个管理层级削为 3 个。

杨国安表示，传统的金字塔形组织结构集权、层级多，而 Supercell 公司的倒金字塔形组织结构放权、层级少，这使得它能以机敏的精英小团队快速作战。事实上，这家手游公司诞生于 2010 年。

正如管理咨询大师拉姆·查兰所说，扁平化组织层级一定是大趋势，三级管理层级就够了，对于处在中间的管理层级来说，最终都会消失。

资料来源：芮益芳．为什么要用市场化网络组织打破科层制．[2016－02－29]．http：//www.ceconline.com/strategy/ma/8800080095/01/？pa _ art _ 4.

第 1 节　信息时代组织面临的挑战与应变

20 世纪的最后 20 年，世界范围内爆发了以计算机为载体的信息技术革命。这场革命使组织的生存环境发生了巨大的变化，给组织的生存和发展带来了严峻的挑战。

一、信息时代组织面临的挑战

（一）传统组织设计理念的不适应性

传统组织设计理论正式产生并盛行一般认为是在 19 世纪末 20 世纪初。在泰勒、法约尔、韦伯等人的古典组织理论指导下，组织被设计成高耸的金字塔形结构，它们的共同特点是：以专业化为基础进行劳动分工；采取严格的层级结构；规模庞大；高度集权化、正规化、复杂化；职责固定而清晰；与外部环境的竞争大于合作等。传统的组织设计形式是为了适应大工业生产体制，即标准化、大批量、流水线作业而设计的，其代表性的组织形态有直线（等级）制结构、直线职能制结构，以及对这两种结构进行改良的事业部制结构等。传统组织结构曾被认为是工业文明时期最有效的组织结构，它们共同的前提条件是假设外部环境是稳定的。

但是，随着企业规模的扩大，科层制组织不可避免地面临沟通成本、协调成本和控制监督成本上升，部门或个人分工的强化使组织无法取得整体效益的最优，难以对市场需求的快速变化做出迅速反应等问题。

在知识经济时代，随着交通、通信、网络技术的飞速发展，组织的生存环境发生了根本性改变，传统时空观念下的组织设计与“地球村”时代的生存环境格格不入，人与人之间的距离在缩短，国与国之间的边界变得越来越模糊。传统型组织内部纵横交织的“组织边界”（垂直、水平、外部、地理四个边界），阻隔了组织内外部的沟通与协作，对加快市场反应速度十分不利。在这种情况下，扁平化组织、多功能团队、流程再造、学习型组织、虚拟组织、战略联盟、网络组织等概念纷至沓来，从不同角度阐述新环境下组织结构的变革，新的组织结构共同的特点就是组织边界的模糊化和可渗透性，理论界将其统称为无边界组织。

（二）3I 环境成为组织必须正视的生存环境

互联网（Internet）将全球绝大多数国家、组织、民众联系在一起，共同编织起一张前所未见的“网”。正是这个“网”使信息（information）的交互变得异常便捷，每个人、每个组织都是信息的生产者，也都是消费者；也正是这个“网”，使全世界更加国际化（international），使生产、消费进一步突破国别、地区的限制，成为更加国际化的行为，使地球成为一个“村庄”。

在这样一个 3I 的时代，企业的竞争已经不再是在单一的区域内进行，而是以全球作为竞争的舞台；企业将在全球范围内配置资源，寻找市场，按照产品和地区的税收差异和金融风险来配置资本，依据不同地区的技术发展特点来设置技术研发中心，依据不同地区的经营需要合理地开发和利用人力资源等。因此，企业内外部环境由稳定变为极具变化性和不可预测，实业界和理论界迫切需要新的组织形式来变革企业组织，以快速地满足顾客的需求，使工作弹性化，整合各种资源以及不断创新，提高组织的综合竞争力和适应能力。

（三）3C 因素成为组织必须把握的发展因素

（1）消费者（customer）。3I 环境还改变了生产者与消费者的力量对比，使过去的卖方市场逐渐转变为买方市场。同时，消费者越来越容易掌握产品的价格、质量、功能等信息，变得越来越挑剔、越来越理性。因此，争取客户、稳定客户成为企业组织必须把握好的现实问题。

（2）变化（change）。信息技术的高速发展推动了经济全球化，市场交易成本大大降低，产品创新越来越容易，产品的更新周期越来越短，变化越来越快。“大马不死”的时代已经过去。用英特尔前总裁格鲁夫的话来说，“当今世界唯一不变的就是‘变化’”。企业如果不能主动适应变化的环境，将很快被淘汰。

（3）竞争（compete）。在 3I 环境中，企业组织面临的竞争越来越激烈，体现在：企业组织所面临的环境是多变的而非稳定的，企业组织能够提供的产品或服务是短期的而非长期的，企业组织的上下游厂商是有竞争性的而非依附性的。在这种情况下，企业组织单打独斗闯天下变得越来越难，组织之间的合作与竞争变得更加复杂多变。基于时间的竞争考虑越来越成为组织决策的首要因素。

二、应变：组织扁平化

（一）组织扁平化及其意义

所谓组织扁平化，就是通过破除公司自上而下垂直高耸的结构，减少管理层级，增加管理幅度，裁减冗员来建立一种紧凑的横向组织，达到使组织变得灵活、敏捷、富有柔性和创造性的目的。它强调系统、管理层级的简化、管理幅度的增加与分权。扁平化组织是由于科层制组织难以适应激烈的市场竞争和快速变化的环境的要求而出现的。

科层制组织中，直线职能制是企业较常采用的组织形式，其典型形态是纵向一体化的职能结构，强调集中协调的专业化，适用于市场稳定、产品品种少、需求价格弹性较大的情况。集中控制和资产专业化的特点使得它不容易适应产品和市场的多样化而逐渐被事业部制组织取代。事业部制组织强调事业部的自主和企业集中控制相结合，以部门利益最大化为核心，能为公司不断培养出高级管理人才。这种组织形式有利于大企业实现多元化经营，但企业长期战略与短期利益不易协调。

组织扁平化的理论渊源最早可追溯到新制度经济学，以科斯在 1937 年发表的《企业的性质》为开端，由阿尔钦、威廉姆森、德姆赛兹等人加以拓展的新制度经济学，提出了企业是对市场的替代，是“一系列合约的联结”的命题，从而为我们开辟了一个全新的视角来认识企业，让我们不再必然地认为企业必须是等级分明的科层制组织。1990 年，美国著名的管理学家迈克尔·哈默（Michael Hammer）在《哈佛商业评论》上发表了一篇题为《再造：不是自动化，而是重新开始》的文章，率先提出企业再造的思想。1993 年，他和詹姆斯·钱皮（James A. Champy）合著的《再造企业：经营革命宣言》在全球刮起一股再造旋风。企业再造革命旨在通过对公司的流程、组织结构、文化等进行彻底、急剧的重塑，达到绩效的飞跃。哈默认为，企业再造就是从根本上打破传统的、建立在纵向劳动分工和横向职能分工基础上的运作体系，提出以新设计和重建的作业程序（流程）作为企业组织结构基础的组织形式。美国麻省理工学院教授维斯特尼和马林等人总结了管理界对再造后“新组织”具的论述，认为“新组织”具有网络化、扁平化、灵活化、多元化、全球化等特点。1997 年道赫德总结道：“20 世纪 90 年代激烈的全球竞争导致两类不同性质的组织创新，一类以降低成本为目的，另一类则以提高企业核心能力为目的。后者突出地表现为使组织更加扁平化、更具柔性和创造性。”

（二）扁平化组织的特点

扁平化组织与传统的科层制组织有许多不同之处。科层制组织建立在专业分工、经济规模的假设基础上，各功能部门之间界限分明。这样建立起来的组织必然难以适应环境的快速变化。而扁平化组织需要员工打破原有的部门界限，绕过原来的中间管理层级，直接面对顾客并向公司总体目标负责，从而以群体和协作的优势赢得市场主导地位。扁平化组织的特点如下。

1. 以工作流程为中心而不是以部门职能来构建组织结构

公司的结构是围绕有明确目标的几项“核心流程”建立的，而不再围绕职能部门，职能部门的职责也随之逐渐简化。

2. 纵向管理层级简化，削减中层管理者

组织扁平化要求企业的管理幅度增大，简化烦琐的管理层级，取消一些中层管理者的岗位，使企业指挥链条最短。

3. 企业资源和权力下放于基层，顾客需求驱动

基层的员工与顾客直接接触，使他们拥有部分决策权能够避免顾客反馈信息向上级传递过程中的失真与滞后，大大改善服务质量，快速地响应市场的变化，真正做到“顾客满意”。

4. 现代网络通信手段

企业内部与企业之间通过使用电子邮件、办公自动化系统、管理信息系统等网络信息化工具进行沟通，大大增加管理幅度与提高效率。

5. 实行目标管理

在下放决策权给员工的同时实行目标管理，以团队作为基本的工作单位，员工自主做出自己工作中的决策，并为之负责，这样就把每一个员工都变成了企业的主人。

（三）扁平化组织与传统组织的比较

扁平化组织与传统组织的比较如表 7－1 所示。

表 7－1　扁平化组织与传统组织的比较

项目	传统组织	扁平化组织
层级与幅度	层级多，幅度窄	层级少，幅度宽
权力结构	较集中，等级严	分散，宽松
沟通方式	上下级之间，沟通距离长	上下级、斜向之间，平缓
职责	附加于具体的职能部门	多成员分担
通信方式	传统通信方式	现代化网络通信方式
协调	等级结构下的程序协调	多样化的直接沟通
持久性	相对稳定	持续调整以适应环境
适用的环境	变化慢的环境	快速多变的环境
企业驱动力	高层管理驱动	市场需求驱动

三、应变：组织无边界化

（一）无边界组织的提出

1. 杰克·韦尔奇与无边界组织

无边界组织是杰克·韦尔奇首创的一个概念。所谓无边界组织，是指边界不由某种预先设定的结构限定或定义的组织结构。他提出无边界组织的目的在于消除各个职能部门之间、各层级之间、内外部之间、各区域之间的信息交互障碍，使组织的各个构成之间能够自由沟通。

传统的组织边界通常有横向、纵向、外部、地理四种。横向边界是由工作专门化和部门化形成的；纵向边界是由组织层级产生的；外部边界是组织与其顾客、供应商等之间形成的隔墙；地理边界是物理边界。传统组织中边界的刚性太强，导致组织中的信息交换滞后，组织对外界变化的反应迟钝，组织本身也具有太强的刚性，而不能适应信息时代快速多变的新形势。

2. 无边界组织的“边界”

无边界组织是相对于有边界组织而言的。有边界组织要保留边界，完全是为了保证组织的稳定与秩序。但无边界组织也需要稳定和呈现度，所以它绝不是要完全否定企业组织必有的控制手段，包括工作分析、岗位定级、职责权力等的设定，只是不能把它们僵化。

无边界组织是打破组织的各种边界而形成的新组织。它并不意味着企业原先各界限的完全消失，而是将传统企业中的边界模糊化，形成像“隔膜”一样的新边界，通过组织协调，提高整个组织信息的传递、扩散和渗透能力，实现信息、经验与技能的对称分布和共享，达到激励创新和提高工作效率，使各项工作顺利开展和完成的目的。

3. 无边界组织的优势

无边界组织的优势在于边界更易于信息、资源及能量的渗透扩散，就像在生物有机体中，存在各种隔膜使之具有外形或界定。虽然这些隔膜有足够的结构强度，但是并不妨碍食物、血液、氧气、化学物质畅通无阻地穿过。得益于这一生物现象的启发，无边界组织将传统组织中边界模糊化形成了“隔膜”，虽然“隔膜”能使组织具有外形和界定，但信息、资源、构想及能量能够快捷便利地穿越组织“隔膜”，促进各项工作在组织中顺利展开和完成，组织作为一个整体的功能已远远超过各个组成部分的功能总和。可以看出，无边界其实是以有边界为基础，并非对所有边界的否定，其目标在于让各种边界更易于渗透和扩散，更利于各项工作在组织中顺利展开和完成。

为适应快速变化的环境，无边界组织强调速度、弹性、整合和创新。它根据外部环境的变化快速反应；员工从事弹性制工作，经常变换工作岗位，持续地学习新技能；依据特定的需要，整合不同的员工和部门，更加强调流程，而不是单独的专业化；无边界组织还形成机制、培养氛围鼓励创新和变革。

无边界组织的形式多样，具有不固定性。根据边界模糊化过程中边界的种类不同，无边界组织有以下几种典型的组织形式。扁平化组织是组织垂直边界模糊化的结果；多功能团队、流程再造跨越了组织的水平边界；学习型组织加强了组织垂直边界和水平边界的可渗透性；组织外部边界模糊化产生了网络组织、虚拟组织、战略联盟、供应链、企业集群等多种跨组织的组织形式；地理边界模糊化一般存在于跨国公司中，而组织心理边界的可渗透性存在于学习型组织之中。

（二）组织的边界

1. 组织的垂直边界

旧的垂直边界主要是传统的金字塔形组织结构引起的内部等级制度，组织按各自的职权划分为层层的机构，各个机构都界定了不同的职责、职位和职权。无边界模式则突破了僵化的定位，从某种程度上撇开权威与地位，职位让位于能力，大家群策群力，采用一种团队模式，只要是有利于企业发展的建议都会受到重视和采纳。在无边界模式下，各个层级及各种头衔人员之间的界限已经打破，上下之间的界限不再僵硬难破，而是变得具有弹性和可渗透性，从而有助于更快、更好地决策和行动，也有利于组织方便地从各层级人员那里获得知识信息和创新灵感。

2. 组织的水平边界

旧的水平边界是企业按各个组成部分的职能不同而划分为不同的职能部门，由于各职能部门都依据自身的特点行事，往往会与其他部门发生矛盾和冲突。无边界模式就是要突破各个职能部门之间的边界，真正使计划、生产、销售等各部门连为一体，形成统一的系统。各职能部门不再有自己独立的山头，部门间相互渗透，有关领地管辖的争执被探讨怎样才能最大限度地满足客户需求替代。

3. 组织的外部边界

外部边界是企业与供应商、顾客、政府管制机构、社区等外部环境的分水岭。这些边界在传统企业中泾渭分明，使大多数企业与外部环境之间形成一种内外有别的关系，于是讨价还价、施加压力、隐瞒信息就成了做生意必不可少的手段。一个无边界公司则把外部的围墙推倒，让供应商和顾客成为一个系统的组成部分，真正做到为顾客服务，这样可以形成融洽和谐的外部环境和良好的公共关系。由通过谈判、争吵、高压技巧、封锁信息，甚至相互拼斗方式的生意人之间——“我们”与“他们”的关系，转变成一种共创、共享、互利、双赢的价值链关系，彼此成为一个战壕里的战友。高效的创新方式一经发现，就可以很快被引入整个产品或服务企业联合的价值链中，为大家所共享。直接无偿投资支持供应商和经销商，也开始成为一种高效的经营方式。企业联盟不仅是一种战略，而且成为一种价值观念。

4. 组织的地理边界

地理边界或称国际边界是区分文化、国家、市场的界限。它源自强调国民自尊心、文化差异、市场特殊性的观念，往往将创新和效益孤立起来，并导致总部与工厂、销售市场之间的分离和矛盾。这已不再适应全球化统一市场的企业经营和发展。人才、资金、材料供给已全面向本地化方向发展推进。将跨国企业定义为某国某地的企业已不再有任何意义，在何处经营，在何处纳税，也就是何处的“公民”。边界的存在往往使得新方法、新思想局限于某国之一角而难以传播，整个公司不能充分学习他人之经验，不利于企业的成功。伴随着经济全球化的到来，企业的地理边界慢慢被打破，不同国家的企业相互学习，跨国公司逐渐与当地的文化相融合。无边界就是要打破各个边界之间的障碍，使信息和资源能够得到最佳配置，使企业系统能够达到最佳状态。无边界管理本质上也是一种人本管理的模式，它把员工从严格的等级制度下解放出来，真正尊重员工的价值，使他们能够最大限度地发挥自己的才智。

（三）无边界组织的特征分析

罗伯特·史雷特在他的《通用商战实录》一书中就无边界组织的界定做了比较细致的描绘，从速度、弹性、整合程度和创新 4 个方面，对 4 种关系进行了分析。他认为无边界组织具有以下 16 个特征。

1. 纵向关系

(1) 纵向关系的速度特征为：大多数决定由那些最接近客户的人现场做出，不过这些决定一般只奏效数小时而不是数星期、数月。

(2) 纵向关系的弹性特征为：各级管理者不但肩负日常的一线管理责任，而且承担更为广泛的战略责任。

(3) 纵向关系的整合程度特征为：关键问题由多层次的团队共同解决，其成员的努力不再受组织中的级别限制。

(4) 纵向关系的创新特征为：针对要解决的问题，经常通过跨层级的头脑风暴法来发掘新主意、新思路，并现场决策，不再来回地申报审批。

2. 横向关系

(1) 横向关系的速度特征为：新产品或服务以越来越快的速度推向市场，一发掘出客户价值，就以最快的速度呈献给客户。

(2) 横向关系的弹性特征为：各种资源的占有已打破单位、部门之间的条块分割，能够根据需要快速、经常、无阻碍地在专家和操作部门之间流转。

(3) 横向关系的整合程度特征为：日常工作可通过流水作业的团队予以解决，非常规性工作由响应单位、部门抽调力量构成项目组来处理。

(4) 横向关系的创新特征为：经常举办由感兴趣的人自主参加的跨单位、跨部门，甚至是跨企业的专题研讨会、报告会，或问题攻关小组活动，以横向团队的形式自发地探索新主意、新思路、新技术和新方法。

3. 企业伙伴关系

（1）企业伙伴关系的速度特征为：对于客户和合作伙伴的要求和投诉，能预先采取措施并及时答复。与客户的关系也是一种合作伙伴关系。

（2）企业伙伴关系的弹性特征为：战略资源和重要的管理者可以在企业伙伴之间流动，甚至无偿地“借给”客户和供应商使用。

（3）企业伙伴关系的整合程度特征为：供应商和客户经理在设计企业运行和战略选择的团队中居于核心地位，并发挥主导作用。

（4）企业伙伴关系的创新特征为：能从供应商和客户那里经常获得大量的新产品和新工艺的建议和思路。

4. 空间区域关系

（1）空间区域关系的速度特征为：最好的经验得以在与自己企业结成企业联盟关系的范围内传播，甚至直接跨地区、跨国界地传播。

（2）空间区域关系的弹性特征为：企业领导者，包括企业下属区域公司领导者，定期参与在不同地区、不同国家的区域业务营运会议及决策。

（3）空间区域关系的整合程度特征为：在企业联盟内部的各国业务之间存在标准的产品平台、统一的行动，并分享经验。

（4）空间区域关系的创新特征为：新产品的建议能放到其母国以外的环境里评价其适应性。

四、应变：企业流程再造

（一）企业流程再造的提出

企业流程再造也译为业务流程重组，是最早由美国的哈默和钱皮提出，在 20 世纪 90 年代达到全盛的一种管理思想。为了适应新的世界竞争环境，企业必须摒弃已成惯例的运营模式和工作方法，以工作流程为中心，重新设计企业的经营、管理及运营方式。流程再造强调以业务流程为改造对象和中心，以关心客户的需求和满意度为目标，对现有的业务流程进行根本的再思考和彻底的再设计，利用先进的制造技术、信息技术以及现代的管理手段，最大限度地实现技术上的功能集成和管理上的职能集成，以打破传统的职能制组织结构，建立全新的过程型组织结构，从而实现企业经营在成本、质量、服务和速度等方面的戏剧性改善。

（二）企业流程再造的程序

企业流程再造就是重新设计和安排企业的整个生产、服务和经营过程，使之合理化，通过对企业原来生产经营过程的各个方面、每个环节进行全面的调查研究和细致分析，对其中不合理、不必要的环节进行彻底的变革。在具体实施过程中，可以按以下程序进行。

1. 对原有流程进行全面的功能和效率分析，发现其存在的问题

根据企业现行的作业程序，绘制细致、明了的作业流程图。一般来说，原来的作业程序是与过去的市场需求、技术条件相适应的，并由一定的组织结构、作业规范作为其保证。当市场需求、技术条件发生的变化使现有作业程序难以适应时，作业效率或组织结构的效能就会降低。因此，必须从以下方面分析现行作业流程的问题：

（1）功能障碍：随着技术的发展，技术上具有不可分性的团队工作、个人需完成的工作额度就会发生变化，这会使原来的作业流程或者支离破碎增加管理成本，或者核算单位太大造成权责利脱节，并造成组织结构设计不合理，形成企业发展的瓶颈。

（2）重要性：不同的作业流程环节对企业的影响是不同的。随着市场的发展，顾客对产品、服务的需求在变化，作业流程中的关键环节以及各环节的重要性也在变化。

（3）可行性：根据市场、技术变化的特点及企业的现实情况，分清问题的轻重缓急，找出流程再造的切入点。为了对上述问题的认识更具有针对性，还必须深入现场，具体观测、分析现存作业流程的功能、制约因素以及表现的关键问题。

2. 设计新的流程改进方案，并进行评估

为了设计更加科学、合理的作业流程，必须群策群力、集思广益、鼓励创新。在设计新的流程改进方案时，可以考虑如下措施：将现在的数项业务或工作组合，合并为一；工作流程的各个步骤按其自然顺序进行；给予员工参与决策的权力；为同一种工作流程设置若干种进行方式；工作超越组织的界限，在最适当的场所进行；尽量减少检查、控制、调整等管理工作；设置项目负责人（case manager）。对于提出的多个流程改进方案，还要从成本、效益、技术条件和风险程度等方面进行评估，选取可行性强的方案。

3. 制定与流程改进方案相配套的组织结构和企业再造方案

企业业务流程的实施是以相应组织结构、人力资源配置方式、业务规范、沟通渠道甚至企业文化作为保证的，所以，只有以流程改进为核心形成系统的企业再造方案，才能达到预期的目的。

4. 组织实施与持续改善

实施企业再造方案，必然会触及原有的利益格局。因此，必须精心组织，谨慎推进。既要态度坚定、克服阻力，又要积极宣传、达成共识，以保证企业再造的顺利进行。

企业再造方案的实施并不意味着企业再造的终结。在社会发展日益加快的时代，企业总是不断面临新的挑战，这就需要对企业再造方案不断地进行改进，以适应新形势的需要。

企业流程再造的IT应用支撑最佳工具为业务流程管理软件，该类软件国际上的产品以IBM、微软为主，国内以协达软件、用友、金蝶为主，其中用友、金蝶的软件均采用来自协达软件的工作流引擎技术。

企业流程再造是企业内部的一场革命。实施企业流程再造，是从旧的注重规则、方法和过程中完全突变。例如，并行的工作流程、以任务为中心的组织结构、扁平控制模式、全面质量管理等。企业流程再造还需要价值观、激励机制、人际关系、行为准则、心理状态等一系列文化氛围的全面调整甚至根本转变。

（三）企业再造流程的基本做法

通常采用企业流程再造，是因为管理者意识到强大的竞争威胁，或是要提升绩效。而不管是在哪一种情境下，企业流程再造的目的都是扩大市场接受度，提升营业收入。企业再造流程可分为五个步骤进行。

1. 确认顾客的核心需求

核心需求是指顾客购买产品真正的出发点，不只是产品所直接提供的用途，还包含消费心理层面的需求。如购买名牌包的人绝大多数不是因为缺包用，而是喜欢名牌背后象征的尊贵奢华。

2. 决定改造的关键流程

通过上述分析，对照组织目前提供的产品或服务，便能厘清公司产品满足消费者需求的着力点，发掘需要进行改造的关键流程。

3. 拟定流程改造的学习对象和目标

不限于相同产业，跨产业也可。

4. 重新设计流程

新流程的价值在于适用性与创造力，即便个人决策责任归属明确，企业流程再造时也要强调众人参与群体决策，脑力激荡，如此不仅能集思广益，也更易激发创新观点。

5. 改变思维，塑造新文化

设计完善后，要加以推广和深植才能收到成效。想要让员工改变，就要先改变僵化的思维模式，如管理者通过演说鼓励、安排训练课程、定期举办读书会，激发员工的学习意愿，塑造新的组织文化。

第 2 节 矩阵制

一、矩阵制组织结构

矩阵制组织结构的出现是企业管理水平的一次飞跃。当环境一方面要求专业技术知识，另一方面要求每条产品线都能相对独立运行时，矩阵制组织结构便应运而生。

(一) 矩阵制组织结构

在组织结构上，把既有按职能划分的垂直领导系统，又有按产品（项目）划分的横向领导关系的结构，称为矩阵制组织结构（见图 7－1）。

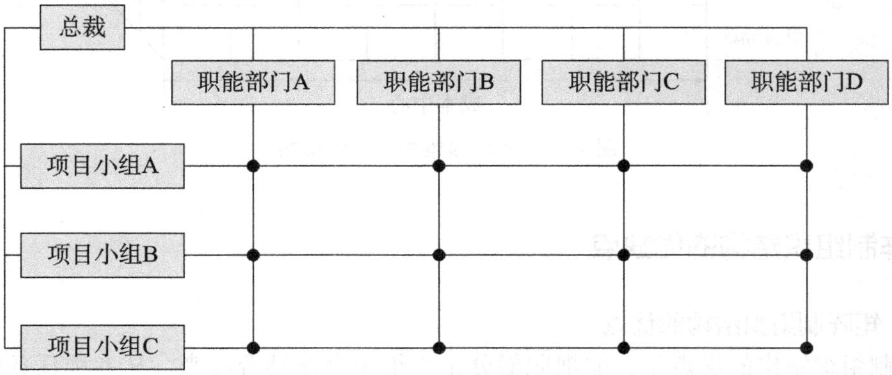

图 7－1 矩阵制组织结构

矩阵制组织是为了改进直线职能制横向联系差、缺乏弹性的缺点而形成的一种组织形式。它的特点表现在围绕某项专门任务成立跨职能部门的专门机构上，例如组成一个专门的产品（项目）小组去从事新产品开发工作，在研究、设计、试验、制造各个不同阶段，由有关部门派人参加，力图做到条块结合，以协调有关部门的活动，保证任务的完成。这种组织结构形式是固定的，人员却是变动的，需要谁，谁就来，任务完成后就可以离开。项目小组和负责人也是临时组织和委任的。任务完成后就解散，有关人员回原单位工作。因此，这种组织结构非常适用于横向协作和攻关项目。

（二）立体多维矩阵组织结构

立体多维结构（solid-multidimensional structure）是职能制组织结构、矩阵制组织结构和事业部制组织结构的综合发展，是为了适应新形势的发展需要而产生的组织结构形式。立体多维结构就是一个企业的组织结构包括三类以上的管理机构，主要有：（1）按产品或服务项目划分的事业部，是产品利润中心；（2）按职能划分的参谋机构，是专业成本中心；（3）按地区划分的管理机构，是地区利润中心。这样，企业内部的一个员工可能同时受到来自三个不同方面的部门或者组织的领导。立体多维矩阵组织结构（见图7-2）适用于体制健全的跨国或跨地区的规模庞大的企业集团。譬如，IBM把多种划分部门的方式有机地结合起来，形成了立体网络多维矩阵。IBM既按地域分区，如亚太区、中国区、华南区等，又按产品体系划分事业部，如服务器、软件等事业部；既有银行、电信、中小企业等行业划分，也有销售、渠道等不同的职能划分等，所有这些纵横交错的部门划分有机地结合成一个整体。对于这个矩阵中的某一位员工而言，他既是IBM大中华区的一员，又是IBM AS/400产品体系中的一员，当然还可以按照另外的标准把他划分在其他部门。

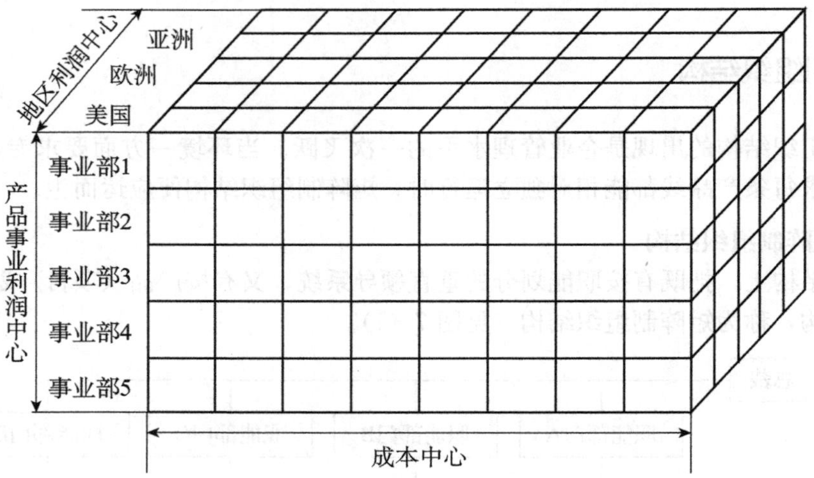

图7-2 立体多维矩阵组织结构

二、矩阵制组织结构的优缺点

（一）矩阵制组织结构的优点

矩阵制组织结构的优点是：能把职能分工与组织合作结合起来，从专项任务的全局出发，促进组织职能和专业协作，有利于任务的完成；把常设机构和非常设机构结合起来，既发挥职能机构的作用，保持常设机构的稳定性，又使行政组织具有适应性和灵活性，与变化的环境相协调；在执行专项任务的组织中，有助于专业知识与组织职权相结合；各部门人员的不定期组合有利于信息交流，促进各种专业人员互相帮助，互相激发，互相学习；具有较大的机动性，非常设机构在特定任务完成后立即撤销，可避免临时机构长期化；加强了横向联系，专业设备和人员得到了充分利用。

（二）矩阵制组织结构的缺点

矩阵制组织结构的缺点是：成员不固定在一个位置，有临时观念，有时责任心不够强，人员受双重领导，出了问题，有时难以分清责任；项目负责人的责任大于权力，因为参加项目的人员都来自不同部门，隶属关系仍在原单位，只是为“会战”而来，所以项目负责人对他们管理困难，没有足够的激励手段与惩治手段，这种人员上的双重管理是矩阵制组织结构的先天缺陷；由于项目组成人员来自各个职能部门，任务完成以后仍要回原单位，因而容易产生临时观念，对工作有一定影响。

三、矩阵制组织结构的实施条件

（一）矩阵制组织结构的实施条件

第一，职能部门与项目组权责划分清晰。在实施矩阵制的企业中，人员管理权力划分十分清楚，项目经理对项目内的人员有完全的领导和指挥权，职能经理只对非项目人员行使管理权力，这样就能避免出现多头领导的现象。

第二，集分权设计合理。在矩阵制企业，总部负责制定各项制度政策、市场开发和品牌建设等职能，而项目组对项目的人员、质量、进度和成本有完全的决策权。合理的权力分配可以在总部控制与项目组的效率之间达到有效的平衡。

第三，沟通顺畅。公司运作规范化、流程化，通过制度规范各项工作流程并对流程实行动态管理与优化，在总部和项目组之间建立高效率的工作协调与沟通网络。

第四，具有与矩阵制组织结构相配套的绩效考评和分配激励制度。考核激励机制要能够兼顾职能部门、项目组的利益分配与监督机制，避免相互矛盾、相互拆台，促进各部门与项目组的协作与配合。

（二）矩阵制组织结构改革的注意事项

第一，对矩阵制组织结构有正确的认识，对矩阵制组织结构的特点、实施条件和实施风险有全面的了解。

第二，对自身的管理现状有客观的认识，对企业目前在制度、流程和员工素质等各方面做全面审查。

第三，根据现状判断是否具备实施矩阵的条件，如果不具备就不能盲目上马。制定可行的分步实施计划。

第四，“磨刀不误砍柴工”，沉下心来打基础，逐步完善各项管理规范。

第五，采取逐步推进的策略，首先在较小范围内试行矩阵，增加先期的可控性，随着矩阵管理模式不断成熟，逐渐扩大矩阵范围，加大项目授权力度，最终形成适合企业现状、运行顺畅的矩阵制组织结构。

第 3 节　虚拟组织

一、虚拟组织

（一）虚拟组织

虚拟组织是工业经济时代全球化协作生产与服务的延续，是信息时代的组织创新形式。

目前人们对它的认识仍然处在不断探索的阶段，在相关文献中还有虚拟企业、虚拟公司、虚拟团队等称谓。国外研究虚拟企业理论的专门组织目前主要有两个：美国的敏捷性论坛（Agility Forums）和英国的欧洲敏捷性论坛（Europe Agility Forum）。

虚拟组织是指两个以上的独立实体为最大限度地实现组织目标，充分利用信息技术手段，整合社会上可以利用的各种资源，在一段时间内结成的动态联盟。它不具有法人资格，也没有固定的组织层级和内部命令系统，而是一种开放的组织结构。目前，这种组织形态主要存在于企业组织中，因此，本节的虚拟组织主要以虚拟企业为论述对象。

（二）虚拟企业

通俗地讲，虚拟企业（virtual enterprise）是当市场出现新机遇时，具有不同资源与优势的企业为了共同开拓市场、共同应对其他竞争者而组织的建立在信息网络基础上的共享技术与信息、分担费用、联合开发、互惠互利的企业联盟体。虚拟企业的出现常常是由于参与联盟的企业追求一种完全靠自身能力达不到的超常目标，即这种目标要高于企业运用自身资源可以达到的限度。因此企业自发地要求突破自身的组织界限，必须与其他对此目标有共识的企业实现全方位的战略联盟，共建虚拟企业，才有可能实现这一目标。虚拟企业的构成如图7-3所示。

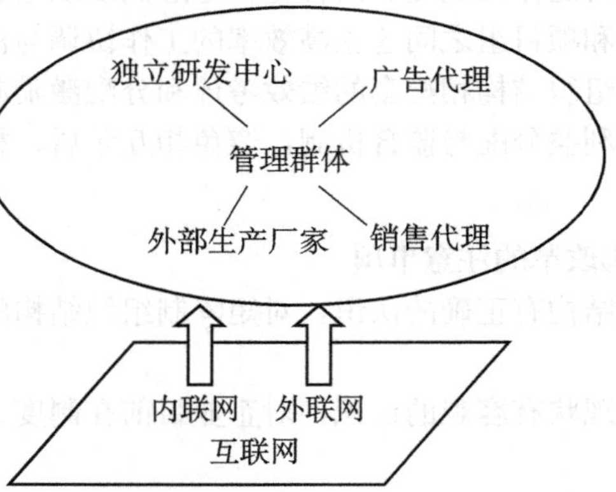

图7-3　虚拟企业的构成

（三）虚拟企业的提出过程

20世纪90年代以来，随着科技进步和社会发展，世界经济发生了重大变化。人们根据自己生产、工作和生活的需要，对产品的品种规格、花色式样等提出了多样化和个性化的要求。企业面对不断变化的市场，为求得生存与发展必须具有高度的柔性和快速的反应能力。为此，现代企业朝组织结构简单化、扁平化方向发展，于是就产生了能将知识、技术、资金、原材料、市场和管理等资源联合起来的虚拟企业。

1991年，美国艾科卡研究所（Iacocca）向美国国会提交了一份题为《21世纪制造企业战略》的研究报告，在报告中富有创造性地提出了虚拟企业的构想，即在企业之间以市场为导向建立动态联盟，以便能够充分利用整个社会的制造资源，在激烈的竞争中取胜。1992年，威廉·达维多（William Davidow）和迈克尔·S. 马龙（Michael S. Malone）在其合著的《虚拟企业》（*The Virtual Corporation*）中给出了虚拟企业的定义："虚拟企业是由一些独立的厂商、顾客甚至同行的竞争对手，通过信息技术组成临时的网络组织，以达到共享技术、分摊费用以及满足市场需求的目的。虚拟企业没有中央办公室，也没有正式的组织结构图，更不像传统组织那样具有多层级的组织结构。”由此可见，虚拟企业是由几个有共同目标和合作协议的企业组成的，成员之间可以是合作伙伴，也可以是竞争对手。这就改变了过去企业之间完全你死我活的输赢（win-lose）关系，而形成一种共赢（win-win）关系。虚拟企业集合各成员的核心能力和资源，在管理、技术、资源等方面拥有得天独厚的竞争优势，通过分享市场机会和顾客，达到共赢的目的。

二、虚拟组织的特点

（一）企业界限模糊

虚拟组织不是法律意义上完整的经济实体，不具备独立的法人资格。一些具有不同资源及优势的企业为了共同的利益或目标走到一起，通过缔结联盟组成虚拟组织，这些企业可能是供应商，可能是顾客，也可能是同业中的竞争对手。譬如苹果公司与富士康公司之间，你中有我，我中有你。

（二）动态性

虚拟组织是一个以机会为基础的各种核心能力的统一体，这些核心能力分散在许多实际组织中，被用来使各种类型的组织部分或全部结合起来以抓住机会。虚拟组织能动态地集合和利用资源，从而保持技术领先。它快速有效地利用信息技术和网络技术，各成员企业以及各个环节的员工都能参与技术创新的研究和实施工作，从而维持技术领先地位。当机会消失后，虚拟组织就解散。所以，虚拟组织可能存在几个月或者几十年。因此，虚拟组织具有较大的适应性，在内部组织结构、规章制度等方面具有灵活性。

虚拟组织可能是临时性的，也可能是长期性的。虚拟组织正是以这种动态的结构、灵活的方式来适应市场的快速变化的。如 IBM 曾经与日本理光公司联营销售其计算机，与日本钢铁公司共同开发系统设计，与富士银行共同推销其财务管理系统，从而通过多种虚拟联盟的形式实现跨行业的合作，使其在日本市场上取得了营业额高达 90 亿美元的业绩。

（三）以发达的网络为基础

虚拟组织的出现不是偶然的，是网络时代发展的必然产物。成员企业往往通过发达的信息网络、物流网络、契约网络联系在一起。例如，沃尔玛与供应商、销售商之间的计算机网络联系，使得供应商自己可以随时对沃尔玛的货架进行补充，而沃尔玛通过“交叉入库”系统，对入库的商品进行选择、替换，并向商店快速分发，销售商的产品出售信息能及时反馈到沃尔玛的计算机上。

（四）高杠杆性

虚拟组织必须提高专业化水平以保证控制关键资源，如专利权、营销通路或研发能力等，使得企业可以通过控制具有垄断特点的价值链上的重要阶段来控制整个价值链必需的全部环节。这可以使企业以较少的资源撬动更多的资源为己所用，达到“四两拨千斤”的效果。

三、虚拟的方式

（一）虚拟生产

虚拟生产是虚拟经营的最初形式，它以外包加工为特点，是指企业将其产品的直接生产功能弱化，把生产功能用外包的办法转移到别的企业去完成，而自己只留下最具优势并且附加值最高的开发和营销功能，并强化这些部门的组织管理。最著名的例子是耐克公司。耐克公司本身没有一条生产线，而是集中企业的所有资源，专攻设计和营销两个环节，运动鞋的生产则采用订单的方式在人工成本低的发展中国家进行。耐克公司以虚拟生产的方式成为世界上最大的运动鞋制造商之一。国外著名的电器制造商近年来也采用了虚拟生产的模式，如日本的索尼、松下等公司，其在中国市场上销售的产品基本上都是由马来西亚、泰国等劳动力成本较低的国家生产的，而公司总部则集中进行新产品的开发和营销战略的实施。

（二）虚拟开发

虚拟开发是指几个企业通过联合开发高技术产品，取得共同的市场优势，谋求更大的发展。如几家各自拥有关键技术并在市场上拥有不同优势的企业为了彼此的利益，进行策略联盟，开发更先进的技术。

IBM和AMD 2003年初共同表示，为了跟上英特尔的速度，双方将联合开发下一代微处理器技术。共同开发的特别微小的晶体管技术，能够提高芯片的效率，降低芯片的生产成本。合作对于双方都很重要，因为这能改善与英特尔竞争的形势。AMD缺乏英特尔所具有的研发资金，没有合作伙伴很难迅速推出新产品。IBM自身掌握的微处理器技术有限，很难保证其在与英特尔的竞争中领先。这种合作可以促进双方获得在芯片制造方面的垄断优势。

（三）虚拟销售

虚拟销售是指企业或公司总部与下属销售网络之间的“产权”关系相互分离，销售虚拟化，促使企业的销售网络成为拥有独立法人资格的销售公司。此类虚拟化的销售方式不仅可以节省公司总部的管理成本与市场推广费用，充分利用独立的销售公司的分销渠道以广泛推广企业的产品，促使本企业致力于产品与技术的创新，不断提升企业品牌产品的竞争优势，而且可以推动销售公司快速成长，网罗大批优秀的营销人才，不断扩展企业产品的营销网络。

服装加工行业的美特斯邦威是实行虚拟销售最为典型的企业之一。公司采取特许连锁经营的方式，通过契约将特许权转让给加盟店。加盟店在使用美特斯邦威统一的商标、商号、服务方式的同时，根据区域的不同情况分别向美特斯邦威缴纳5万～35万元的特许费。由此，公司不但节省了1亿多元的投资，而且通过特许费的方式筹集到一大笔无息发展资金。公司总部把精力主要用在产品设计、市场管理和品牌经营方面，它与香港、上海等地的著名设计师合作，每年推出约1 000个新款式，取得了良好的经济效益。

（四）虚拟管理

虚拟管理是指在虚拟企业中，把某些管理部门虚拟化，虽然保留了这些管理部门的功能，但其行政组织并不真正存在于企业内部，而是委托其他专业化公司承担这些管理部门的责任。例如，企业可以不设人力资源部门，对员工的培训可以委托专门的培训机构完成。再如，许多外资企业将人力资源交给专业的人才管理中心（或人力资源公司）管理，由中心负责调动、职称评定及党团关系接转、社会保障等工作。虚拟管理可为新组建的、缺乏管理经验和管理人才的企业提供较大的帮助。乐凯公司就聘请麦肯锡、罗兰贝格咨询公司的管理专家为其做战略规划、管理咨询。

四、虚拟组织成功的关键因素

虚拟组织成功运作需要具备几个基本条件，分别是难以替代的核心能力，共同的产业目标和互补的产业基础，信任与风险共担。

（一）难以替代的核心能力

在快速多变的时代，任何一个企业都难以完全依靠自己的力量引领时代的潮流，甚至难以跟上时代的步伐，即使苹果这样的高科技大牌企业也是如此。但是，如果企业有自己一枝独秀的专长，它就可以找到合作的伙伴。譬如富士康专攻精密制造，它可以把生产制造这个环节做到极致，让对手很难从工艺上超越它，很难从成本上领先它，这就成为它的核心能力，这就使苹果公司在全球选中它成为合作伙伴。不管是研发、品牌、生产制造、销售服务，只要能在某一方面获得领先优势，并凝结成自己的核心能力，就具备了加盟虚拟企业的资格条件，就可以有更多的生存与发展空间。

（二）共同的产业目标和互补的产业基础

追求利润是所有企业的共同目标，但是实现利润的行业领域是有偏差的。构成虚拟企业的组织需要有共同的产业目标和互补的产业基础。也就是说，它们需要有共同的产业追求，但在核心能力方面必须互补。譬如美国通用汽车公司与上海汽车集团就存在共同的产业目标，即生产制造汽车，但它们各自的产业基础优势却不一样，一个有品牌技术优势，一个有成本、渠道、人力资源优势，这样它们才能有形成联盟的意愿。

（三）信任与风险共担

加盟虚拟企业的组织必须具有相互信任、真诚合作的品质，以及风险共担的责任意识。信任是结盟的基础，从博弈论角度看，期待长期合作的企业都会在联盟中信守诚信，否则将会被逐出联盟并被业界诟病，因此，在当今信息发达的时代，多数虚拟企业都能信守诚信品质。

从风险角度看，在传统企业结构中，风险通常是一个企业的事情，由该企业独自完成对风险的评估和管理。但虚拟企业伙伴间的相互依赖关系，使得其风险更应被看作共同承担。虚拟企业面临的风险包括：（1）由于市场竞争的程度、环境的变化、技术的进步产生的市场风险；（2）由于伙伴之间管理方式的差异、地理位置的不同、道德风险引起的合作风险；（3）由于合作伙伴对所使用技术的相关性、复杂性、成熟性掌握不够产生的技术风险。

譬如，以波音公司为盟主的虚拟组织（见图 7－4）在波音 777 制造过程中实现了组织结构的创新，获得了新产品开发、制造的极大成功，尤其在产品的设计、试飞测试等方面发挥了一般企业难以达到的经济水平，为世人所赞叹。但是，这种组织开展正常的运转离不开以下保障因素：先进的网络信息技术保障联合企业的即时信息沟通；友好的设计软件保障各合作企业所承担设计的融合；一致的企业目标保障组织运行的有序开展；盟主强大的行业优势保障各合作组织经济利益的实现和足够的吸引力；加盟企业以各自核心的研发能力保障组织目标的实现。

参与波音 777 项目的工程师、工装设计师、技师以及项目管理人员超过 1 700 人，分布于美国、日本、英国等不同地区。

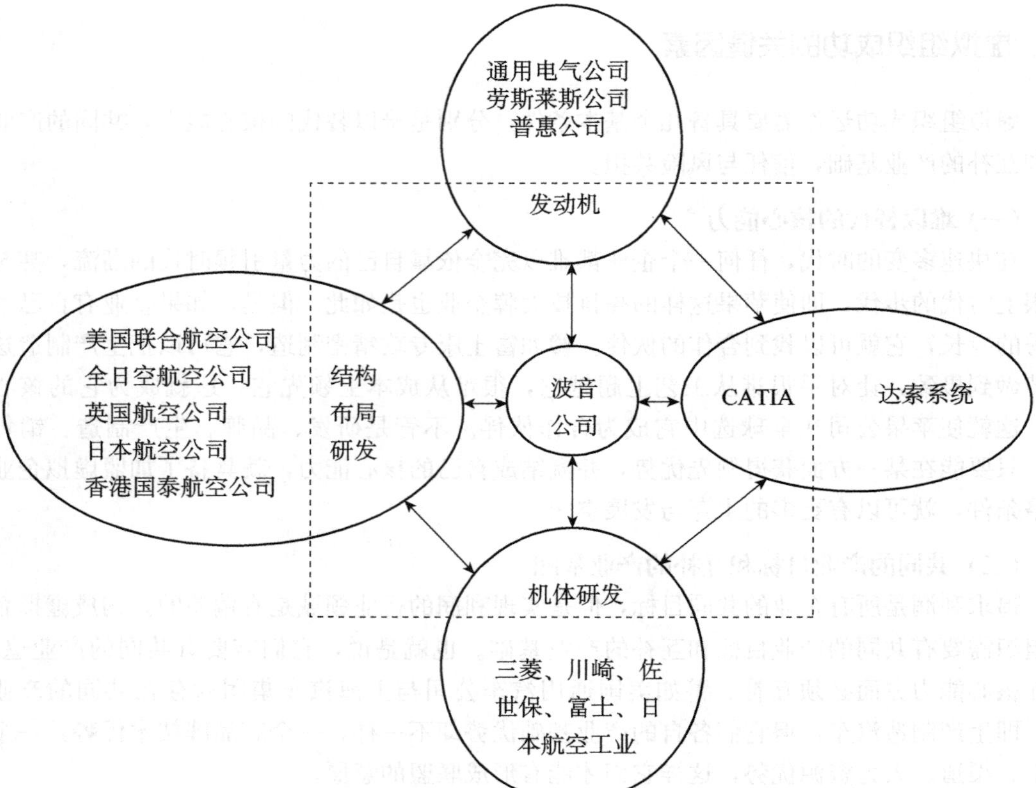

图7-4　以波音公司为盟主的企业联盟

第4节　共享经济时代的原子型组织结构

一、共享经济与平台型组织

（一）共享经济的提出

共享经济（sharing economy）一词最早由美国得克萨斯州立大学社会学教授马科斯·费尔逊（Marcus Felson）和伊利诺伊大学社会学教授琼·斯潘思（Joel Spaeth）在论文《群落结构和协同消费：基于日常生活方式》（*Community Structure and Collaborative Consumption: A Routine Activity Approach*）中提出，具体是指建立在互联网技术基础上，促成大量用户之间资源优化配置，并实现利益共享的新经济模式。共享经济以互联互通为基础，主张开放、共享、平等、协作，改变了以往工业经济生产组织方式、资源配置方式和价值创造方式。它通过构建共享经济平台连接供需双方，通过基于位置的服务（LBS）应用、动态算法与定价、双方互评体系等一系列机制的建立，使得供给方与需求方通过共享经济平台进行交易。

共享经济在短时间内迅速崛起，给企业带来了颠覆性变革，造就了许多平台型组织。新兴的平台型组织克服了传统组织模型机构臃肿、层级复杂、反应迟缓等缺点，满足了网络信息时代快速多变、即时响应、降低成本等多项要求，成为企业组织创新的典范。于是，类似优步（Uber）、滴滴出行、爱彼迎（Airbnb）、摩拜单车、斗米兼职、小猪短租等基于 App 网络平台、具有共享经济特质的新型组织应运而生。这些公司的出现使传统的组织结构理论相形见绌，为组织结构理论创新提供了良好的实践基础。下面以滴滴出行为例进行分析。

（二）平台型组织滴滴出行的运作模式

滴滴出行成立于 2012 年，是全球最大的一站式多元化叫车出行平台。该公司致力于以共享经济实践响应中国互联网创新战略，与不同社群及行业伙伴协作互补，运用大数据驱动的深度学习技术，解决中国的出行和环保挑战，创造社会价值，建设高效、可持续的移动出行新生态。2015 年，滴滴出行入选“达沃斯全球成长型公司”名单，成为全球仅次于淘宝的第二大在线交易平台。

滴滴出行借助 App 颠覆了传统的打车方式，它利用移动互联网与全球卫星定位系统（GPS）的定位功能，将乘车人与可能载客车辆双定位，并及时将租车信息传到所有可能载客的车辆上，建立起比较经济、快捷的供求联系，撮合成最具效率的出行安排。从打车初始阶段到下车使用线上支付车费，画出一个乘客与司机紧密相连的 O2O 完美闭环，最大限度优化乘客打车体验，改变传统出租司机等客方式，让司机根据乘客目的地按意愿“接单”，节约司机与乘客的沟通成本，降低空驶率，最大化节省司乘双方的资源与时间。

（三）对平台型组织滴滴出行组织结构的分析

滴滴出行这样的公司，其组织成员有两种类型：其一是滴滴出行平台的管理、维护、软件开发、营销客服等人员，我们暂且称之为紧密型员工；其二是分布于各地的滴滴司机，我们暂且称之为松散型员工。对于紧密型员工，其组织方式与传统组织方式大致相同，其相互关系是基于职能分工的科层制结构。对于滴滴出行的松散型员工则表现出不同于以往组织的新特点：一方面，松散型员工要接受滴滴出行的管理、控制、奖惩；另一方面，松散型员工又保持了较高的独立自主性。这种独立自主性体现在工作时间可以自我调整、工作强度可以自我选择（包括平台上的订单是否去抢）等方面。而且，绝大多数滴滴司机只是在滴滴出行的平台上注册而已，他们与滴滴出行的紧密型员工甚至没有见过面。滴滴出行这种新型的组织关系有点像化学中的原子结构，滴滴出行平台及其紧密型员工像原子核，而松散型员工就像围绕原子核不停旋转的电子，这些松散型员工密布在滴滴出行核心层周围，如同电子云一般。

二、原子型组织结构是共享经济时代的组织结构创新

（一）共享经济时代造就的新型组织结构：原子型组织结构

从企业组织的发展历史看，企业组织结构的演变过程本身就是一个不断创新、不断发展的过程。在移动互联网日益改变人们生产生活方式的今天，服务于共享经济的网络平台型组织大量涌现，这些组织拥有区别于以往组织理论所介绍的组织结构。对于类似滴滴出行、摩拜单车这样的公司，其组织结构在现有的组织理论中尚不能找到合适的理论解释。它既不同于传统的金字塔形组织结构，也不同于近年来比较流行的矩阵型组织结构，这种组织的结构需要一种新的结构理论进行解释。

我们知道，原子结构（也可称为原子模型）由居于中心位置的原子核以及围绕其高速旋转的电子构成。原子核内部又由带正电的质子以及不带电的中子构成，其密度大，质量占据原子质量的绝大部分。原子核外部则由带负电的电子环绕。居于外围的电子密度小，状态是相对松散和自由的，其高速运转的轨迹一般描述为电子云。原子核与电子之间通过正负电的相互吸引力保持原子的稳定存在。

对于共享经济时代的平台型组织，其构成方式与原子结构非常类似。这种组织有“原子核”——基于互联网的App平台（带正电的质子）以及该平台的操控者、维护者（中子）；也有带负电的“电子”——具有较高自由度的松散型员工（滴滴司机）。众多的“电子”（松散型员工）围绕“原子核”（平台）形成“电子云”。原子型结构的“原子核”与“电子”之间通过利益共享机制保持着彼此的吸引力，从而形成一种相对稳定的社会存在。因此，我们认为共享经济时代的平台型组织具有原子型组织结构。这种组织结构是区别于金字塔形和矩阵制的新型组织结构。

（二）原子型组织结构的基本特征

1. 原子型组织结构建立在发达的网络技术基础上

任何一种组织结构都会有其产生的经济、科学技术、文化背景，这些背景构成组织结构的合理性基础。当一种组织结构的存在基础遭到破坏，其存在的合理性便会消失，也就产生了组织结构变革的冲动。原子型组织结构的存在基础就是发达的网络技术，尤其是近年才广泛普及的移动互联网技术。可以说，没有移动互联网的普及应用就不会有滴滴出行等共享经济平台类公司，也不会有与之相适应的原子型组织结构。

2. 原子型组织结构中有两类不同性质的员工

从目前的实践看，具有原子型组织结构特征的组织绝大多数都是基于互联网的、以撮合供求为主要使命的平台型组织。如前所述，组织中从事管理、服务、研发、销售等职能的紧密型成员通过命令链与组织保持了紧密的联系，构成这种组织的“原子核”，他们必须在较大程度上牺牲个体的“自由”（接受组织强约束）以换取组织的整齐高效。相反，围绕“原子核”存在的“电子”——松散型员工与组织之间不是通过严苛的命令链维系的，而是通过某种利益共享机制保持个体与组织的相互联系。两类员工承担的责任、扮演的角色有很大不同，因此对两类员工的考核与管理也存在明显的差异。

3. 原子型组织结构使组织边界模糊

在共享经济时代，为了适应更快的商业节奏，原有的有形和无形的组织边界将被打破，组织之间变得更加注重协同，你中有我，我中有你。当今时代，组织必须坚持外部导向、必须有开放性、必须打开内外边界才能快速进步。打开边界意味着组织可以更加便捷地与环境交互信息、感知变化，更加便捷地在与合作伙伴的互利共赢中获得成长。僵化的、传统的、刚性的组织终将无法面对今天这样一个不断变化的环境。

具有原子型组织结构的组织其组织边界是混沌的，甚至无法清晰地确认。尤其对于组织的松散型员工来说，他们笼罩在组织平台周边，呈现出“云”一般的存在，很难确切找到其边界。以滴滴出行为例，滴滴司机所到之处就是它的边界，这个边界很难用以往的地理位置及成员属性去界定。同时，由于滴滴司机的动态流动性很强，因此这种原子型结构组织的边界具有一定的伸缩性或不确定性，就像化学理论中原子最外层的电子很容易得失一样。

另一方面，原子型组织结构组织边界的模糊还表现在松散型员工的多平台共享方面。类似原子之间可能通过“共价键”共用电子形成更为稳定的分子一样（不同原子的最外层电子可以通过共享达成稳定状态），不同的平台型组织也可能有一些共属于不同平台的“电子”。譬如，有些司机既是滴滴出行的成员，也是其他同类公司的成员。对于个体来说，可能未来也不是只服务于一家企业，他可能是多家企业的员工，为多家企业服务。

4. 原子型组织结构与传统组织结构相比具有较大的弹性

过去，不论是金字塔形组织结构还是矩阵制组织结构，组织与成员都是依靠雇佣的契约来绑定的。企业通过各类招募方式把应聘者招来进行面试，确定后发出录用通知，签署用工合同，办理入职手续。组织与个人是牢牢绑定的，企业组织要负责个人方方面面的事情，除了酬劳，还有社保及其他。组织与个人的雇佣关系是一对一的。维系组织存在的基本逻辑是以较强的刚性命令链将组织的各层级、各成员联系在一个边界明确的组织框架内。

在原子型组织结构中，个体（尤其是松散型员工）与组织已不是纯粹的雇佣关系、服从关系，而是共生关系、合作关系。维系组织及其成员的纽带是弹性十足的利益共享机制。这种维系纽带是相互的吸引而非单向的命令。命令是僵化的，而利益基础上的吸引、依存则是弹性的。由于原子型组织结构有数量庞大的“低密度电子”——松散型员工（譬如数量众多的滴滴司机）存在，因此可以有较大的伸缩空间，即具有较好的弹性。

5. 原子型组织结构需要规模经济效应支撑

纵观现实中的共享经济组织，无不是以庞大的规模取胜。没有一定的松散型员工数量支撑，平台的运行成本将居高不下，难以为继。与此同时，松散型员工数量越多，共享平台将越容易获得规模经济效益并走向良性循环。因此，在现实中，这种基于共享平台的原子型组织无不是依靠资本市场的力量推动组织迅速扩张并获得先发优势，进而实现胜者通吃、独占市场的目的。其规模与效益的关系是先有规模才有效益，先烧钱再赚钱。

三、原子型组织结构的优劣势分析

原子型组织结构是移动互联网条件下的新生事物，其优点表现在以下几个方面：第一，它拓展了组织视野，拓宽了组织边界。原子型组织结构使组织成为“云”一般的存在，使组织得以弥漫于社会生活的各个角落，真正做到了无边界化。第二，它充分体现了共享的精神实质。原子型组织结构的魅力在于真正做到资源共享和利益共享，各个组成部分如果没有共享理念，这样的组织将不复存在。第三，它提高了资源使用效率。原子型组织结构将组织的资源配置职能延伸到网络所能触及之处，最大限度降低了资源的无效损耗（譬如车辆空载），提高了资源利用效率。第四，它为人类提供了更具弹性的工作和生活方式，使人类追求自由的“天性”在更大程度上得到解放。原子型组织结构使人们在工作场所、工作强度、工作时间等方面拥有更多的选择权，摆脱了传统集体工作方式在时间、场所、强度，甚至着装等方面的束缚，增加了人的自由度，提升了人的幸福感。

任何新生事物都要一分为二地看待，原子型组织结构也存在一些潜在问题，主要表现在以下方面：第一，对松散型员工的控制与管理能力不足。由于原子型组织结构对松散型员工的入口审查仅限于网络上的入职资质审查、社会信用审查等，在社会公民信用体系不健全的条件下，入职把关非常难，很容易将不良人员纳入组织之中，为组织日后的健康运作带来隐患。另外，对于松散型员工的日常管理主要依赖 App 平台的运行和用户的评价，缺少更为直接有效的监管机制。第二，对网络技术的依赖非常强。一旦遇到人为或自然的网络攻击，整个组织可能陷于瘫痪，需要有更加完备的预防机制。第三，前期投入巨大，风险程度较高。这种结构的组织需要庞大的用户参与才会有效。因此，前期的基础性投入比较大、比较广，竞争也比较激烈，一旦有新的替代品出现，这种组织可能面临雪崩式溃散。

第5节 学习型组织的设计

一、学习与组织学习

(一) 学习的含义

1. 学习的本义

学就是通过读书、听讲、观摩、思考等，掌握已有的知识。学是一个不断累积的过程，也是每一个学习者都必须经过的环节，无论蒙童还是成年人。社会生活是无止境的，经验和知识的积累也是无止境的，因此我们常说“活到老，学到老”。习就是反复地实践，通过长期重复地做，逐渐养成不自觉的活动。因此，学习就是通过阅读、听讲、研究、实践等获得知识或技能的过程。传统的学习观认为，学习是一个由不知到知的过程（学），也是由不会到会的过程（习）。

2. 学习与创新

过去对学习的理解一般仅限于学习是为了传播知识和应用知识，即从不知到知，从不会到会。但是，如果把学习的目的仅仅限于知识的传播和应用就略显狭隘了。“组豆犹古法，衣裳无新制”并非人们真正想要的极乐世界，在一个停滞的社会里，无论在精神上还是在物质上，人们都将寻求突破。

其实，学习本身不是目的，传播、应用知识也不是学习的终结，学习的最终目的是尽可能地满足人们不断增长的物质和精神需求。因此，在学得知识之后，把它运用于实践，解决实际问题，并在学习与实践中创造出新的知识，这才算完成了一个完整的学习过程。人的欲望是无止境的，需要不断创新才能满足人们的欲望，因此，创新是学习的题中应有之意。

另外，探究未知世界也是人的天性，我们总是要在前人止步的地方继续前行，有所发现，有所发明，有所创造，有所发展。学习仅是我们探索、创新、发展的工具，创新与发展才是根本目的。

(二) 个体学习与组织学习

1. 个体学习

个体学习（personal learning）是指个体在行为过程中和通过行为的结果获得新的技能和知识。个体学习的实现或者通过直接的实践，或者通过他人经验的提示，或者通过理论知识的学习。个体的学习对于维护和促进协助关系系统的整体发展有重要的意义。

个体学习是个体为使自己的行为更有效而获取知识与技能的过程，包括两个方面：

(1) 行为学习（operational learning），或称知其然（know-how），即达到特定状况的能力。如一个学徒工通过师傅指教、个人观察、实践，学会做木工，就是行为学习的一个例子。

(2) 概念学习（conceptual learning），或称知其所以然（know-why），指的是对经验的

理解或形成见识。对于上面那个学徒工，通过长期做木工了解了各种木材的特性，从而形成经验和解决办法的过程，就是概念学习。

2. 组织学习

组织学习是指组织为了实现发展目标、提高核心竞争力而围绕信息和知识技能所采取的各种行动，是组织不断努力改变或重新设计自身以适应持续变化的环境的过程。自 20 世纪 80 年代提出组织学习的概念到 20 世纪 90 年代，学者对组织学习从心理、政治、经济、社会和文化等多方面进行了研究和探讨。战略研究中已将组织学习看作形成未来公司核心竞争力的重要因素。组织通过学习提高对产品、技术和管理的创新能力，形成新的特殊资源，再对这种资源进行有效利用形成核心竞争力。

3. 个体学习与组织学习的关系

阿吉里斯（Argyris）和舍恩（Schön）等学者深入地探讨了个体学习与组织学习的关系，指出组织学习主要是具有共同思维模式的个体行为的结果，但同时组织学习过程比个体学习过程更为复杂。

首先，组织学习的概念实际上是从个体学习借鉴引申而来的，是个体学习的优化。“横看成岭侧成峰，远近高低各不同”，距离、角度、时机、主体不同，观察到的现象、得到的结论也不同。一个人看问题就像一根蜡烛，总有照不到的地方，有灯影下的黑暗。多个人一起看问题，就犹如手术室的无影灯，可以一览无余。组织学习可以弥补个体学习的不足，在相互促进中，实现学习效率的提高。因此，大多数关于组织学习的论述都是基于这种类推。组织是由个体构成的，也只有人才能学习，因此，个体学习是组织学习重要的前提和基础。

其次，组织不是个体的简单加总，组织学习也不是个体学习的简单累加。组织没有“大脑”，但它确实有记忆和认知系统，通过这些功能，组织可以形成并保持特定的行为模式、思维准则、文化以及价值观等。

最后，组织不只是被动地受个体学习过程影响，而且可以主动地影响其成员的学习。因此，必须把个体视为一个有机系统的一部分，个体学习与组织学习之间存在相互影响、相互制约的互动作用。一方面，从理论上说组织拥有比个体更大的存储知识、应用知识和创新知识的潜力，特别是具有将个体知识创新纳入特定方向并加以支持扩大的能力，因此，组织可以更好地推动个体学习，产生远远大于组织中个体学习总和的整体学习效果；另一方面，在实践中很多组织在传播、共享、存储和应用知识的过程中往往会发生过程损失，致使组织学习的效果可能远远低于个体学习效果的总和。过程损失一般是由组织内部各种权力和关系冲突引起的，为组织学习制造各种障碍。

(三) 组织学习的类型

1. 组织学习过程的分类

从学习的过程看，组织学习主要分为单环学习和双环学习。

(1) 单环学习。单环学习发生在发现错误和立即纠正错误的过程中。它能够对日常程序加以改良，但是没有改变组织活动的基本性质。单环学习适用于惯例、重复性的问题，有助于完成日常工作。它是一种企业日常技术、生产和经营活动中的基本学习类型。

(2) 双环学习。双环学习是指工作中遇到问题时，不仅寻求直接解决问题的办法，而且检查工作系统、工作制度、规范本身是否合理，分析导致错误或成功的原因。双环学习更多地与复杂、非程序性的问题相关，并确保组织在今后会有更大的变化。双环学习是一种较高水平的学习，它能扩展组织的能力，注重系统性解决问题，适用于组织的变革和创新。它不仅包括在已有组织规范下的探索，而且包括对组织规范本身的探索。双环学习经常发生在组织的根本性创新时期。

(3) 单环学习与双环学习的应用。所有的组织都需要单环学习和双环学习。只不过组织采用不同的创新模式，会选择不同的学习类型。例如，在根本性创新的过程中，往往伴随着双环学习，这实际上是一个“学习如何学习”的过程，通过反思组织视野、组织学习方法以及学习中的不足，组织得以迅速把握技术机会和市场机会，从而能够不断地以新的产品和服务来为自己赢得生存空间。在渐进性创新过程中，单环学习经常是一种主导学习模式——在不改变系统的根本价值观的情况下，监测和纠正错误。①

在组织创新过程的不同阶段，经常伴随不同形式的组织学习。例如，在组织创新思想形成阶段，有以获取新的组织知识为主导的学习形式；在组织诊断与模式选择阶段，则主要表现为在观念震荡中学习；在创新设计与时机选择阶段，又主要是在组织冲突中学习；而在实施阶段和创新评价阶段，学习的主导形式是在组织的重新社会化中学习。不同形式的学习有不同的特点，并在组织创新过程中起着不同的作用。

2. 组织学习方式的分类

从组织学习的方式看，组织学习主要有适应型学习、预见型学习和行动型学习等。

适应型学习是指团队或组织从经验与反思中学习。适应型学习的过程是从行动到结果，然后对结果进行评价，最后是反思与调整。

预见型学习是指组织从预测未来各种可能发生的情境中学习。这种方式侧重于识别未来发展的最佳机遇，并找到实现最佳结果的途径。预见型学习的过程是从先见之明到反省，然后落实到行动。

行动型学习是从现实存在的问题入手，侧重于获取知识，并实际执行解决方案。它是一个评估和解决现实工作中存在的实际问题，以更好、更快地学习的过程，即学习的过程就是解决工作难题的过程。学习型组织中的学习重视学习成果的持续转化，学习的效果要体现在行为的改变上，因此，行动型学习就成为学习型组织创建过程中非常重要的学习类型和学习方法。

二、学习型组织

(一) 学习型组织的构想

学习型组织最初的构想源于美国麻省理工学院佛瑞斯特教授。他是一位杰出的技术专家，是20世纪50年代早期世界第一部通用电脑“旋风”创制小组的领导者。他开创的系统动力学提供了研究人类动态性复杂的方法。所谓动态性复杂，就是将万事万物看成是动态的，处在不断变化的过程之中，仿佛是永不止息之流。1956年，佛瑞斯特以他在自动控制中学到的信息反馈原理研究通用电气公司的存货问题时有了惊人的发现，从此致力于研究企业内部各种信息与决策所形成的互动结构究竟是如何影响各项活动，并反过来影响决策本身起伏变化的形态的。佛瑞斯特既不做预测，也不单看趋势，而是深入地思考复杂变化背后的本质——整体动态运作的基本机制。他提出的系统动力学与自然科学中的混沌理论和复杂理

① 许玉林．组织设计与管理．2版．上海：复旦大学出版社，2010：145.

论所阐述的概念，在某些方面具有相通之处。1965 年，他发表了一篇题为《企业的新设计》的论文，运用系统动力学原理，非常具体地构想出未来企业组织的理想形态——层级扁平化、组织信息化、结构开放化，逐渐由从属关系转向工作伙伴关系，不断学习，不断重新调整结构关系。这是关于学习型组织的最初构想。

（二）学习型组织

彼得·圣吉是学习型组织理论的奠基人。作为佛瑞斯特的学生，他一直致力于研究以系统动力学为基础的更理想的组织。1970 年在斯坦福大学获航空及太空工程学士学位后，彼得·圣吉进入麻省理工学院斯隆管理学院攻读博士学位，师从佛瑞斯特，研究系统动力学与组织学习、创造理论、认识科学等的融合，发展出一种全新的组织概念。他用了近十年的时间对数千家企业进行研究和案例分析，于 1990 年完成其代表作《第五项修炼——学习型组织的艺术与实践》。他指出，现代企业所欠缺的就是系统思考的能力。它是一种整体动态的搭配能力，因为缺乏它而使得许多组织无法有效学习。之所以会如此，是因为现代组织分工负责的方式将组织切割，而使人们的行动与其时空上相距较远。当不需要为自己的行动结果负责时，人们就不会去修正其行为，也就无法有效地学习。

《第五项修炼》提供了一套使传统企业转变成学习型企业的方法，帮助企业通过学习提升整体运作的“群体智力”和持续的创新能力，成为不断创造未来的组织，从而避免了企业“夭折”和“短寿”，未来最成功的企业将是学习型企业。该书一经出版即在西方产生极大反响，彼得·圣吉也被誉为 20 世纪 90 年代的管理大师。学习型组织的提出和一套完整的修炼体系的确立，实际上宣告了整个管理学的范式在彼得·圣吉这里发生了转变。正是在这个意义上，不少学者认为，《第五项修炼》以及随后的《第五项修炼·实践篇》《变革之舞》的问世，标志着学习型组织理论框架的基本形成。

三、学习型组织的修炼

在学习型组织中，个体学习和组织学习的转化是一个经过系统思考、自我超越、建立共同愿景、改善心智模式和团队学习的过程，下面具体分述之。

（一）系统思考

彼得·圣吉认为系统思考是五项修炼的基石。他强调全局系统思考的模式，反对片面思考，帮助人从看片段转到看整体，从迷失于复杂的细节转到掌握动态的均衡搭配。他认为，系统思考是五项修炼中最为重要的方面，它既是完整的知识体系，又是将其他四项修炼融为一体的实用方法。只有组织中每个层面的人都学习系统思考，才能建立学习型组织真正意义上的组织学习。

（二）自我超越

自我超越是指个体不断厘清自己真正的愿望，努力实现内心深处最想实现的愿望，全心投入，不断创造和超越。学习的目的并非仅仅是获取知识，还包括培养如何实现生命中真正想要达成结果的能力。只有组织中每个层面的人都学习自我超越，才能建立学习型组织真正意义上的组织学习。

（三）建立共同愿景

当个体学习愿景与组织学习愿景一致、个体和组织具有共同愿景时，个体学习可以转化为组织学习。从学习的驱动力来看，个体学习的驱动力是内在生成的，而组织学习则是强制劝说，只有个体生成的学习目标和组织的学习目标一致时，个体的学习动机才能转化为对组织有用的技能和态度，两种驱动力才能统一。具有目的一致性及共同愿景，并不是指个体要为团体愿景牺牲自己的利益，而是将共同愿景变成个体愿景的延伸。

（四）改善心智模式

在认知心理学中，心智模式是指在一定的文化背景下，人们内心深处长期保留的对世界的看法以及通过日常生活的点滴领悟积累而成的思维定式。心智模式影响人们的认知方式，不同的心智模式将导致不同的行为方式。组织学习不能完全看作个体学习的积累，组织特性的遗传与继承都不是成员单独能够完成的，完整的组织学习不仅包括个体的学习，还包括员工之间的交流和知识的共享，个体学习通过影响组织分享的心智模式影响组织水平的学习。阿吉里斯和舍恩也认为组织学习是通过个体的行动产生的，而个体行动根植于一个分享的模式之下。心智模式存在的问题不在于对与错，而在于不了解它是一种简化的假设，以及常隐藏在人们的心中不易察觉与检视。看清了心智模式的问题，就可以不把自己所偏好的心智模式强加于别人，并改善心智模式，以达到全体一致的想法为目标。不同的心智模式可以同时存在，它们全部需要以未来的情况加以检视和重新考量，这就需要组织成员具备忠于真相的精神。圣吉还强调：组织最关键的心智模式就是决策者的心智模式，因为每一个成功的学习方案都需要关键人物的主导，需要他们来安排新的活动，如反思、进行团队合作以及训练。作为响应社会挑战的策略，必然会与组织中相关的权力结构变化相伴随，也就是说，领导决策者的心智模式起关键作用。

（五）团队学习

团队学习是学习型组织中由个体学习转到组织学习最基本的形式，是建立在自我超越、系统思考、改善心智模式和建立共同愿景上的团队学习。在某些层次上，个体学习与组织学习是无关的，即使个体始终都在学习，并不表示组织也在学习。但是如果是团队在学习，团队为了组织目标而学习，团队就变成整个组织学习的一个小单位，它们可将所得到的共识化为行动，甚至将这种团队学习技巧向别的团队推广，进而建立起整个组织一起学习的风气与标准。未能整体搭配的团队，许多个体的力量一定会被抵消浪费掉，只有当一个团队整体上更加搭配时，才会汇聚出共同的方向，发展出一种共鸣，就像凝集成束的激光，而非分散的灯泡光。团队学习是发展团体成员整体搭配与实现共同目标能力的过程。

四、学习型组织的实践

在当今快速多变的时代，组织学习能力决定着组织的创新和发展能力，因此，许多组织都把构建学习型组织作为培育其核心竞争力的手段。美国麻省理工学院的埃德加·沙因教授曾说："未来的文盲不再是不认识字的人，而是没有学会怎样学习的人。"世纪之交也有人提出了构建学习型社区、学习型城市、学习型社会的概念。这些都说明，学习型组织已经深刻影响着我们的社会生活，涌现出许多学习型组织的典范。

以联想为例，虽然说联想的成功是有多方面原因的，但不可忽视的是联想极富特色的组织学习实践，使得联想能够顺应环境的变化，及时调整组织结构和管理方式，从而健康成长。联想具有以下几种组织学习方式：(1) 从合作中学习（与惠普、英特尔、微软、东芝等保持良好的合作关系）。（2）向他人学习（联想在企业文化中不断宣称：前车之鉴，后车之师；它山之石，可以攻玉。同时大力提倡向顾客学习等）。（3）从自己过去的经验中学习等。

联想的组织学习保证和促进机制有：（1）不断创造全员学习的机会。包含建立继续学习中心、鼓励员工参与全球性对话团体会议、帮助员工建立职业生涯规划、给员工分配有挑战性的工作、建立工作学习团队等。（2）促进探讨和深度对话。包括定期的头脑风暴、例行会议、教育和培训、领导议事机制、委员会和工作小组。（3）建立共同愿望。把联想员工凝聚在共同愿景的旗帜之下。（4）建立弹性的促进学习交流的组织结构。根据业务发展需要，适时地调整组织结构，建立人员合理流动与轮岗的机制，促进共享知识的收集、传播和利用等。

西方企业也有许多促进组织学习能力提高的实践，譬如，微软就建立了所有项目组必须"自食其果"的制度，促进团队反思式学习。

□ 本章小结

在知识经济时代，随着交通、通信、网络技术的飞速发展，组织的生存环境发生了根本性改变，传统时空观念下的组织设计与"地球村"时代的生存环境格格不入。3I 环境成为组织必须正视的生存环境，3C 因素成为组织必须把握的发展因素，于是，扁平化组织、多功能团队、流程再造、学习型组织、虚拟组织、战略联盟、网络组织等形形色色的新型组织纷至沓来，极大地丰富了组织理论的内容。

在组织结构变革过程中，扁平化、无边界化是两个重要的趋势。所谓组织扁平化，就是通过破除公司自上而下垂直高耸的结构、减少管理层级、增加管理幅度、裁减冗员来建立一种紧凑的横向组织，达到使组织变得灵活、敏捷、富有柔性、创造性的目的。它强调系统、管理层级的简化、管理幅度的增加与分权。扁平化组织是由于科层制组织模式难以适应激烈的市场竞争和快速变化环境的要求而出现的。无边界组织是打破组织的各种边界而形成的新组织。它并不意味着企业原先各界限的完全消失，而是将传统企业中的边界模糊化，形成像"隔膜"一样的新边界，通过组织协调，提高整个组织信息的传递、扩散和渗透能力，实现信息、经验与技能的对称分布和共享，达到激励创新和提高工作效率的目的，使各项工作顺利地开展和完成。

近年来，移动支付手段日益普及，催生了大量类似爱彼迎、滴滴出行等平台型组织，这些组织呈现出一种新型组织结构——原子型组织结构。这些新事物的出现为组织理论的丰富和发展提供了现实基础。

□ 关键术语

企业流程再造　矩阵制组织　虚拟组织　学习型组织　扁平化组织　原子型组织结构

□ 复习题

1. 知识经济时代组织的生存环境发生了怎样的变化？
2. 简述企业组织结构变革的扁平化趋势。
3. 简述企业组织结构变革的无边界化趋势。

4. 什么是虚拟组织？虚拟组织有何特点？
5. 虚拟组织有哪些具体类型？
6. 矩阵制组织有何特点？
7. 什么是学习型组织？
8. 学习型组织如何修炼？

案例分析

美特斯邦威的虚拟运作

美特斯邦威是一家创建于1995年的中国民营服装企业，主要研发、生产、销售美特斯邦威品牌休闲系列服饰。总部设在中国浙江省温州市。该公司充分利用虚拟企业的运作模式，以较少的资本撬动了巨大的社会资源，实现了企业经营管理与经济效益的重大突破。

虚拟运作不同于传统的经营方式。虚拟经营要求企业将具有核心专长的业务与一般业务分开，集中有限的资源从事附加值高的核心业务，而将非核心的业务虚拟化，外包给擅长这些业务的协作企业。从服装行业价值链进行分析，附加值高的部分主要集中在品牌、设计环节。自20世纪90年代以来，休闲服饰在我国消费者中成为消费时尚。

美特斯邦威在其虚拟运作中，主要采取了以下方式。

一、外包非核心业务

1. 生产外包

随着休闲装市场不断发展，美特斯邦威迫切需要扩大生产规模却缺乏资金实力，于是采用定牌生产的方式，将生产业务外包给实力雄厚的协作厂家，把握生产的主动权。美特斯邦威先后与广东、江苏等地的80多家生产企业建立了长期合作关系，为公司进行定牌生产，这些企业具有年产系列休闲服饰1 000多万件的能力。如果这些企业都由美特斯邦威投资的话，则需2亿～3亿元。

2. 特许经营：销售外包

美特斯邦威欲扩大销售网络，但资金实力又显不足。公司决定采取特许经营策略开设连锁店，利用社会闲散资金来进行销售网络扩张。美特斯邦威通过契约的方式，将特许权转让给加盟店。加盟店根据区域不同分别向美特斯邦威缴纳5万～35万元的特许费。2013年，美特斯邦威已拥有1 000多家专卖店，除20%是直营店，其余都是特许经营连锁专卖店。美特斯邦威不仅节省了近2亿元的资金投入，还得到了一大笔无息发展资金，使其有更充裕的资金投入到产品设计和品牌经营中。另外，通过这种方式，公司也网罗了大批销售精英。

美特斯邦威对加盟店实行“复制式”管理，做到“五个统一”，即统一形象、统一价格、统一宣传、统一配送、统一服务标准。如此一来，公司的品牌形象与知名度大增。

二、专注核心业务

美特斯邦威将有限的资源集中到品牌经营与设计等环节，并利用成熟的信息化管理手段保证整个协作系统的高效运作，而优秀的管理团队则是其最宝贵的资源。

1. 打造强势品牌

美特斯邦威认为，核心竞争优势应体现在品牌的知名度和美誉度上。美特斯邦威自创立以来，就一直不遗余力地推进品牌战略，采取创意制胜的思路，成功地进行了许多品牌推广活动。公司针对目标顾客群年龄在18～25岁的特点，不惜重金聘请明星郭富城担任品牌代言人，借助明星的魅力进行“攻心战”。为占领重点市场，公司在“中华第一街”上海南京路开设了近2 000平方米的旗舰店，堪称国内服装品牌专卖店之最。

2. 设计制胜

设计是服装品牌的灵魂。美特斯邦威于1998年在上海成立了设计中心，并与法国、意大利的知名设计师开展长期合作，把握流行趋势，形成了“设计师＋消费者”的独特设计理念。公司领导和设计人员每年都有1～3个月时间搞市场调查，每年两次召集各地代理商征求对产品开发的意见。在充分掌握市场信息的基础上每年开发出新款式约1 000个，其中50%正式投产上市。公司还利用广东中山等5家分公司的跟踪能力，不断调整产品结构组合，强化品牌的整体形象。

有一点必须强调的是：如此庞大的公司系统，美特斯邦威是如何管理的？答案就是借助信息化管理手段！从1996年起，美特斯邦威投入大量资金、人力，根据企业实际需求自建计算机信息网络系统。现在，所有专卖店均已纳入公司内部计算机网络，实现了包括新产品信息发布系统、电子订货系统、销售时点系统的资讯网络的构建和正常运作。通过计算机网络，信息流通速度大大加快，使总部能及时发布信息。全国各地的专卖店可从电脑上查看实物照片，快速完成订货业务。总部能随时查阅每个专卖店的销售业绩，快速、全面、准确地掌握各种进、销、存数据，进行经营分析，及时做出促销、配货、调货的经营决策，对市场变化做出快速反应，使资源得到有效配置，提高市场竞争能力。此外，通过计算机信息网络，总部能更好地对各专卖店的价格等方面进行控制，避免在进一步扩张后出现局面失控的现象。通过信息流管理，美特斯邦威实现了物流与资金流的快速健康周转。

资料来源：根据美特斯邦威官网资料改编。

思考题

1. 通过学习以上案例，请概括虚拟企业的特征。

2. 你如何看待当今企业界盛行的战略联盟？

第8章 人力资源规划与设计

导读案例

人力资源社会保障部办公厅关于进一步做好人力资源市场供求和企业用工情况分析报告工作的通知（人社厅函〔2018〕2号）

上海市、江苏省、浙江省、安徽省、福建省、江西省、山东省、河南省、广东省、重庆市、陕西省人力资源社会保障厅（局）：

11省市人力资源市场供求和企业用工情况分析报告制度自2011年建立以来，相关省市做了大量工作，特别是上海、浙江、福建等地报告质量较高，为研判就业形势和科学决策提供了重要支撑，但个别地区仍存在报送不及时、报告内容有缺项等问题。为更好发挥本项工作在加强就业形势分析研判中的作用，现就进一步做好分析报告工作有关事宜通知如下：

一、报告内容要求

报告内容主要包括本地区人力资源市场供求变化情况、高校毕业生供求变化情况、监测企业用工变化情况，以及对本地区就业情况总体判断和走势预测四个方面。

（一）本地区人力资源市场供求变化情况。

1. 到公共就业和人才服务机构登记招聘的用人单位数、招聘人数，到公共就业和人才服务机构登记求职人数，并通过环比、同比等方式分析变化趋势；

2. 招聘人数与求职人数的比率（求人倍率）变化情况，并通过环比、同比等方式分析变化趋势；

3. 本地人力资源市场供需两侧数据结构变化情况，求职人员从性别、年龄、学历、期望薪酬平均水平方面分析，招聘企业从行业类型、岗位类型、提供薪酬平均水平方面分析。

（二）本地区高校毕业生供求变化情况。

1. 到公共就业和人才服务机构登记求职的应届高校毕业生人数（7月份前为上一年度应届毕业生，7月份后为本年度应届毕业生），并通过环比、同比等方式分析变化趋势；

2. 到公共就业和人才服务机构登记招聘高校毕业生的用人单位数、提供岗位数，并通过环比、同比等方式分析变化趋势。

（三）本地区监测企业用工变化情况。

1. 当期监测企业用工数量，并通过环比、同比等方式分析变化趋势；

2. 当期监测企业中岗位增长率、流失率前3行业；

3. 当期监测企业中缺工最多的3个行业。

（四）对本地区就业情况总体判断和走势预测。

根据本地人力资源市场供求、高校毕业生供求、监测企业用工等数据变化情况，结合工作实际，对报告期内本地区就业形势进行综合研判，分析数据变化现象背后的原因，反映当期面临的最主要问题和风险点。同时，结合本地经济发展情况，对下一步就业走势作出预判。

二、具体工作要求

（一）各地要高度重视此项工作，加强组织领导，指定牵头单位，统筹安排调度，督促有关单位及时做好数据采集和汇总分析工作，于每月初 7 个工作日内完成报告报送工作。

（二）用工监测企业至少应覆盖部里确定的你省失业动态监测样本企业数据，有条件省份可适当扩展监测企业范围，并在报告中加以说明。

（三）分析报告内容要着重反映当期就业形势变化和工作中面临的最突出问题，可通过调研、座谈等多种方式及时了解有关情况，做到数据准确、观点清晰、情况鲜活。

（四）请安排专人负责此项报送工作，相关人员联系方式（包括单位、职务、电话、邮箱等信息）请在 2018 年 1 月份报送报告时一并上报。

人力资源社会保障部办公厅

2018 年 1 月 2 日

第 1 节　人力资源规划总论

一、人力资源规划及其意义

（一）人力资源规划的概念

人力资源规划（human resource plan，HRP）也叫人力资源计划，是指为实施组织（本章的组织主要指营利性组织——企业）的发展战略，实现组织使命与目标，根据组织内外部环境和条件的变化，运用科学的方法进行组织人员设计，即通过对组织未来人力资源的需求和供给状况的分析及估计，对组织的人力资源发展做出规划，以确保组织在需要的时间和需要的岗位上，获得各种必需的人力资源，保证事（岗位）得其人、人尽其才，使组织实现目标的过程中得到人力资源的保障。

在企业组织中，对人力资源规划还有狭义与广义的不同理解。狭义来看，人力资源规划是指企业从战略规划和发展目标出发，根据其内外部环境的变化，对各类人力资源进行供需预测，并使之平衡的过程。实质上它是企业各类人员需求的补充规划，具体包括人员配备计划（包括轮岗、调整、培训等）、人员补充计划（预测需求、储备人才、改善人才结构）、人员晋升计划（晋升条件、晋升比率、晋升时间等）等。广义来看，人力资源规划是指一切涉及人力资源及其关系调整的计划，具体包括人力资源战略发展规划、组织结构及人事调整规划、人力资源管理费用预算、人力资源管理制度建设、人力资源培训开发规划、人力资源系统调整发展规划等。

（二）人力资源规划的分类

按规划内容分，主要包括以下各类。

1. 人力资源组织结构及人力资源调整规划

人力资源组织结构及人力资源调整规划主要是指对组织结构进行设计与调整规划，并实现人力资源供求的平衡。结构规划主要包括部门化组织设计、（工作）岗位设置、劳动定员定额和科学地组织劳动生产，一旦设计调整好，相对来说会保持长期稳定状态。人力资源供求平衡则经常需要根据企业内外部环境进行适应性调整。故可以把组织结构的规划设计称为静态的组织人力资源规划，把人力资源供求平衡计划称为动态的组织人力资源规划。

2. 人力资源管理费用预算

人力资源管理费用预算是企业在一个生产经营周期（一般为一年）内，人力资源全部管理活动预期的费用支出的计划。人力资源规划的根本目的是通过分权、分责、分利的人力资源管理活动实现人力资源与其他资源的最佳配置，而企业人力资源管理费用预算则是计划期内人力资源及其各种相关的管理活动得以正常运行的资金保证，因此，组织人事规划不能脱离人力资源管理费用预算而独立进行，人力资源管理费用预算在人力资源规划中必不可少。

3. 人力资源开发规划

人力资源开发规划包括企业全员培训开发规划（员工职业技能的培训计划、员工职业道德的教育计划）、专门人才的培养计划、人员轮换接替计划、员工职业生涯发展规划、企业文化建设计划等。

（三）人力资源规划的意义

1. 满足组织总体战略发展的要求

人力资源规划是组织发展战略的重要组成部分，同时也是实现组织战略目标的重要保证。所有组织都在不断地追求生存和发展，而生存和发展的主要因素是人力资源的获得与运用。也就是如何适时、适量及适质地使组织获得所需的各类人力资源。由于现代科学技术日新月异，社会环境变化多端，如何针对这些多变的因素，配合组织发展目标，对人力资源恰当规划甚为重要。

2. 确保组织生存和发展过程中对人力资源的需求

人力资源部门必须分析组织人力资源的需求和供给之间的差距，制定各种规划来满足对人力资源的需求。人力资源规划一方面对人力资源现状予以分析，以了解人力资源动态；另一方面对未来人力资源需求做一些预测，以便对企业人力资源的增减进行通盘考虑，再据以制定人员增减和培训计划。

3. 有利于人力资源管理活动的有序化

人力资源规划是组织人力资源管理工作的基础，它为管理活动（如确定人员的需求量、供给量，调整职务和任务，培训等）提供可靠的信息和依据，进而保证管理活动的有序化。

4. 有利于调动员工的积极性和创造性

人力资源管理要求在实现组织目标的同时，也要满足员工的个人需要（包括物质需要和精神需要），这样才能激发员工持久的积极性。只有在人力资源规划的条件下，员工才能更加深刻地感知到自己的职业规划可能性。人力资源规划可改善人力资源配置的不平衡状况，进而谋求合理化，以使人力资源能配合组织的发展需要。

5. 有利于控制人力资源成本

影响组织（企业）人员数目的因素很多，如业务、技术革新、机器设备、组织工作制度、工作人员的能力等。人力资源规划有助于检查和测算出人力资源规划方案的实施成本及其带来的效益，避免企业因人力资源浪费而造成人工成本过高的问题。通过人力资源规划预测组织人员的变化，调整组织的人员结构，把人工成本控制在合理的水平上，是组织持续发展不可缺少的环节。

二、人力资源规划的原则与程序

（一）人力资源规划的原则

1. 确保人力资源供给的原则

人力资源供给保障问题是人力资源计划中应解决的核心问题。因此，企业人力资源计划要通过一系列科学的预测和分析（包括人员的流入预测、流出预测，人员的内部流动预测，社会人力资源供给状况分析，人员流动的损益分析等），确保企业对所需要的人力资源的满足。只有有效地保证了对企业的人力资源供给，才可能进行更深层次的人力资源管理与开发。

2. 与内外部环境相适应的原则

人力资源规划只有充分考虑了内外部环境的变化，才能适应组织发展需要，为企业发展目标服务。内部变化主要指企业发展战略的变化、生产技术与条件的变化、销售量的变化、员工流动率的变化等；外部变化主要指社会消费市场的变化、政府有关人力资源政策的变化、人才市场的变化等。为了更好地适应这些变化，在人力资源计划中应该对可能出现的情况做出预测，最好能有面对风险的应对策略。

3. 与战略目标相适应的原则

人力资源规划的制定必须依据组织的发展战略、目标。因为人力资源规划是企业整个发展规划中的重要组成部分，其首要前提就是服从企业整体发展战略的需要，只有这样才能保证企业目标与企业资源的协调发展。

人力资源的总体规划建立在企业总体战略的基础上，总体规划需要明确人力资源管理的职能战略目标、规划的周期和范围，在明确企业总体规划的同时，建立与之相适应的人力资源文化，从而吸纳、消化、开发人员。

4. 互利共惠的原则

人力资源计划不仅是面向企业的计划，也是面向员工的计划。企业的发展和员工的发展是互相依托、互相促进的关系。如果只考虑企业的发展需要，而忽视员工的发展，则会有损企业发展目标的达成。优秀的人力资源计划，一定是能够使企业和员工都得到长期利益的计划，一定是能够使企业和员工共同发展的计划。

5. 保持适度流动性的原则

员工队伍的合理流动对企业稳定健康发展的作用不言而喻。员工流动性过低，不利于发挥员工的积极性和创造性；员工流动性过高，则造成人力成本的损耗，使企业生产经营成本增加。

（二）人力资源规划的程序

人力资源规划的程序即人力资源规划的过程，一般可分为以下几个步骤：收集有关信息资料、人力资源需求预测、人力资源供给预测、确定人力资源净需求、编制人力资源规划、实施人力资源规划、人力资源规划评估、人力资源规划反馈与修正。

1. 收集有关信息资料

人力资源规划的信息包括组织内部信息和组织外部环境信息。

组织内部信息主要包括企业的战略计划、战术计划、行动方案、各部门计划、人力资源现状等。

组织外部环境信息主要包括宏观经济形势和行业经济形势、技术发展情况、行业竞争性、劳动力市场状况、人口和社会发展趋势、政府的有关政策等。

2. 人力资源需求预测

人力资源需求预测包括短期预测和长期预测、总量预测和各个岗位需求预测。人力资源需求预测的典型步骤如下：步骤一，现实人力资源需求预测；步骤二，未来人力资源需求预测；步骤三，未来人力资源流失情况预测；步骤四，得出人力资源需求预测结果。

3. 人力资源供给预测

人力资源供给预测包括组织内部供给预测和外部供给预测。人力资源供给预测的典型步骤如下：步骤一，内部人力资源供给预测；步骤二，外部人力资源供给预测；步骤三，将组织内部人力资源供给预测数据和组织外部人力资源供给预测数据汇总，得出组织人力资源供给总体数据。

4. 确定人力资源净需求量

在对人力资源未来的需求与供给进行预测的基础上，将本组织人力资源需求的预测数与在同期内组织本身可供给的人力资源预测数进行对比分析，测算出各类人员的净需求量。这里所说的“净需求量”既包括人员的数量，又包括人员的质量、结构，即既要确定“需要多少人”，又要确定“需要什么人”，数量和质量要对应起来。这样就可以有针对性地进行招聘或培训，就为组织制定有关人力资源的政策和措施提供了依据。

5. 编制人力资源规划

根据组织战略目标及本组织员工的净需求量，编制人力资源规划，包括总体规划和各项业务计划。同时要注意总体规划和各项业务计划及各项业务计划之间的衔接和平衡，提出调整供给和需求的具体政策和措施。一个典型的人力资源规划应包括规划的时间段、计划达到的目标、情境分析、具体内容、制定者、制定时间。

6. 实施人力资源规划

人力资源规划的实施是人力资源规划的实际操作过程，要注意协调好各部门、各环节之间的关系。在实施过程中需要注意以下几点：(1) 必须有专人负责既定方案的实施，要赋予负责人保证人力资源规划方案实现的权力和资源。(2) 要确保不折不扣地按规划执行。(3) 要有关于实施进展状况的定期报告，以确保规划能够与环境、组织的目标保持一致。

7. 人力资源规划评估

在实施人力资源规划的同时，要进行定期与不定期的评估。可从如下三个方面进行：(1) 是否忠实执行了本规划；(2) 人力资源规划本身是否合理；(3) 将实施的结果与人力资源规划进行比较，通过发现规划与现实之间的差距来指导以后的人力资源规划活动。

8. 人力资源规划反馈与修正

对人力资源规划实施后的反馈与修正是人力资源规划过程中不可缺少的步骤。评估结果出来后，应及时进行反馈，进而对原规划的内容进行适当的修正，使其更符合实际，更好地促进组织目标的实现。

三、人力资源规划的环境

（一）外部环境

1. 经济环境

经济环境方面的各种变化在宏观上改变着企业员工队伍的数量、质量和结构，它对企业人力资源需求影响较大。要密切关注经济形势，关注劳动力市场的供求关系。

2. 人口环境

人力资源规划的对象是人，因此，人口环境，尤其是企业所在地区的人口环境，对企业获取人力资源有着重要的影响。人口环境因素主要包括社会或本地区的人口规模，劳动力队伍的数量、结构和质量等。

3. 科技环境

科学技术对企业人力资源规划的影响是全方位的，它使企业对人力资源的需求和供给处于结构性的变化状态（或处于动态的不平衡状态）。例如，计算机网络技术的飞速发展，使得网络招聘等成为现实；新技术的引进与新机器设备的应用，使得企业对低技能员工的需求量减少，对高技能员工的需求量增加。

4. 社会文化与法律环境

社会文化反映社会民众的基本信念、价值观，对人力资源规划有间接的影响。政府有关的劳动就业制度、工时制度、最低工资标准、职业卫生、劳动保护、安全生产等规定，以及户籍制度、住房制度、社会保障制度等，则对人力资源规划有直接的影响。因此企业在制定人力资源规划时，应慎重考虑社会文化与法律环境因素，尤其是跨国公司，在国际化与本土化相结合的经营战略下，人力资源规划以及人力资源管理的其他环节都要充分考虑各个国家和不同地区的社会文化和法律的差异性。

（二）内部环境

1. 企业的行业特征

企业所处行业的特征在很大程度上决定着企业的管理模式，也影响着人力资源管理工作。行业属性、产品组合结构、生产自动化程度、产品销售方式等不同，则企业对所需要的人力资源数量和质量的要求也不同。比如，对于传统的生产性企业而言，生产技术和手段都比较规范和程序化，人员招聘来源大多以掌握熟练技术的工人为主；而对于现代的高科技企业来说，则需要技术创新型的技术开发人员。

2. 企业的发展战略

企业在确定发展战略目标后，就要制定相应的措施来保证企业发展目标的实现。生产规模的扩大、产品结构的调整或升级、新生产工艺的采用等，会造成企业人力资源结构的调整。因此，在制定企业人力资源规划时要着重考虑企业的发展战略，以保证企业人力资源符合企业战略目标的要求。

3. 企业文化

企业文化对企业的发展有着重要的影响，好的、适合的企业文化能加强企业的凝聚力，增强员工的进取精神，稳定企业的员工队伍，这样企业所面临的人力资源方面的不确定性因素就会少一些，有利于人力资源规划的制定。

4. 企业人力资源管理系统

企业人力资源管理系统既包括企业拥有人力资源的数量、质量和结构等特征，也包括人力资源战略、培训制度、薪酬激励制度、员工职业生涯规划等功能模块，这些都对人力资源规划有重要影响。

第2节 人力资源需求预测

一、人力资源预测

（一）人力资源预测的内涵

1. 预测

所谓预测，是指利用预测对象本身历史和现状的信息，采用科学的方法和手段，对预测对象尚未发生的未来发展演变规律预先做出科学的判断。信息的不确定性决定了预测的困难及其不完全性。预测的基本原理是根据过去（经验或者经验模型）推测未来，预测的技术主要是借鉴社会学、行为科学领域常规的经验研究方法，但任何技术的选择都必须考虑到具体组织面临的现实环境、所能获得的数据、管理风格等。

组织的人力资源预测可以分为人力资源需求预测和人力资源供给预测以及二者的平衡预测。人力资源预测一般采用定量分析与定性分析相结合的方法为组织描绘出一幅人力资源蓝图，使组织领导者可以根据这个蓝图来对比组织现在的状况，及时发现问题、解决问题。

2. 人力资源需求预测

人力资源需求预测是指根据组织的发展规划和组织的内外条件，对组织未来一段时间内人力资源需求的总量，人力资源的年龄结构、专业结构、学历层次结构、专业技术职务结构与技能结构等进行事先估计的组织行为。它是组织编制人力资源规划的核心和前提，是管理人力资源、把握劳动力市场变化、进行人事决策的重要依据。需求预测的结果不是绝对不变的，可根据需要进行调整，并在调整中积累经验，从而提高人力资源需求预测的准确性。

3. 人力资源供给预测

人力资源供给预测是指组织根据既定的目标对未来一段时间内组织内部和外部各类人力资源补充来源情况的分析预测。人力资源的供给预测与需求预测不同：人力资源需求预测只是对组织内部对人力资源的需求进行研究，而人力资源供给预测则需要研究组织内部的人力资源供给与组织外部的人力资源供给两个方面的因素。

4. 人力资源预测的依据原理

在做人力资源需求或供给预测时，必须遵循基本的科学规律。我们一切的预测行为都建立在如下三条无须证明的原理基础上：

（1）惯性原理。前提条件：已知事物 A 发展变化比较平缓，而且掌握事物 A 发展过程中的历史数据。模式：由 $A-$ 预测 $A+$。

（2）相关性原理。前提条件：已知事物 A，B，C 显著相关，而且掌握较多同期历史数据 $A-$，$B-$，$C-$。模式：在已知 $B+$，$C+$ 的情况下，由 $A=f(B,C)$ 预测 $A+$。

(3) 相似性原理。前提条件：已知事物 A 和 B 有类似的发展变化规律，知道 B 的发展规律，则可以预测 A 的发展轨迹。模式：$A_t = aB_t$，式中，a 是修正系数。

(二) 人力资源预测的作用

人力资源预测的作用是，在服从组织战略目标的前提下，通过预测人力资源供求，采取措施保留和吸引组织对口专业人才，从而获得和保持组织的竞争优势。具体体现在以下两个方面。

1. 对组织方面的作用

第一，满足组织在生存发展过程中对人力资源的需求。组织的生存和发展与人力资源结构密切相关。在静态的组织条件下，人力资源预测并非必要，因为生产经营领域不变，所采用的技术不变，组织的规模不变，人力资源的数量、质量、结构也不发生变化；在动态的组织条件下，人力资源预测非常重要，因为组织需要分析预测人力资源的供求，并采取适当的手段平衡人力资源的供给与需求，确保组织目标的实现。现实生活中的组织都是动态组织，而非静态组织。

第二，提高组织的竞争力。人力资源预测是在分析组织的内外部环境以后，根据组织的战略目标制定的，而且它考虑了环境的变化因素，随着环境的变化而变化。因此，进行人力资源预测有利于提高组织的环境适应能力，完善组织的战略目标，提升组织的竞争力。

第三，人力资源预测是人力资源部门与其他直线部门进行良好沟通的基础。

2. 对人力资源管理的贡献

第一，人力资源预测是实施人力资源管理的重要依据。人力资源预测确定人员的需求量、供给量，指导职务、人员以及任务的调整，为组织的录用、培训、晋升、人员调整以及人工成本控制等活动提供准确的信息和依据，是人力资源管理的重要部分，在大型和复杂结构的组织中作用尤其明显。

第二，有助于调动员工的积极性。人力资源预测能引导员工进行职业生涯发展，对调动员工的积极性有很大的帮助。

(三) 人力资源预测的局限性

1. 环境的不确定性

人力资源预测并非完全严谨和科学，组织的生存环境充满了复杂性和不确定性，如政府提高最低工资标准、组织关键人员离职、经济危机、合同突然取消、自然灾害、工会活动变化、行业内部出现重大变局等，都会给人力资源预测工作带来极大的难度。因此，组织要有充分的思想准备，制定应急计划，以应对危急事件的出现。

2. 组织内部的抵制

在许多组织中，旧的做事方式、旧的规章以及旧的思维方式根深蒂固，人力资源规划体系的引入可能会改变组织中不同群体之间的利益分配关系，招致组织内部的反对，妨碍规划的实施，在大型组织中尤为如此。而人力资源预测工作需要组织内部员工的鼎力配合，因为预测所用的基础数据往往要从基层调查得到，从档案库和过往资料里找出来，因此，在规划的过程中必须讲究技巧，平衡新规划与旧方法之间的冲突。

3. 预测的代价高昂

无论是进行人力资源预测，还是制定人力资源规划，企业都需要投入大量的人力、物力、财力，而人力资源的收益很难评估，尤其是人力资源的潜在收益往往被低估，不可能量化并用于企业人力资源规划。因此，人力资源规划是比较昂贵的。

4. 知识水平的限制

人力资源预测与规划都是相当复杂的工作。它要求预测者具有高度的想象力、分析能力和独创性，并不断提高预测能力。如果企业中没有做预测的人才，没有能做出正确判断的领导者，那么引入人力资源预测可能毫无裨益。

二、人力资源需求预测的内容与步骤

（一）人力资源需求预测的内容

1. 组织人力资源需求总量预测

组织人力资源需求总量预测是指从组织经济发展的长远利益出发，对组织所需要的人力资源数量和质量进行科学分析和预测。由于需求预测必须根据社会和经济的发展情况来确定，因此，企业人力资源的数量和结构总是随着经济活动总量与结构的变化而变化。

2. 组织人力资源存量与增量预测

组织人力资源存量与增量预测是对企业现在和未来拥有的不同层次的人力资源数量的推测与判断。组织人力资源存量主要是指企业人力资源的自然消耗（主要是指自然减员）和自然流动（如专业转移、变动而引起的人力资源变动）；企业人力资源增量主要是指随着组织规模扩大、行业调整等发展变化带来的人力资源的新需求。

3. 组织人力资源结构预测

当社会总的人力资源和经济结构发生变化时，就会引起组织人力资源结构的变化。进行人力资源结构预测可以保证组织在任何情况下都具有较好的人力资源结构组合，以避免出现不同层次人力资源组合不配套，或结构及比例失调等状况。

4. 组织特种人力资源预测

特种人力资源是指组织需要的特殊人才资源，这种人才往往与现代高科技发展紧密相连，在产业结构调整、新兴行业发展、支柱产业形成、提高科技含量和竞争力方面起着决定性作用。对组织特种人力资源进行预测具有极强的针对性，能够使组织通过一些特殊的手段与方法，加快开发和培养特殊人才资源，使组织人力资源在变革中占据优势地位。

（二）人力资源需求预测的步骤

1. 人力资源需求预测的具体步骤

（1）根据企业发展规划，确定未来部门设置及部门工作量与岗位编制，形成未来人力资源需求预测。

（2）对现有人力资源进行盘点，确定在编情况。

（3）对未来在职人员的流动（主要指退休、流出等）做出预测估计。

（4）将上述三项合并整理，得到未来人力资源需求预测。

（5）将上述统计结论与部门管理者进行讨论，修正统计结论。

（6）形成企业整体人力资源需求预测报告。

2. 人力资源需求预测的注意事项

第一，预测要在内部条件和外部环境的基础上做出，必须符合现实情况。

第二，预测是为企业的发展规划服务的，这是预测的目的。

第三，应该选择恰当的预测技术，预测要考虑科学性、经济性和可行性，综合各方面做出选择。

第四，预测的内容是未来人力资源的数量、质量和结构，应该在预测结果中体现。

第五，由于组织环境是可变的，预测人员的知识技能是受限制的，因此，预测的结果可能是有局限的，应该留有调整的余地。

人力资源需求预测所涉及的变量与企业经营过程所涉及的变量是共同的。在明确组织雇员（包括一线员工和管理者）的技能和数量需求时，必须根据组织的特殊环境，认真考虑上述变量，应该把预测看作完善人力资源需求决策的一个工具，因为好的决策要求拥有尽可能多的信息，以保证对未来的预测更加精确、更加有效。

三、人力资源需求预测的方法

（一）人力资源需求预测的定性方法

1. 管理评价法

管理评价法是企业人力资源需求预测最常用的一种主观预测法。它是由高层管理者、部门经理和人力资源部专员等人员一起预测和判断企业在某段时间对人力资源的需求。管理评价法可分为自下而上估计法和自上而下估计法两种。自下而上估计法是首先由基层管理人员根据其生产能力、员工流动等情况预测人员需求，然后向上级主管部门汇报。自上而下估计法是由高层管理人员根据组织发展目标和发展战略以及经营环境的变化预测人员需求。管理评价法的主要缺点是：具有较强的主观性，受判断依据以及判断者经验的影响较大。该方法通常用于中短期预测，并且在预测中将自下而上估计法和自上而下估计法结合起来运用。

2. 现状规划法

现状规划法是一种最简单的预测方法，较易操作。假定企业保持原有的生产和生产技术不变，则企业的人力资源也应处于相对稳定状态，即企业各种人员的配备比例和人员的总数将完全能适应预测规划期内人力资源的需要。在此预测方法中，人力资源规划人员所要做的工作是测算出在规划期内有哪些岗位上的人员将得到晋升、降职、退休或调出本组织，再准备调动人员去填补就行了。这种预测法在当今组织内外部环境变化很快的时代已经不太具有可行性了。

3. 情境描述法

情境描述法是指企业的人力资源部门对组织未来的战略目标和相关因素进行假设性描述、分析和综合，并做出多种人力资源需求的备选方案，以适应和应对环境因素的变化。情境描述法通常用于环境变化或者组织变革时的人力资源需求预测分析。

4. 德尔菲法

德尔菲法（Delphi method）又称专家意见法或专家函询调查法，是 20 世纪 40 年代末在美国兰德公司的“思想库”中发展出来的一种主观预测方法。德尔菲法采用背对背的通信方式征询专家小组成员的预测意见，经过几轮征询使专家小组的预测意见趋于集中，最后得出符合市场未来发展趋势的预测结论。德尔菲法的特点如下：吸取众多专家的意见，避免了个人预测的片面性；采取匿名的、“背靠背”的方式进行，避免了从众的行为；采取多轮预测的方式，准确性较高。

采用德尔菲法的步骤为：

第一步，提出预测目标和要求，确定专家组成，整理相关的背景资料并设计调查的问卷，明确列出需要专家回答的问题。需要注意的是：这里的专家可以来自组织内部，也可以来自组织外部；可以是管理人员，也可以是普通员工；可以是基层的管理人员，也可以是高层经理。总之，这里的专家不是学术意义上的专家，而是对所研究的问题有深入了解的人员，即对所研究的问题有发言权的人员。

第二步，简明扼要地以调查表方式列出预测总量，交付专家本人评价，然后由预测主持者统计整理。此轮要注意，匿名填写问卷是德尔菲法的重要特征。使用匿名讨论问题的方法可以避免专家面对面集体讨论的缺点，因为在专家组的成员之间可能存在身份或地位的差别，较低层级的人容易受到较高层级的专家的影响而丧失见解的独立性。同时也存在一些专家不愿意与他人冲突而放弃或隐藏自己的正确观点的情况。在采用德尔菲法预测人力资源需求总量时，对专家提出的问题应该尽可能简单，以保证所有专家能够从相同的角度理解员工分类和其他相关的概念。

第三步，由中间人回收问卷，统计汇总专家预测的结果和意见，将这些结果和意见进行反馈，请专家做出修订后的二次判断。

第四步，再由中间人回收问卷，将第二轮预测的结果和意见进行统计汇总，接着进行下一轮预测。

第五步，经过多轮预测之后，当专家的意见基本一致时就可以结束调查，将预测的结果用文字或图形加以表述。

采用德尔菲法时需要注意以下几个问题：第一，专家人数一般不少于30人，问卷的回收率应不低于60%，以保证调查的权威性和广泛性。第二，提高问卷质量，问题应该符合预测的目的并且表达明确，保证专家都从同一个角度去理解问题，避免造成误解和歧义。第三，要给专家提供充分的资料和信息，使他们能够进行判断和预测；同时结果不要求十分精确，只要给出粗略的数字即可。第四，要取得参与专家的支持，确保他们认真进行每一次预测，同时也要向公司高层说明预测的意义和作用，取得高层的支持。

（二）人力资源需求预测的定量方法

1. 转换比率法

企业人力资源需求分析实际上是要揭示未来的经营活动所需要的各种员工的数量。人力资源需求预测中转换比率法的操作步骤是：首先根据企业生产任务（或者业务量）估计组织所需要的一线生产人员（或业务员）的数量，然后根据这一数量进一步估计组织所需要的秘书、财务人员和人力资源管理人员等行政配套人员的数量。企业经营活动规模的估计方法是：经营活动＝人力资源的数量×人均生产率。例如，销售收入＝销售员的数量×每位销售员的销售额；产出水平＝生产的小时数×单位小时产量；运行成本＝员工的数量×每位员工的人工成本等。

转换比率法的目的是将企业的业务量转换为对人员的需求，这是一种适用于短期需求预测的方法。以一所大学的管理学院为例，假设当MPA学生的数量增加1%时，就相应地要求老师的数量增加1%，同时职员的数量也需要相应地增加1%，否则难以保证商学院MPA学生培养的质量。这实际上是根据组织过去的人员需求数量同某个影响因素的比率来对未来的人力资源需求进行预测。其计算公式为：

$$\text{计划期末需要的员工数量}=\frac{\text{目前的业务量}+\text{计划期的业务增长量}}{\text{目前人均业务量}\times(1+\text{生产率的增长率})}$$

需要指出的是，这种预测方法存在两个缺陷：一是需要对计划期的业务增长量、目前人均业务量和生产率的增长率做出估计；二是这种预测方法只考虑了员工需求的总量，没有说明其中不同类别员工需求的差异。

例 8－1

某手机生产公司在 2018 年的产量为 200 万部，基层生产员工为 4 000 人，2019 年计划增加 100 万部，估计生产率的增长率为 20%，假设该公司福利良好，基层生产人员不流失，那么，2019 年该公司至少应该招聘多少基层生产人员？

解：2018 年基层员工人均产量＝200÷4 000＝0.05(万部/人)

$$2019\text{ 年该公司需要的基层生产人员数}=\frac{200+100}{0.05\times(1+0.2)}=5\ 000(\text{名})$$

2019 年该公司需要招聘的基层生产人员数＝5 000－4 000＝1 000(名)

2. 人员比率法

采用人员比率法时，首先应计算出企业历史上关键业务指标（例如，技术人员与管理人员）的比率，然后根据可预见的变化计算出所需要的各类人员数量。这种方法假设，过去的人员数量与配置是完全合理的，而且生产率不变，因此其应用范围有较大的局限性，适用于过去管理基础较差的企业学习和参考标杆企业。

例 8－2

某企业计划扩大生产规模，已知条件如下：

(1) 该企业在过去 10 年中生产线操作人员、机器维修人员、基层管理人员的人数比例一直是 60∶10∶7。

(2) 该企业计划明年补充新生产线操作人员 600 人。

(3) 该企业生产效率不变。

(4) 该企业组织结构不变。

(5) 明年该企业将有 30 名机器维修人员离职。

(6) 明年该企业将有 8 名基层管理人员离职，10 名基层管理人员获得晋升。

(7) 明年该企业所需的机器维修人员和基层管理人员均由外部补充。

请问该企业明年至少应招收多少名机器维修人员和基层管理人员？

解：生产效率不变、组织结构不变，说明该企业的生产线操作人员、机器维修人员和基层管理人员的人数构成比例不变。

由扩大生产规模引起的总的机器维修人员数＝600×(10/60)＝100(人)

明年该企业需要补充的总的机器维修人员数＝100＋30＝130(人)

由扩大生产规模引起的需要补充的基层管理人员数＝600×(7/60)＝70(人)

明年该企业需要补充的总的基层管理人员数＝70＋10＋8＝88(人)

因此，该企业明年至少应招收 130 名机器维修人员和 88 名基层管理人员。

3. 回归分析法

回归分析法是数理统计学中最常用的方法，它依据事物发展变化的因果关系来预测事物未来的发展趋势，是研究变量间相互关系的一种定量预测方法，广泛地应用于经济预测、科技预测和企业人力资源的预测等领域。回归分析法可以是线性回归分析也可以是非线性回归分析，可以是一元回归分析也可以是多元回归分析，其中最简单的是一元线性回归分析。一般而言，人力资源需求量变化起因于多种因素，故可考虑用多元线性回归分析。

回归分析法的通用回归模型可表示为：

$$y = a + \sum b_i \cdot x_i^{n_i}$$

式中，自变量 x_i 表示第 i 个影响因素的值，其数据可通过预测、查阅得到；因变量 y 表示人员需求数量，其数据亦可通过预测、查阅得到；a，b_i，n_i 是待定值，它们表示 y 和 x_i 的关系，通过对 y 和 x_i 的现有数据进行回归分析处理可以求得其具体值。这一过程主要靠计算机及相应的统计软件来完成，常用的有 SPSS 和 SAS。

当 $n_i=1$ 时，本方法为线性回归方法；当 $n_i>1$ 时，本方法为非线性回归方法。

运用本方法进行人力资源需求预测的具体步骤如下：

第一，运用定性分析法确定 y 和 x_i，建立回归分析假设模型。

第二，收集多组 y 和 x_i 的现有数据，并对其进行初步处理。

第三，运用统计分析软件的回归分析功能处理 y 和 x_i 的现有数据，求出 a，b_i，n_i，得到回归分析模型。

第四，对回归模型进行经济学验证和统计学验证，若没有通过经济学验证，则回到第一步，添加、删除或重新选取变量进行分析；若没有通过统计学验证，则回到第三步，运用其他策略对 y 和 x_i 的现有数据进行回归分析。（回归分析时，分析人员通常会同时选取多种函数模型进行回归分析，最后通过统计检验在几种模型中选取拟合度最优的模型进行拟合。）

第五，将预测期或预测对象的 x_i 代入回归模型，求出预测期的 y 值。

第六，对预测结果进行信度和效度检验。

4. 趋势外推法

趋势外推法的基本假设是未来是过去和现在连续发展的结果。当预测对象依时间变化呈现某种上升或下降趋势，没有明显的季节波动，且能找到一个合适的函数曲线反映这种变化趋势时，就可以用趋势外推法进行预测。可以认为，趋势外推法是一种简单的一元回归分析法。

趋势外推法的基本理论假设是：决定事物过去发展的因素在很大程度上也决定该事物未来的发展，其变化不会太大；事物发展过程一般都是渐进式的变化，而不是跳跃式的变化，掌握事物的发展规律，依据这种规律推导，就可以预测出它的未来趋势和状态。

趋势外推法主要包括以下 6 个步骤：(1) 选择预测参数；(2) 收集必要的数据；(3) 拟合曲线；(4) 趋势外推；(5) 预测说明；(6) 研究预测结果在制定规划和决策中的应用。以下通过实例说明。

例 8-3

M 企业人员总量的历史如表 8-1 所示，其中，t 表示年份，为自变量；L 表示员工总数，为因变量，请用趋势外推法预测 2019—2024 年的企业用工总量。

表 8-1　　M 企业用工总量的历史数据

年份	2005	2006	2007	2008	2009	2010	2011
t	1	2	3	4	5	6	7
L	15 860	14 865	14 238	12 124	108 901	10 067	8 900
年份	2012	2013	2014	2015	2016	2017	2018
t	8	9	10	11	12	13	14
L	8 602	9 026	8 236	8 109	7 738	7 621	7 325

解：(1) 对其进行定性分析。根据近年企业人力资源管理所采取的减员增效策略，可以得出短期内该企业的人数将持续减少，至少将保持持平的发展状态的推断。但实际上，企业人数不可能一直减少到 0，因为在现实的生产条件下，企业要保证产品的销售量，赚取利润，还必须具备一定规模的员工，而不可能是“无人工厂”或完全采用机器人代替人工的生产模式。因此，按惯例曲线不应具有一直向下的趋势。

(2) 实施函数拟合。将表 8-1 中的数据输入 SPSS 中，选用 8 种函数对企业员工总数的趋势做出拟合，如表 8-2 所示。

表 8-2　　通过 SPSS 拟合出的各种可能模型

模型	曲线拟合方法	曲线估计模型（L 为企业人员总数，t 为时间）
1	对数函数拟合	$L=16\ 845-3\ 661.2\ln t$
2	双曲函数拟合	$L=7\ 926.2+10\ 036.5/t$
3	二次函数拟合	$L=17\ 657.1-1\ 604.1t+63.871t^2$
4	三次函数拟合	$L=18\ 177-1\ 960.1t+121.212t^2-2.548t^3$
5	复合模型拟合	$L=15\ 591.75\times 0.941\ 4^t$
6	幂指数函数拟合	$L=17\ 996.6\times t^{-0.331\ 2}$
7	生长模型拟合	$L=e^{9.654\ 5-0.060\ 3t}$
8	指数方和拟合	$L=15\ 591.75\times e^{-0.060\ 3t}$

(3) 模型筛选。根据表 8-3 所反映的信息可以判断，在时间序列曲线估计的 8 种模型中，所有模型的 F 值都大于 10，其显著度 p 都接近于 0，这说明用这些曲线做人数估计拟合是符合要求的，也就是说可以选用这些曲线做拟合。

表 8-3　　各个模型的显著性、判定系数及标准误差值表

预测模型名称	判定系数（R^2）	F 值	显著性	标准误差
对数函数拟合	0.957 2	268.652 2	0.000 0	623.438 9
双曲函数拟合	0.758 0	37.578 4	0.000 1	1 483.309 7
二次函数拟合	0.979 3	259.887 1	0.000 0	453.339 1
三次函数拟合	0.981 4	175.492 3	0.000 0	450.923 2
复合模型拟合	0.917 2	132.959 2	0.000 0	0.078 9
幂指数函数拟合	0.946 4	211.855 8	0.000 0	0.653 1
生长模型拟合	0.917 2	132.959 2	0.000 0	0.078 9
指数方和拟合	0.917 2	132.959 2	0.000 0	0.078 9

观察表8-3第二列的数据，发现双曲函数的R^2比较小，而一般情况下，R^2大于0.8才认为有效，所以该模型应舍弃。另外，还能从表中发现复合模型、生长模型和指数方和这三个模型的预测结果是完全相同的，它们的判定系数、显著性以及标准误差也是完全相同的，这就是说，这三个函数只取一个就可以了。因此保留对数函数、二次函数、三次函数、复合模型、幂指数函数。依次将2019—2024年t值代入各模型，所得到的预测值如表8-4所示。

表8-4　不同模型的预测结果

年份	2019	2020	2021	2022	2023	2024
对数函数拟合	6 930	6 694	6 472	6 263	6 065	5 877
二次函数拟合	7 967	8 343	8 847	9 478	10 237	11 124
三次函数拟合	7 447	7 407	7 365	7 305	7 213	7 072
复合模型拟合	6 307	5 938	5 590	5 263	4 955	4 665
幂指数函数拟合	7 339	7 184	7 041	6 909	6 787	6 672
平均水平	7 198	7 113.2	7 063	7 043.6	7 051.4	7 082

稳妥起见，可以对上述多种预测结果进行平均，取其均值作为预测值。需要注意的是，距现在时间点较近，不同模型的预测值也比较接近；反之，预测值差距较大。因此，对远期的预测要不断地通过最新数据去修正。譬如，在2019年的实际员工数量确认后，即可修订2020—2025年的预测值。①

5. 劳动定额法

劳动定额法又称比率分析法。劳动定额是对劳动者在单位时间内应该完成的工作量的规定。在已知企业的计划任务总量以及科学合理的劳动定额的基础上，运用劳动定额法能够比较准确地预测企业人力资源需求量。该方法可以运用下述公式进行计算：

$$N=\frac{W}{Q(1+R)}$$

式中，N为企业人力资源需求量；W为计划期内任务总量；Q为企业制定的劳动定额；R为部门计划期内生产率变动系数，$R=R_1+R_2+R_3$，其中，R_1为企业技术进步引起的劳动生产率提高系数，R_2为由经验积累导致的劳动生产率提高系数，R_3为由于员工年龄增大以及某些社会因素导致的劳动生产率下降系数。

（三）人力资源需求预测定性方法与定量方法的比较

1. 定性方法的优缺点

（1）定性方法的优点。现状规划法是最简单的预测方法，较易操作，广泛适用于小型企业的人力资源需求短期预测。管理评价法是企业管理者根据以往经验和本组织内人力资源将出现的情况，对人力资源进行预测，简便易行。德尔菲法由于吸收不同的专家与预测，充分利用了专家的经验和学识，保证了最终结论的可靠性；由于采用匿名方式，能使每一位专家独立地做出自己的判断，不会受到其他繁杂因素的影响，保证了最终结论的统一性。

① 本章部分内容改编自中国就业培训技术指导中心．企业人力资源管理师（二级）．2版．北京：中国劳动社会保障出版社，2007：50-57.

(2) 定性方法的缺点。现状规划法假定企业保持原有的生产规模和生产技术不变，企业的人力资源处于相对稳定状态，这与企业的实际情况差距大。管理评价法受人的主观思想和偏好的影响很大，要求管理人员必须具有丰富的经验和客观的判断；另外，企业实施单一的自上而下估计法会因高层管理者不太了解下级的具体情况，使最终预测结果不能符合实际要求，而仅使用自下而上估计法又会出现帕金森定律所指出的现象，即各部门负责人在预测本部门人力资源需求时一定都会扩大，造成人力资源浪费。德尔菲法过程比较复杂，花费时间较长；另外，使用的难点在于如何提出简单明了的问题，如何使专家对预测中涉及的各种概念和指标理解一致，以及如何将专家意见归纳总结；在预测前对所选专家进行全面培训，预测后再集中专家讨论，达成一致意见，才能保证效果；最后，专家在预测中有倾向性选择信息和冒险心理。

2. 定量方法的优缺点

(1) 定量方法的优点。转换比率法和人员比率法数据的可获得性比较强，使得预测比较容易。一般回归分析法不仅考虑了时间或产量等单个因素，还考虑了两个或两个以上因素对人力资源需求的影响，不是单纯地依靠拟合方程、延长趋势线来进行预测，更重视变量之间的因果关系，有全面反映变量关系、应用条件相对简便等优点。趋势外推法可以使用计算机应用软件如 Excel，SPSS 等统计工具来拟合预测方程，减少手工计算的误差，提高速度，处理更多的历史资料，增加数据结论的准确性。比率分析法适用于企业有核心员工的情况，由核心员工需求得出其他相关人员需求，重视核心员工在企业中的作用。

(2) 定量方法的缺点。前两种方法要求所选因素应该与组织的基本特性直接相关，且它们的变化必须与人力资源需求量的变化成比例，实际运用有局限性。一般回归分析法在运用中也有很大的局限：在进行多元分析时往往容易引入一些相互之间相关性比较强的变量，从而与其基本假设前提相违背，导致准确度下降；多元回归模型的使用要求各个变量符合正态分布，在实践中，往往有些样本的分布并不完全符合正态分布的规律；多元回归计算比较复杂，手工计算耗时多，易出错。利用比率分析法进行预测时，要求人员之间的比例关系比较确定。如果比例关系变动较大，那么预测结果就会不准确。

第 3 节 人力资源供给预测与供求平衡

一、人力资源供给预测及影响因素

(一) 人力资源供给预测

人力资源供给预测是人力资源规划中的核心内容，是指预测在某一未来时期组织内部所能供应的（或经由培训可能补充的）及外部劳动力市场所能提供的一定数量、质量和结构的人员，以满足企业为达成目标而产生的人员需求。

1. 内部供给预测

根据企业内部人员信息状态（除新建企业）预测可供给的人力资源以满足未来人事变动的需求。一般来说，企业人力资源需求的满足应优先考虑内部人力资源供给。影响内部人力资源供给量的主要因素有：企业内部人员的自然流失率（伤残、退休、死亡等）、内部流动

（晋升、降职、平调等）、跳槽（辞职、解聘）等。最常用的内部供给预测方法有两种：管理人员接替模型和马尔可夫转移矩阵模型。

2. 外部供给预测

企业职位空缺不可能完全通过内部供给解决。企业人员由于各种主观和自然原因退出工作岗位是不可抗拒的规律，这必然需要企业从外部不断补充人员。因此对人力资源外部供给进行预测是必要的。

很多因素会影响到外部人力资源供给。譬如，地域性因素（内地与沿海、经济发达地区与经济落后地区等）、人口政策及人口现状（人口规模、人口年龄分布、人口素质结构、人口劳动参与率、人口流动限制等）、劳动力市场发育程度（流动便利程度、工资调节机制、就业政策导向、劳动力市场效率）、社会就业意识和择业心理偏好（特定人群、特定工种的就业意识与态度）。

另外，需要注意的是，不同层次的人力资源需求可能需要在不同的人力资源市场区域范围内寻求供给。一般来讲，高层管理人员和高精尖人才需要在国际市场或全国范围内公开招聘，而低端的普通工勤人员需求在本地劳务市场就可以得到满足。

外部人力资源供给的主要渠道有：大中专院校的应届毕业生、复转军人、失业人员、流动人员、其他组织的在职人员等。外部人力资源供给预测常可参考公布的统计资料，如每年大学毕业生的人数、企业的用人情况等。应预测某些人员的市场供给情况是供大于求还是供小于求，以便采取相应的对策。

（二）预测内容和预测步骤

1. 预测内容

在预测未来的人力资源供给时，要明确的是企业内部人员的特征：年龄、级别、素质、资历、经历和技能。必须收集和存储有关人员发展潜力、可晋升性、职业目标以及接受的培训项目等方面的信息。技能档案是预测人员供给的有效工具，它含有每个人员技能、能力、知识和经验方面的信息，这些信息的来源是工作分析、绩效评估、教育和培训记录等。技能档案不仅可以用于人力资源规划，而且可以用来确定人员的调动、提升和解雇。

2. 预测步骤

第一，对企业现有的人力资源进行盘点，了解企业员工队伍的现状。

第二，分析企业的职务调整政策和历年员工调整数据，统计出员工调整的比例。

第三，向各部门的主管人员了解将来可能出现的人事调整状况。

第四，将上述所有数据进行汇总，得出对企业内部人力资源供给量的预测。

第五，分析影响外部人力资源供给的各种因素（政治、经济等因素），并依据分析结果得出企业外部人力资源供给预测。

第六，将企业内外部人力资源供给预测进行汇总，得出企业人力资源供给预测。

二、人力资源供给预测的方法

除了前面一些预测人力资源需求的方法可以用来预测人力资源供给，还有以下一些预测方法可供选择。

（一）人力资源信息库（替换单法）

人力资源信息库是计算机网络运用于企业人力资源管理的产物，它是指通过长期的跟踪积累，将每个员工的技能和表现输入人力资源信息库中，从而全面了解和掌握人力资源历史状态和即时状态。它与传统的个人档案相比具有信息量大、调用灵活方便等优点。

人力资源信息库针对企业不同人员，大致可分为以下两类。

1. 专业技能信息清单

技能清单的设计应针对一般员工（即非管理人员）的特点，根据企业管理的需要，集中收集每个员工的岗位适合度、技术等级和潜力等方面的信息，为人事决策提供可靠信息。例如，某企业为一部门提出的技能清单由四部分组成：(1) 员工的工作岗位、经验、年龄等；(2) 员工的技术能力、所承担责任、学历等；(3) 对员工工作表现、提升准备条件等进行的评价；(4) 最近一次对员工的客观评价，尤其对工作表现的评价。技能清单的内容需要根据员工情况的变化而不断更新，一旦出现职位空缺，人力资源部门便可根据它提供的信息及时挑选合适人员接替。

2. 管理人才信息清单

管理人才信息清单集中反映管理者的管理才能及管理业绩，为管理人员的流动决策提供有关信息。其表格项目的主要内容包括管理幅度和管理范围、管理的总预算、承担的职责、管理对象的类型、受到的管理培训、当前的管理业绩等。

专业技能信息清单和管理人才信息清单是企业人力资源信息库的主要内容。正是因为人力资源信息库能够详细记录企业内部人员的知识和技能状况，从而使企业更加合理、有效地使用人力资源，建立人力资源信息库成为大多数企业组织信息管理系统的工作重点。

（二）管理人员接替模型

管理人员接替模型又称为管理者继承计划。该方法被认为是把人力资源规划和企业战略结合起来的一种较有效的方法。IBM 在 20 世纪 60 年代就实施了管理者继承计划。该公司宣称实行该计划的目的是"保证高层管理者的素质，为公司遍布世界的所有管理职位做好人才储备"。

管理人员接替模型可以通过图 8－1 呈现。在图 8－1 中，A 表示现有人员数量，B 表示现有员工中可以提升的人员数量，a 表示将提升到上一层级的人数，b 表示将提升到本层级的人数，c 表示本期退休的人数，d 表示辞职人数，e 表示提升受阻的人数，f 表示外部招聘的人数。

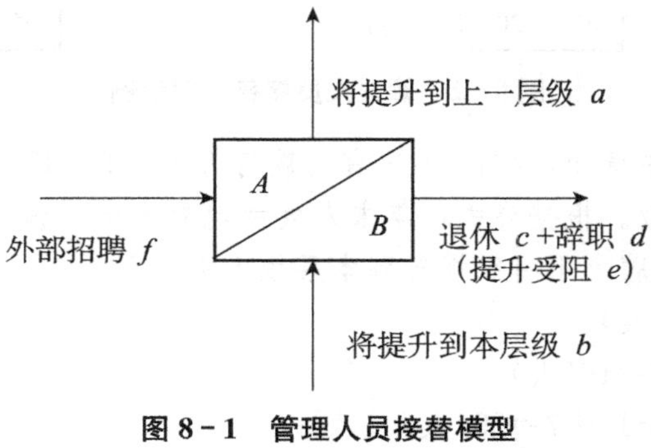

图 8－1　管理人员接替模型

人力资源的内部供给情况可通过上图得到体现，这样一张图（还可延续下去）使得组织既对其内部管理人员的情况非常明了，又体现出组织对管理人员职业生涯发展的关注。如果出现人员不能适应现职或缺乏后备干部的情况，则组织就可尽早做好充分的外部招聘准备。

所以，有些企业认为管理者继承图非常有用，甚至认为它是人力资源规划最重要的部分。下面通过例子说明管理人员接替模型的使用方法。

例 8-4

某公司 2019—2020 年度管理人员变动情况如图 8-2 所示，2019 年度各级管理人员的补充将均通过外部招聘的方式来完成，公司高层在总结人力资源管理工作经验的基础上，做出了决策：首先，2020 年度除一般管理人员通过外部各种招聘渠道补充，其他各层级管理人员优先从公司内部选拔；其次，各个层级管理人员的补充需要量严格按照公司制定的定员标准执行，不得突破额定人数；最后，要妥善安排好提升受阻的后备人才。2020 年从高到低岗位定编依次为 6，20，35，130；预计流出依次为 0，1，1，2；退休依次为 0，2，0，2。试预测 2020 年增补计划。

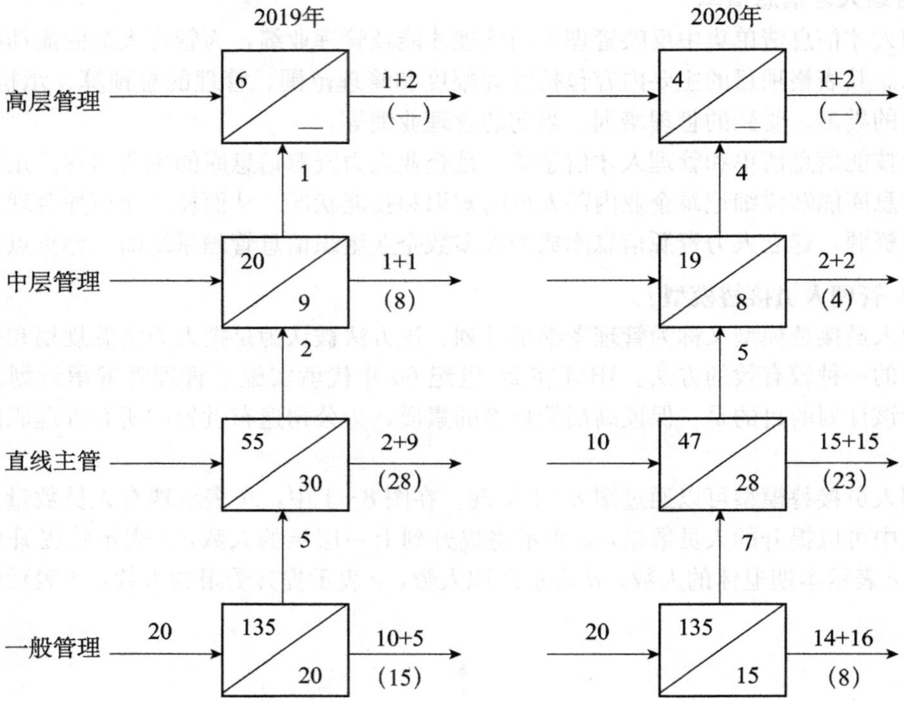

图 8-2 管理人员接替模型示例

解：(1) 从图 8-2 中得知，2019 年现有人数将为 4，19，47，135，合计 205 人。

(2) 求 2019 年末人数。根据公式：年末人数＝现有人数－流出人数－退休人数－提升到上一层级人数＋外部招聘＋下一级提升到本层级人数，即

4－1－2＋4＝5(人)

19－2－2－4＋5＝16(人)

47－15－15－5＋10＋7＝29(人)

135－14－16－7＋20＝118(人)

(3) 2020 年后备人才为 2019 年提升受阻人员，依据图 8-2 可得出各级后备人才数量依次为 0，4，23，8，合计 35 人。这些人将在 2020 年得到优先提拔任用。2020 年的增补计

划必须考虑这些人员的变动。

(4) 依据 2020 年缺编情况、流出与退休情况、提拔情况，从高层到低层依次可求出内部升任人数、外部招聘人数、提拔受阻人数等，具体如表 8-5 所示。

表 8-5　某公司管理岗位人员接替统计表

序号	管理人员	2019 年		2020 年预测人数							
		现有人数	年末人数	定员标准	流出人员	退休人员	增补计划	外部招聘	内部升任	后备人才	提升受阻
1	高层管理	4	5	6	0	0	1	—	1	—	—
2	中层管理	19	16	20	−1	−2	8①	—	8	4	3②
3	直接主管	47	29	35	−1	0	15③	7	8	23	15
4	一般管理	135	118	130	−2	−2	24	24	—	8	0
合计		205	168	191	−4	−4	48	31	17	35	18

① 20−16+1+2+1=8（注意加上离职、退休、提拔人员才是 2020 年增补计划，下同）。
② 2019 年末，中层管理者有 4 名可供提拔为高层管理者，但高层管理者只有 1 名缺额，故 3 人受阻。
③ 35−29+1+8=15。

因此，2020 年增补计划如下：增补高层管理人员 1 名，此人从内部中层后备人才中提拔；增补中层管理人员 8 名，全部从内部后备人才 23 人中提拔；增补直接主管 15 人，其中 8 人来自内部后备人才，7 人将从外部招聘；增补一般管理人员 24 名，此 24 人全部从外部招聘。

(三) 马尔可夫转移矩阵模型

马尔可夫模型（Markov model）是一种通过对决策对象的初始状态与可能变迁状态之间转移概率的研究，借助矩阵运算工具，确定状态变量的变化趋势并对其未来状态进行预测的方法。该模型最早在荷兰军队里使用，后扩展应用于企业中。在运用马尔可夫模型预测人力资源供求变动时，首先要掌握组织人事变动规律（历史数据测算），其次需要知道当下时点的人员存量状态，然后就可以通过矩阵运算推测组织在未来的人员供给情况。马尔可夫模型通常分几个时期来收集数据，然后得出平均值，用这些数据代表每一种职位的人员变动频率，从而可以推测出未来的人员变动情况。

一般情况下，组织中不同层级的人员会有流动情况（譬如提职或降职），这种流动频率在正常情况下呈现出一定的规律性。我们正是借助这样的经验认识通过矩阵运算进行人员流动预测的。

马尔可夫模型的具体做法是，将计划初期每一种工作的人数与每一种工作的人员变动概率相乘，然后纵向相加，得到组织内部未来劳动力的净供给量。其基本的计算公式是：

$$N_i(t)=\sum_{j=1}^{k}N_i(t-1)\cdot P_{ji}+R_i(t)$$

式中，i，j 为 1，2，3，…，k；t 为 1，2，3，…；$N_i(t)$为时刻 t 时 i 类中的雇员人数；P_{ji} 为从 j 类向 i 类的转移率；$R_i(t)$为在时间（$t-1$，t）内 i 类所补充的人数；k 为职务分类数。

将上式写成向量形式，则

$N(t)=[N_1(t),N_2(t),\cdots,N_k(t)]$ 为 t 时刻人数的行向量；

$R(t)=[R_1(t), R_2(t), \cdots, R_k(t)]$ 为时间（$t-1$，t）内补充人数的行向量；

$$P=\begin{pmatrix} P_{11} & P_{12} & P_{13} & \cdots & P_{1k} \\ P_{21} & P_{22} & P_{23} & \cdots & P_{2k} \\ \vdots & \vdots & \vdots & \vdots & \vdots \\ P_{k1} & P_{k2} & P_{k3} & \cdots & P_{kk} \end{pmatrix}$$ 是各类人员间的转移矩阵。

因此，前述公式可以写成：

$$N(t)=N(t-1)\cdot P+R(t), t=1, 2, 3, \cdots$$

例8-5

某企业有四类人员 A，B，C，D，转移矩阵为：

$$P=\begin{array}{c} \\ A \\ B \\ C \\ D \end{array}\begin{array}{c} \begin{array}{cccc} A & B & C & D \end{array} \\ \begin{pmatrix} 0.7 & 0.2 & 0 & 0 \\ 0.15 & 0.8 & 0 & 0 \\ 0 & 0.15 & 0.75 & 0.05 \\ 0 & 0.05 & 0.15 & 0.7 \end{pmatrix} \end{array}\begin{array}{c} \text{离开企业} \\ 0.1 \\ 0.05 \\ 0.05 \\ 0.1 \end{array}$$

其初始人力资源分布如表8-6所示。

表8-6　某企业初始人力资源分布

类别				总计
A	B	C	D	
250	200	160	100	710

如果每年给每一类职位补充100名员工，则可以测算该企业未来3年的人力资源分布（见表8-7）。

表8-7　某企业未来3年的人力资源分布

时期	部门类别				总计
	A	B	C	D	
$t=0$	250	200	160	100	710
$t=1$	305	339	235	178	1 057
$t=2$	364	476	303	236	1 397
$t=3$	426	611	363	280	1 680

例8-6

有一个三类人员的人事统计，其转移矩阵为：

$$P=\begin{pmatrix} 0.6 & 0.3 & 0 \\ 0 & 0.4 & 0.3 \\ 0 & 0 & 0.6 \end{pmatrix}$$

初始人员分布情况分别为140，100，60人。

假设今后每年为第一类补充30人，第二类补充10人，第三类补充5人，求今后5年的人员供给状况。

解：根据已知条件，可把流入、流出都加入原来的矩阵，使之变成四阶矩阵：

$$P=\begin{pmatrix}0.6 & 0.3 & 0 & 0.10\\ 0 & 0.4 & 0.3 & 0.30\\ 0 & 0.0 & 0.6 & 0.40\\ 0.667 & 0.222 & 0.111 & 0\end{pmatrix}$$

最后一列为各类人员每年流出的概率，最后一行为每年给各类人员的补充率，即

$$\left(\frac{30}{30+10+5},\ \frac{10}{30+10+5},\ \frac{5}{30+10+5}\right)=(0.667,\ 0.222,\ 0.111)$$

一次转移后，得

$$P_1=(140,\ 100,\ 60,\ 45)\begin{pmatrix}0.6 & 0.3 & 0 & 0.1\\ 0 & 0.4 & 0.3 & 0.3\\ 0 & 0 & 0.6 & 0.4\\ 0.667 & 0.222 & 0.111 & 0\end{pmatrix}=(114,\ 92,\ 71,\ 68)$$

则一年后三类人员分别为114，92，71人，总人数为227人，流出人员为68人。

$$P_2=(114,\ 92,\ 71,\ 45)\begin{pmatrix}0.6 & 0.3 & 0 & 0.1\\ 0 & 0.4 & 0.3 & 0.3\\ 0 & 0 & 0.6 & 0.4\\ 0.667 & 0.222 & 0.111 & 0\end{pmatrix}=(98,\ 81,\ 75,\ 67)$$

则三类人员各为98，81，75人，总数为254人。同理可得第三年各类人员分别为89，72，74人，总数为235人；第四年分别为82，66，71人，总数为219人；第五年分别为80，61，67人，总数为208人。

从以上结果中我们看出，经过5年的发展，该公司的员工总数递减为208人。除第三类人数呈递增趋势，其他两类人员都减少了相当一部分，结合公司的发展战略和人员要求，就要考虑此种情况是否能适应公司今后的发展需要，人员的流动是否合理，是否流失过多，是否会出现第一类和第二类人数供给不足的情况，公司目前人员的补充政策是否合理，是否需要进行调整等问题，以帮助公司管理层对公司的未来趋势了然于胸，积极主动地做出相应的变动。

三、企业人力资源供给与需求平衡的分析

人力资源规划的目的是力求企业人力资源供求达到平衡（包括数量和质量），因此，在对企业人力资源的供给与需求情况进行深入的预测分析之后，需要根据两个方面的预测结果进行全面的综合平衡分析。企业人力资源供求关系有三种情况：人力资源供求平衡；人力资源供大于求，结果导致组织内部人浮于事，内耗严重，生产或工作效率低下；人力资源供小于求，企业设备闲置，固定资产利用率低，也是一种浪费。人力资源规划就是要根据企业人力资源供求预测结果，制定相应的政策措施，使企业未来人力资源供求实现平衡。

（一）企业人力资源供求平衡

企业人力资源供求完全平衡是一种理想化的状态，现实中这种情况极少见、极短暂，甚

至不可能。即使是在供求总量上达到平衡，也会在层次、结构上存在不平衡。因此，我们寻求的是一种动态的相对平衡。在这一动态平衡过程中，可能数量上是均衡的，但内在的层次、结构上是不均衡的，因此，培训与调整也成为人力资源规划过程中不可忽视的一个环节。高职务需要从低职务者中培训晋升，对新上岗人员需要进行岗前培训等。企业应依具体情况制定供求平衡规划。

（二）企业人力资源供不应求

当预测企业的人力资源在未来可能发生短缺时，要根据具体情况选择不同方案尽量避免短缺现象实际发生。可采取的措施如下。

1. 合理调配资源

通过综合考评，将符合条件且处于相对富余状态的人员调往人手紧缺的岗位。

2. 加快培训与招聘

如果较高职位或较高技术含量的专业人员出现短缺，则应拟定现实的培训和晋升计划。如果企业内部调剂确实无法满足要求，则应拟定有竞争力的外部招聘计划充实紧缺岗位。

3. 调整工作时间

如果短缺现象不严重，且本企业的员工又愿意延长工作时间，则可以根据《劳动法》等有关法规，制定延长工时、适当增加报酬的计划，但这只是一种短期应急措施。

4. 提高资本有机构成

如果外部人力资源市场也很紧缺，难以获得人才竞争优势，那么提高企业资本技术有机构成也不失为一种可选择的策略，即加大机器设备等资本投入，提高工人的劳动生产率，形成机器替代人力资源的格局。

5. 临时聘用计划

制定聘用全日制或非全日制临时用工计划，如返聘已退休者或聘用小时工等。

总之，以上这些措施虽然是解决组织人力资源短缺的有效途径，但最为有效的方法还是通过科学的激励机制，以及培训提高员工生产业务技能、改进工艺设计等方式，来调动员工积极性，提高劳动生产率，减少对人力资源的需求。

（三）企业人力资源供大于求

企业人力资源过剩是经济萧条时期经常面临的问题，也是我国传统国有企业面临的经常性问题。解决企业人力资源过剩的常用方法如下。

1. 精简机构和裁员

精简机构和裁员是企业在面临经济危机时最不得已的手段之一。企业可以通过裁员永久性辞退某些劳动态度差、技术水平低、劳动纪律观念差的员工，优化员工队伍。但裁员经常会受到工会组织的抵制。在危机时刻裁撤臃肿的机构也是企业改善管理的有利时机，往往是化危为机的关键举措。

2. 诱导员工提前退休

鼓励提前退休或内退，对一些接近而尚未达到退休年龄者，应制定一些优惠措施，如提前退休者仍按正常退休年龄计算养老保险工龄，有条件的企业还可一次性发放部分奖金（或补助），鼓励提前退休。

3. 缩减劳动时间，增加培训时间

在人力资源过剩的情况下，企业可以缩短员工的工作时间，并且鼓励员工进修、培训、接受继续教育，以提高员工整体素质，抓住未来可能出现的机遇。如制定全员轮训计划，使员工始终有一部分在接受培训，促使员工掌握多种技能，增强他们的竞争力，为企业扩大再生产准备人力资本。

4. 开源分流

鼓励部分员工自谋职业，同时可拨出部分资金开办第三产业。

5. 降低薪资成本

在人力资源过剩的情况下，应该减少员工的工作时间，随之降低工资水平，这是西方企业在经济萧条时经常采用的一种解决企业临时性人力资源过剩的有效方式。也可以采用轮作制，即采用由多个员工分担以前只需一个或少数几个人就可完成的工作和任务，企业按工作任务完成量来计发工资的办法。这样也可以起到减少员工工作时间、降低工资水平的效果。

在制定平衡人力资源供求的政策措施过程中，不可能是单一的供大于求、供小于求，往往最有可能出现的是某些部门人力资源供过于求，而另几个部门供不应求，也可能是高层人员供不应求，而低层人员却供给远远超过需求。所以，应具体情况具体分析，制定出相应的人力资源部门或业务规划，使各部门人力资源在数量、质量、结构、层次等方面达到协调平衡。

□ 本章小结

组织在进行战略设计与结构设计之后，还需要进行人力资源规划与设计，以确保组织发展具有足够的人员支撑。从需求角度看，人力资源需求预测是指根据组织的发展规划和组织的内外条件，对组织未来一段时间内人力资源需求的总量，人力资源的年龄结构、专业结构、学历层次结构、专业技术职务结构与技能结构等进行事先估计的组织行为。组织人力资源的供给预测是指组织根据既定的目标对未来一段时间内组织内部和外部各类人力资源补充来源情况的分析预测。人力资源的供给预测与需求预测不同：人力资源的需求预测只是分析组织内部对人力资源的需求，而人力资源供给预测则需要研究组织内部的人力资源供给与组织外部的人力资源供给两个方面的因素。

企业人力资源供求完全平衡是一种理想化的状态，现实中这种情况极少见、极短暂，甚至不可能出现。即使是在供求总量上达到平衡，也会在层次、结构上存在不平衡。因此，我们寻求的是一种动态的相对的平衡。

□ 关键术语

人力资源规划　人力资源需求预测　人力资源供给预测　人力资源供求平衡　管理人员接替模型

□ 复习题

1. 人力资源规划有何意义？

2. 人力资源规划应该遵循哪些原则？
3. 简述人力资源需求预测的定性方法。
4. 简述人力资源需求预测的定量方法。
5. 人力资源供求不平衡时应采取哪些方法进行调整？

案例分析

××有限公司人力资源规划方案

一、概述

（一）目的和依据

为规范××有限公司的人力资源规划工作，通过研究公司既定的发展战略，对其进行组织诊断，我组初步勾勒出了公司组织体系和结构设置的框架。在此基础上经过深入分析，我们认为对于公司的组织结构以及人员编制，应当尽快加以科学、清晰的界定。

根据公司发展需要的内部和外部环境，科学地预测、分析公司在环境变化中人力资源的供给和需求情况，并在此基础上制定职务编制、人员配置、教育培训、薪资分配、职业发展、人力资源投资方面的全局性人力资源管理方案与计划，为公司整体发展战略提供人力资源方面的保证与服务，使公司在持续发展中获得核心竞争力，特制定本方案以保证公司战略发展目标的实现。

（二）适用范围

适用于××有限公司及各下属单位。

（三）基本原则

1. 人力资源保障原则

人力资源规划工作应有效保证对公司人力资源的供给。

2. 与内外部环境相适应原则

人力资源规划应充分考虑公司内外部环境因素以及这些因素的变化趋势。

3. 与公司战略目标相适应原则

人力资源规划应与公司战略发展目标相适应，确保二者相互协调。

4. 系统性原则

人力资源规划要反映出人力资源的结构，使各类不同人才恰当地结合起来，优势互补，实现组织的系统性功能。

5. 企业和员工共同发展的原则

人力资源规划应能够保证公司和员工共同发展。

（四）人力资源规划概要及程序

…………

二、内外部环境分析

（一）外部环境信息

…………

（二）企业内部信息

…………

三、人力资源需求预测

(一) 公司整体人力资源结构现状分析

…………

(二) 人力资源需求分析

…………

(三) 人力资源需求预测

…………

四、人力资源供给预测

(一) 人力资源供给分析

…………

(二) 人力资源供给预测

通过对××有限公司内外部人员配置的情况进行分析，得出公司人才总量的具体情况。

1. 内部劳动力市场供给预测

内部供给预测与组织的内部条件有关。

本次对公司的规划主要采用接续计划法，主要步骤如下：确定人力资源规划范围，即确定需要制定接续计划的管理职位；确定每个管理职位的接替人选，所有可能的接替人选都应该在考虑的范围内；评价接替人选，主要是判断其目前的工作情况是否达到提升要求，可以根据评价结果将接替人选分成不同等级，例如可以马上接任、尚需进一步培训、问题较多三个级别；确定职业发展需要，将个人的职业目标与组织目标结合起来，实现人力资源供给与接替。根据评价结果对接替人选进行必要的培训，使之能更快胜任将来可能从事的工作。

预测内容主要包括员工技能清单、职位、年龄、工作经历、技能、学历和职责、所掌握的语言、兴趣爱好（若有需要）、持有的牌照和证书、潜能强项和弱项、训练课程、研讨会和进修记录、职业设计和工作意愿、工作地域意愿、下属及工作项目和特派职务等。

2. 外部劳动力市场供给预测

市场调查预测是企业人力资源管理人员组织或亲自参与市场调查，并在掌握第一手劳动力市场信息资料的基础上，经过分析和推算预测劳动力市场的发展规律和未来趋势的一类方法。由于市场预测方法强调调查得来的客观实际数据，人为的主观判断较少，可以在一定程度上减少主观性和片面性。

进行市场调查包括以下步骤：明确调查的目的和任务；情况分析；非正式调查；正式调查；数据资料整理加工和分析。

…………

外部人力资源供给预测常可参考公布的统计资料，如每年大学毕业生的人数、企业的用人情况等。应预测某些人员的市场供给情况是供大于求还是供小于求，以便采取相应的对策。

五、人力资源供求平衡分析

(一) 预估人力资源可供量

…………

(二) 确定人力资源净需求

…………

六、人力资源具体规划的制定

（一）人员配置计划

人员配置计划是关于公司中长期内不同职务、部门或工作类型的人员的分布状况的计划方案。具体描述公司未来的岗位设置、需要人员数量、资格要求以及职位空缺情况等。

（二）人员补充计划

人员补充是指结合公司确定的政策和措施，根据公司需要确定补充人员的岗位、数量及对人员的要求等，选择人员补充渠道、补充方法，并据此制定人员招聘计划、晋升计划、内部人员调整计划和相关预算等。

1. 外部招聘

…………

2. 内部整合

…………

3. 晋升计划

…………

（三）培训开发计划

培训需求分析是培训工作的首要问题，主要是了解组织的培训出于何种目的及需求要素如何等。一般从组织、工作、人员三个方面进行分析。

培训开发计划是指在选择人员补充方式的基础上，为了使员工适应工作岗位的需要，制定的包括培训政策、培训需求、培训对象、培训内容、培训形式、培训师资、培训效果评估、预算等内容的计划方案。

1. 培训方式

(1) 培训教育平台。

…………

(2) 高端技术平台。

…………

2. 措施及要求

…………

（四）绩效与薪酬福利计划

此计划是指有关个人及部门的绩效标准、衡量方法、薪酬结构、工资总额、工资关系、福利项目以及绩效与薪酬的对应关系等内容的计划方案。

1. 薪酬管理

…………

2. 福利设计

(1) 福利内容分类。

1) 现金福利：生日礼金、过节费、房补、车补、红白礼金。

2) 其他福利：补充保险、住房公积金、工作餐、宿舍、节日活动、节礼、定期体检等。

(2) 福利费用：全年员工福利费用按照人工成本7%计提。

七、补充说明

在此次所做的人力资源规划方案中，对人力资源管理各个环节的说明占了相当篇幅，以期对各子公司人力资源部门开展后续工作起到一定的指导作用。本方案只是对集团及各子公司人力资源建设建立了一个框架，后续还需针对每个环节制定具体的实施方案并落实，集团人力资源部将主要从审计角度对各子公司人力资源管理工作完成情况进行监督、确认。

资料来源：企业调研。

思考题

1. 做好一份人力资源规划需要做哪些准备工作？
2. 一份完整的人力资源规划需要包括哪些方面的内容？

第 9 章　组织制度设计

导读案例

三个故事说透制度的力量

具体到制度的重要作用，我们看看微信朋友圈中流传的三则小故事。这三则小故事将制度的作用十分形象地呈现在我们面前。

一、合格率的检查制度

第二次世界大战期间，美国空军降落伞的合格率仅为 99.9%，这就意味着从概率上讲，每 1 000 个跳伞的士兵中会有 1 个因为降落伞不合格而丧命。军方告知厂家合格率必须达到 100%才行，厂家负责人说他们竭尽全力了，99.9%已是极限，除非出现奇迹。然而，军方（也有人说是巴顿将军）改变了检查验收制度——每次交货前从降落伞中随机挑出几个，让厂家负责人亲自跳伞检测。从此，奇迹出现了：降落伞的合格率达到了 100%。

二、付款方式

在十七八世纪，英国的许多犯人被送到澳大利亚流放服刑，私营船主接受政府的委托承担运送犯人的业务。刚开始，英国政府按上船时犯人的数量向船主支付运费。船主为了牟取暴利，尽可能地多装人，致使船舱拥挤不堪，空气浑浊。有些船主则故意克扣犯人的伙食，不给生病的犯人医治，甚至把生病但还活着的犯人扔下海以减轻负担，运输途中犯人的死亡率最高时达到 37%。

鉴于犯人的高死亡率，英国政府决定向每艘运送船只派一个政府官员，以监督船长的运送行为，并给随行官员配备了当时最先进的手枪。同时还对犯人在船上的生活标准做了硬性规定，甚至还给每艘船只配备了医生。上述措施实施的初期，船主的虐待行为受到了遏制，政府官员的监督貌似有效。但是，事情很快就发生了变化。长时间远洋航行的险恶环境和金钱诱惑，诱使船长铤而走险。他们用金钱贿赂随行官员，并对不愿同流合污的官员进行迫害、威胁。于是，监督开始失效，没过多久，犯人的死亡率又居高不下。

后来，英国政府发现了运送犯人的制度弊端，并想到了巧妙的解决办法。他们不再派随行监督官员，不再配医配药，也不在船只离岸前支付运费，而是按照犯人到达澳大利亚的人数和体质，支付船长运送费用。这一小小的变化使局面发生了显著改变：那些私人船主为了能够拿到足额的运费，必须在途中细心照料每个犯人，不让犯人的体重小于出发前。因为不论是犯人死了，还是犯人的体重减轻，英国政府都会少支付一些运费。有资料说，在实行“到岸计数付费”的办法以后，犯人的死亡率降到了 1%以下，有的船只甚至创造了零死亡的纪录。

三、互助与共赢的天堂

有一位行善的基督教徒，去世后在上帝的带领下去参观了地狱和天堂。在地狱，他看到一张巨大的摆满丰盛佳肴的餐桌和围坐在餐桌边一群骨瘦如柴、奄奄一息的人。他们面对香气四溢的肉锅，又饿又馋又急，只因手持的汤勺把儿太长，无法把肉送到嘴边。在天堂，同样是一群人围坐在一张巨大的摆满丰盛佳肴的餐桌边，但这里的每个人都红光满面，精神焕发。与地狱不同的是，他们个个手持长把儿汤勺把肉汤喂进对方嘴里。

美国军方并没有撤换降落伞制造厂商，是什么让在厂商负责人看来已到极限的 99.9% 的合格率被他们提高到自己也无法想象的 100%？运送犯人的还是那些船主，可是为什么起初偷奸耍滑、泯灭人性的船老板突然间大发慈悲，将犯人照顾得“无微不至”，极尽“人道主义”之责任？同样是围坐在丰盛佳肴的餐桌边，为什么地狱和天堂的差别仅仅是别人的一条手臂？思来想去，也许这就是制度创新的魅力所在。

制度一词，在中国久已有之。汉语中“制”有节制、限制的意思，“度”有尺度、标准的意思。这两个字结合起来，表明制度是节制人们行为的尺度。按《辞海》的解释，制度主要有两个层面的含义：其一指在一定的历史条件下形成的政治、经济、文化等各方面的体系，如经济制度等；其二指要求成员共同遵守的、按一定程序办事的规程或行动准则，如工作制度等。赫伯特·西蒙在界定组织的含义时，认为组织指的是一群人彼此沟通和彼此关联的模式，包括制定及实施决策的过程。① 本教材所探讨的组织制度主要是指为实现特定目的，存在于按照一定宗旨和系统建立起来的团体内的、对组织成员产生拘束力的一系列规则或者规范的总称。

第 1 节 组织制度相关理论

一、制度的概念

（一）不同语境下的制度含义

在英文中，system 与 institution 两个词都可以理解为制度，但二者在词义上又存在一些差别，system 有系统、体系、体制、秩序、规律、方法等含义，而 institution 则有公共机构、协会、学院等含义。一般认为 system 侧重于宏观的、有关社会整体的或抽象意义的制度体系，而 institution 则指相对微观的、具体的制度。需要说明的是，西方经济学中的制度都使用 institution，而不用 system，制度经济学在西方国家也被称为 institutional economics。

政治学家认为，制度是人们必须遵守的秩序和规则。从内容上说，制度的存在取决于它在指导和评价人类在社会活动中所起的实际作用。从形式上说，制度可分为内在制度和外在

---

① 赫伯特·西蒙. 管理行为. 北京：机械工业出版社，2014：16.

制度。内在制度是由人类群体内在经验演化而成的规则，包括各种习惯、习俗、礼貌、道德、意识形态等。外在制度是人们设计出来并强加于组织和成员的规则，必须由权威机构建立并施行。

社会学家认为，长期以来，制度现象一直是社会学研究的一个主要内容。一般来说，社会学家对制度的界定包含以下两个方面：(1) 制度是社会公认的比较复杂而有系统的行为规则，是维系团体生活和人类关系的法则和社会行为模式，是在特定的社会活动领域中比较稳定和正式的社会规范体系。(2) 制度包括正式的、成文的、理性化的表现形式，还包括风俗、习惯、道德、文化、价值观念等非正式的、不成文的、非系统化、非理性化的表现形式。

经济学家对制度的定义主要是从损益、资源配置、效率和交易成本的增减出发的，同时也比社会学家更重实证、利益的分析。

(1) 制度学派开山大师凡勃伦将制度定义为“一种自然习俗，由于被习惯化和被广泛接受，这种习俗已经成为一种公理化和必不可少的东西。它在生理学中的对应物，类似于各种习惯性的上瘾”。制度实质上就是个人或社会对有关某些关系或某些作用的一般思想习惯；今天的制度，也就是当前公认的某种生活方式。也就是说，制度无非是一种自然习俗，由于习惯化和被人们广泛接受，这种习俗已经成为一种公理化和必不可少的东西。制度必须随着环境变化而变化，是生存竞争和淘汰适应过程的结果。

(2) 制度学派的另一位大师康芒斯的定义是：制度是集体行动控制个体行动。集体行动的范围很广泛，从无组织的习俗到有组织的运营机构，如家庭、公司、工会、政府或国家。一般而言，集体行动在无组织的习俗中比在有组织的团体中更普遍。进一步讲，集体行动常同所谓的工作规则密不可分，后者告诉个人能够、应该、必须做（或不做）什么。

(3) 诺思认为，制度是社会的游戏规则，是为决定人们的相互关系而人为设定的一些制约，它构成了人们在政治、社会或经济方面发生交换的激励结构，通过向人们提供日常生活的结构来减少不确定性。从实际效果看，制度“定义的是社会特别是经济的激励结构”。

(二) 制度内涵的界定

综合以上各学者的论述，我们认为，制度可以界定如下：

(1) 制度是一种行为规则和活动空间、范围。它既约束人们的行为，又为人们提供了可以自由活动的空间。也就是说，制度不仅告诉人们不能、禁止和如何做什么，同时也告诉人们能、可以自由选择地去做什么，这两种作用是同等重要的，不能厚彼薄此，只顾其一。

(2) 制度是一系列权利和义务或责任的集合。这从另一个角度界定了制度的行为约束和活动空间的双重作用。制度安排的核心就是确定各类人的不同权利及与其相对称的义务的总和，权利实质就是规定人们的行为规则和活动空间，义务则是行使权利后的约束与责任。无权利人们也将不承担义务，无义务人们将滥用权利，两者均会导致制度的毁灭。

(3) 广义而言，制度不仅包括正式的、理性化的、系统化的、形成于文字的行为规范，同时也包括非正式的、非理性化的、非系统化的、不成文的行为规范，如道德、观念、习惯、风俗等。成文的制度只是名义上的，运行中的制度则是实际的，两者并不相等，甚至有时相去甚远，名实完全不符。现实中已通过的法律条文与其实际的执行常常偏离就是一个例证。本书所讨论的制度设计是指正式制度，不包括非正式制度，非正式制度只能成长，不能设计。

二、制度的特征

从上述关于制度的定义可以看出，从诺思这样的诺贝尔经济学奖获得者到普通学者，都没给出一个令人信服、让大家接受的制度定义。似乎“公说公有理，婆说婆有理”，莫衷一是。但是，这些定义中也还是反映了某些带有普遍性的东西。这些东西就是制度的特点或品质。我们认为，制度至少应当体现这样几个特征。

（一）合法性

合法性是制度有效存在并发挥作用的前提，是组织成员基于某种价值信仰而对组织制度的正当性所表示的认可，这种认可与认同、价值观及同一性和法律有关。从广义上讲，只要组织制度被组织大多数成员接受并认可，或者少有、没有组织成员对于组织制度的存在提出实质意义上的质疑或者挑战，或者该类质疑和挑战均不影响组织制度成为组织成员行为的规范，组织制度的合法性即被确认。从狭义上讲，除了具备前述广义层面的内涵，组织制度应当与一个有效统治的政府现行有效的规范性文件（通常指法律和法规）的规定相一致，至少是不违反政府强制性的规范性文件的规定，这种强制性的规范性文件不仅包括对于组织成员与组织、组织成员相互之间权利义务的实体性安排，还包括程序性安排的内容。

（二）确定性

制度的确定性有三个层面的含义：其一，制度应当具体，有其外在的客观表现形式，并以组织成员可感知、可理解的形式存在。其二，制度应当可被执行，具有可操作性，能够被组织成员感知且成为组织成员行为的依据。其三，制度应当是公开的、透明的，以组织成员可以获得的方式让组织成员及利益相关者知晓。只要是制度，都告诉人们能干什么、不能干什么，都给人类行为划定了边界。也正是具有这样的特点，才能为人类行为提供稳定的预期。一个有效的制度必须从两个方面看都是确定的：必须是可知的、透明的；必须能够对未来提供可靠的指导。由于制度具有确定性，因此一般人都能够清晰地把握制度的信号，知道违反制度带来的后果。

（三）公平性

公平性是指同样的行为遵从同样的制度。从纵向看，只要是同一行为，前天进行、昨天进行、今天进行和明天进行，一般都会遵从相同的制度；从横向看，无论是你、是我，还是他，只要是相同性质的事件，一般都遵从相同的制度。按照公平性，在没有特别理由的情况下，制度对所有人都是同样适用的，没有区别对待的情况，不存在歧视性。正如哈克所说，适用于所知和未知的环境和人员。任何制度都有它的适用范围，在这个范围内所有成员、所有组织都应当遵守。除了特殊情况，制度不应有区别对待的现象。公平性还说明没有人能够凌驾于制度之上，每个人在制度面前都是平等的。如果根据一个人的地位来决定其对制度的遵守程度，将肯定被认为是不公平的。制度的公平性如果遭到破坏，意味着制度本身受到了破坏。

（四）稳定性

事物处于不间断的变化中，事物本身也在不断变化以适应周遭的环境，但是人们对待事物的态度、处理事务的方式却受传统习惯、习俗的影响而呈现出相对稳定的状态。制度的价值在于其可以在特定的时期或者某一个时间段内为组织提供一种价值判断的尺度和依据，稳定的价值判断标准可以提升制度本身的权威，故而制度力求在上下层次、前后时序上保持连续性和稳定性。不稳定的制度是思想上、政治上不成熟的一种标志。在人治的条件下，制度一般脆弱多变，而法治则有助于克服人治的随意性、片面性和局限性。当然，要求制度完全不变是不可能的，也是不应该的，但制度的基本走向不能变，只能不断修订、充实、完善、配套。

（五）权威性

制度以其客观、可被感知和预判的尺度取代人的主观臆断，因而在不断扩张的组织体系乃至于整个文明社会被看作一种有效的治理手段。制度以其系统性、客观性和内容的正义逐渐取代个人的权威，成为维系组织运转的纽带。制度的权威性是指制度对于特定的制度执行者和制度对象具有强制性的约束力，不管人们是否愿意，都必须坚决执行，而不能任意违反，否则就要受到一定的处罚。如果把制度设计过分寄希望于人们的自觉自愿，不注重提高制度的权威性，那就不能不说是在制度建设上陷入了误区。制度不仅应有权威性，还必须指向未来。制度促进着预见性，并防止混乱和任意的行为。

（六）习惯性

无论是正式规则还是非正式规则，都具有习惯性的特点，都是历史的一种沉淀。非正式规则的习俗是历史的沉淀，正式制度安排多少也具有历史重复性特点，先有重复性，而后被固定下来。某种规则最初被某些人发现有利可图，而后坚持下来，接着被更多的人接受，最后成为一种习惯，并作为历史沉淀物保留下来。

三、组织制度的功能和作用

（一）组织制度的功能及其内在含义

组织制度的功能指的是组织制度各组成要素之间相互联系、相互作用的方式，是组织制度发挥作用的前提和基础。一套完整的制度规范往往由系统中拥有话语权的成员的价值诉求、实现该价值诉求的行为模式以及修正错误行为模式的处理措施等几部分组成，就组织制度的该类结构而言，组织制度对组织成员及其行为至少有规制、规范、归化三个层面的功能。

1. 组织制度的规制功能

规制讲的是制度会制约、规制、调节组织成员的行为。经济史学家诺思在对制度概念进行定义时指出，“（制度）完全类似于竞技体育运动的比赛规则。也就是说，它们包括正式的、书面的规则，以及通常是非书面的行为律令，对正式规则起着基础作用与补充作用……如果运动员违反正式的规则与非正式的律令，就会被制裁和惩罚。因此，制度运行的实质内容之一，就是确保违反规则与律令会付出沉重的代价，以及受到严厉的惩罚。”① 制度的规制功能强调的是对于组织成员旧有的，与组织现有行为模式、行为习惯和组织文化不相适应的观念、行事风格和行为方式等加以纠正，这种纠正通常表现为负面的惩戒，在制度用语层面，习惯于采用“不得”“禁止”“必须”等带有禁令性质的词汇来表述组织的意图。

2. 组织制度的规范功能

制度的规范功能重在其价值观层面的内容，强调运用制度的典范、标准特征对于组织成员行为的性质进行说明和评价，在这一层面上，组织基于对成员行为的事实认定而发挥制度

① W. 理查德·斯科特. 制度与组织——思想观念与物质利益：第3版. 北京：中国人民大学出版社，2010：60.

内容的价值判断功能。这种价值判断倾向于将对组织存在以及发展有利的因素加以充分考虑，因此，组织制度在形成过程中往往被看作人们对于成功的行为习惯的总结。如果成功地完成了某件事，人们会把它程序化，作为后续相同或者类似条件下行为的规范动作。但值得注意的是，这种行为习惯并非一直能够维持、促进组织的发展。对于下一步成功来说，上一步成功往往会成为一种惯性陷阱。

3. 组织制度的归化功能

归化一词，旧谓归服于教化，此处引申为通过组织制度的教育、引导，使得组织成员在内心深处接受组织制度的约束，并自然而然地将其作为自己的行为文化的一部分甚至全部，不仅直观地表现为自己的行为，而且通过自己的行为将组织制度的内容和精神传递给组织以外的人，延伸组织制度的作用范围和影响力。

（二）组织制度的作用

功能和作用是两个既相互联系又相互区别的概念。功能是事物内部固有的效能，它是由事物内部要素结构决定的，是一种内在于事物内部相对稳定独立的机制。而作用则不同，它是事物与外部环境发生关系时所产生的外部效应。同样的功能对外界的作用，既可能是正面作用，也可能是负面作用，这要看功能与外部环境的互动方式。一般来说，功能是作用产生的内部根据和前提基础，客观需要是测评产生作用的外部条件，作用就是测评的功能与客观需要相结合而产生的实际效能。

组织制度的功能决定了组织制度可以发挥如下作用。

1. 指引作用

制度具有规范性特点，根据组织对成员行为的具体要求，制度的指引作用又可以分为确定性指引和选择性指引。确定性指引往往指代包含义务性规范内容的制度，它明确规定组织成员在一定条件下可以做什么，应当做什么或不应当做什么。选择性指引往往指代包含赋权性规范内容的制度，它通过鼓励组织成员的某一特定行为来宣导组织的价值理念，为组织成员的行为提供一个模式、标准或方向。

2. 预测作用

制度的预测作用指的是组织成员或者组织以外的第三方通过对比组织制度预设的行为模式与组织成员实际行为间的差别来判断组织对其成员行为的评价结果。组织成员在做出行为选择时，通常会简单衡量行为的制度成本（或收益）和违规成本（或收益），当制度成本大于违规收益时，组织成员倾向于按照组织制度预设的行为模式完成组织要求的任务或安排的工作；当制度成本小于违规收益时，组织成员对待组织制度的态度会发生相反的变化，组织制度的有效性将会受到不可避免的影响。

3. 评价作用

由于制度规范的存在，人们可以预见到组织对自己和其他组织成员的行为会抱什么态度，也就是说组织成员事前可以预计到自己或他人的行为是否符合组织的期望。制度的评价作用在于其有一个相对客观、稳定的评价准则，这种评价准则因其客观性、公开性和公平性而被组织成员普遍接受，这在很大程度上避免了组织行为评价标准的随意性。其实，制度产生的一个公认价值便是通过制度安排解决组织管理者在管理幅度上的有限性和管理决策上的主观倾向。

4. 强制作用

制度通常是由组织中掌握绝对话语权的成员基于组织的设立宗旨、目标以及成员自身利益，依照特定的程序制定出来的。为了保证制度的有效性，组织通常赋予制度以一定的强制力保证其实施，组织制度的强制力一般来自制定者的个人权威和组织预设的惩戒机制。不同于法律强调并设定义务的绝对强制力，制度的强制力主要体现在对于组织成员资格的剥夺和权利的限制方面，当然，在一些经济组织之中，组织制度也带有很强的惩戒色彩。

5. 教育作用

制度的教育作用是指制度作为特殊的行为规范，对组织成员的行为发生直接或间接的影响作用。组织成员在组织系统中活动，往往会结合组织制度设定的行为模式和行为后果来比照自己的行为和其他组织成员的行为，结合自己以往的行为结果和观测到的其他成员的行为结果，自觉地选择自己行为的模式。组织成员对于新进的成员通常会传授自己过往的经验，而新进的成员也会通过观察组织成员的行为来做出自己的选择。

（三）制度管理的潜在问题

在看到制度运行的积极作用的同时，也应该警惕制度管理可能带来的消极影响。

1. 过于僵化的制度可能会限制组织本身的能动作用

管理制度和程序规则在很大程度上会扼杀组织的创造性、弹性和革新力。1995年，美国大陆航空公司总裁格雷格·布雷内曼（Greg Brenemann）面对公司行将倒闭的局面，在公司的停车场，把老旧的公司政策、守则付之一炬。他解释道："如果我们不能摆脱这些僵化的规则和程序，公司势必无法生存，当然也不可能获得成功。我们的员工需要思考新的做事方法，必须快速移动脚步，而且他们必须被赋予权限去做正确的事。而这些事情是无法借着一长串的成文规定来实现的。"玛丽·芭拉（Mary Barra）在2009年通用汽车申请破产后担任人力资源主管，简化了员工规定，将公司长达10页的着装规定简化为4个字：穿着恰当。

2. 制度更新不及时可能会影响制度的权威性

制度往往基于对既往组织行为的总结而制定，缺乏对此后相对较长一段时间组织行为趋势的预判。和大多数制度性规范系统一样，组织制度也不可避免地具有滞后性特征。新情况、新事物出现后找不到与之相适应的组织制度作为行为的依据，将导致两个方面的结果：一是已经制度化的组织因无法适应新形势而陷入困惑、迷茫，影响组织的稳定性；二是组织成员通过不同的途径尝试找到适应新形势的解决方式，影响组织制度的权威性。

3. 组织制度不可能涵盖一切

组织制度无法涵盖组织事务的全部，在内容上具有片面性。组织制度的片面性主要体现在以下两个方面：其一，制度的制定主体是否能够全面系统地了解组织行为的特征和发展需要，这是制度能否很好地契合组织并且促进组织发展的一个重要方面；其二，制度在制定或者适用的时候，能否全面兼顾每一个组织成员不同的文化背景和行为特性，这也是制约组织效能发挥的一个非常重要的原因。

4. 有可能抑制创新动力

制度设置的目的之一就是尽可能地排除人为的重复性错误，使组织更加富有效率。但是不让犯错，也就意味着抑制了创新。宝洁公司有这样一个规定：如果员工三个月没有犯错，就会被视为不合格员工。对此，宝洁公司董事长的解释是：那说明他什么也没干。彼得·德鲁克认为，无论是谁，做什么工作，都是在犯错中学习，所犯的错误越多，人越能进步，这是因为他能从中学到许多经验。彼得·德鲁克甚至认为，没有犯过错误的人，绝不能晋升为主管。

四、组织制度设计的限制和障碍

(一) 组织制度内容和程序的选择将会影响制度本身的合法性

一个能够对组织成员的行为产生约束力的制度在实体内容和程序上应当符合现有法律法规和相关政策的规定。通常情况下，组织在进行制度设计时主要有两方面的考量：其一是制度的内容安排，其二是制度的程序安排。这两个层面的安排是影响制度合法性的关键。就制度的内容而言，组织必须考量制度应当对组织的哪些事务加以规范以及如何规范的问题。就制度的程序而言，组织必须考量制度的可接受程度以及制度发生效力的一些必要条件。因此，在设计组织制度时要考虑组织在社会中的角色和地位，考虑来自法律、政策层面的因素。比如，公司在设立时制定公司章程，或者在公司存续期间对公司章程进行修改，均必须遵照法律规定的程序且不违反《公司法》的强制性规定；在企业制定适用于内部管理的规章制度时，必须符合《劳动法》和《劳动合同法》规定的程序且不能违反法律的强制性规定。若非如此，组织制度只能流于形式，而不能真正发挥其应有的功能和作用。

(二) 制度会受制度设计者自身愿景和利益导向的影响

理论上，组织制度应当与组织的整体定位、功能、发展愿景相调适，能有效协调组织与利益相关者、组织与组织成员以及组织成员相互之间的关系，制度设计者在设计组织制度时，也会尽可能全面地借助与现有的组织理论和组织实践相关的资料，来重构组织的结构、行事风格和组织成员的行为模式。但是，制度设计者无法完全排除自身对组织的愿景规划在组织制度中予以反映的可能性，制度设计者也会将自身或者所属利益群体的利益体现在组织制度之中，组织制度无法避免制度设计者的主观影响。同时，受制度设计者自身知识水平和认知能力、表述能力的限制，受制于资料的真实性、完整性、合理性和科学性，制度本身的价值会因客观条件限制而受到影响。因此，纵然有具体的制度安排，但总会有多重的结果，其中很多是出乎意料、不受欢迎的结果。

(三) 情势变迁会影响制度设计效果的发挥

制度设计需要建立在一定的物质基础之上，这一基础包括组织发展的现状与组织发展的趋势，组织的生存环境和利益关系方，组织的设立目标、宗旨，组织的规模、成员结构、行事风格和行为方式，以及组织的财务流程和资金来源等，上述任何一个方面的变化都会给组织带来风险和冲击，建立在这类基础之上的组织制度也会因为适用的条件和前提发生变化而影响效果的发挥。通常来讲，为了尽可能扩大组织制度的适用面，尽可能长久地延长组织制度的适用性，制度设计者会以行动者及其利益恒定不变为假设前提而设计出一种相对理想状态的行为规范体系，制度设计者的计划可能导致意料之外的结果，因为这些制度所适用的情境已经发生变迁。

第 2 节　企业顶层制度设计：公司治理结构设计

企业作为最主要的一类组织，其制度设计非常重要，本节将以企业组织为例探讨组织制度设计。

1932年，美国学者贝利（Berle）和米恩斯（Means）经过研究指出，在所有权和控制权分离的情况下，分散的股权结构会导致管理层滥用自由裁量权。管理层与股东之间在利益诉求方面并不一致，故拥有较多不对称信息的管理层有很强的动机最大化自己的效用，为获取私利而做出有损公司价值和股东利益的机会主义行为。贝利和米恩斯的研究也成为后续一系列关于公司治理研究的起点。[①]

公司治理本质上是在企业规模逐渐扩大的背景下，由所有权与经营权相分离所派生出来的由职业经理人代表企业资产所有者行使公司日常经营管理权并实现股东投资利益最大化的"经营权代理行使问题"。公司治理的价值在于通过合理分配公司的权力资源，不断完善公司管理运营与监督控制的权力配置系统，促使其良性运转，以实现公司的经营目标并最终实现股东利益的最大化。公司治理结构是公司治理的关键，选择不同的治理结构会对公司所有者与管理者、大股东与小股东之间的权力分配和制衡产生深远影响。公司治理结构是指为实现最佳经营业绩，公司所有权与经营权基于信托责任而形成相互制衡关系的结构性制度安排。当今时代，基于组织制度中委托-代理理论和利益相关者理论，公司治理结构成为组织最根本的一项制度设计。

一、公司治理结构概述

（一）公司治理结构的重要性

2000年，安然是美国最大的石油和天然气企业之一。2001年末，安然宣布第三季度亏损6.4亿美元，美国证券交易委员会对该公司进行调查，发现该公司自1997年以来虚报利润5.8亿美元。2001年末，安然申请破产保护，但在之前10个月内，公司却因股票价格超越预期目标而向董事及高级管理人员发放3.2亿美元的红利。经调查发现：(1) 安然的董事会及审计委员会均采取不干预（hands-off）的监控政策；(2) 事件发生之后，部分董事表示不太了解安然的财务状况、期货及期权的业务；(3) 安然重视短期的业绩指标；(4) 安然管理高层常常藐视或推翻公司制定的内控制度。

世通是美国第二大电信公司。2002年，世通被发现利用把营运性开支反映为资本性开支等弄虚作假的方法，多年来虚报利润735亿美元。世通于2002年末申请破产保护，成为美国历史上最大的破产个案；世通的4名主管（包括公司首席执行官和首席财务官）承认串谋讹诈，被美国联邦法院刑事起诉。事后调查发现：(1) 世通的董事会持续赋予公司首席执行官绝对的权力，让他一人独揽大权；(2) 美国证券交易委员会的调查报告指出，世通完全没有制衡机制；(3) 世通的董事会并没有负起监督管理层的责任；(4) 世通为公司的高级管理层提供丰厚（不合理）的薪酬和奖金。

虽然安然和世通呈现的问题各不相同，但导致其破产的原因却具有共通性——公司治理结构出了问题。世界银行行长指出，对世界经济而言，完善的公司治理结构机制将像健全的国家治理一样至关重要。国资委原主任李荣融指出，建立完善的公司治理结构制度，才是当务之急，才是加强公司核心竞争力的秘籍。作为公司这一企业法人中规模较大、透明度最高，

---

① 姜付秀，肯尼思·A. 金，王运通. 公司治理：西方理论与中国实践. 北京：北京大学出版社，2016.

同时也是最为规范的一类公司，上市公司在现阶段的公司治理结构中担负着极为重要的担子，公司治理结构制度的完善很大程度上体现在上市公司治理结构层面。中国银监会原主席尚福林在多个场合指出，完善上市公司治理结构，规范上市公司运作，是资本市场健康发展的重要基础。中国证监会原副主席范福春强调，高质量的上市公司离不开有效的公司治理结构，实践证明，完善公司治理结构机制不仅在提高上市公司质量的系统工程中处于中心环节，同时也构成了整个资本市场有效运行的重要微观基础。

（二）中国公司治理结构的讨论

20 世纪 90 年代以来，伴随着中国国有企业的改革，如何构建中国的公司治理结构成为一个时期讨论的焦点和热点问题。

钱颖一在其《企业的治理结构改革和融资结构改革》一文中指出："公司治理结构是一套制度安排，用以支配若干在公司中有重大利害关系的团体——投资者（股东和贷款人）、经理人员、职人之间的关系，并从这种联盟中实现经济利益。公司治理结构包括：（1）如何配置和行使控制权；（2）如何监督和评价董事会、经理人员和职工；（3）如何设计和实施激励机制。"

吴敬琏在论及公司治理结构时，认为公司治理结构应当是包含所有者、董事会和高级执行人员即高级管理人员三者的一种组织结构。在这种结构中，上述三者之间形成一定的制衡关系。通过这一结构，所有者将自己的资产交由公司董事会托管；公司董事会是公司的决策机构，拥有对高级管理人员的聘用、惩罚和解雇权；高级管理人员受雇于董事会，组成在董事会领导下的执行机构，在董事会的授权范围内经营企业。

林毅夫在 1997 年论述市场环境的重要性时认为，所谓公司治理结构，是指所有者对一个企业的经营管理和绩效进行监督和控制的一整套制度安排。其他一些学者在论及此问题时也均主张，公司治理结构是通过正式或非正式的内部或外部制度或机制来分配公司控制权与剩余索取权、协调公司与所有利益相关者之间利益关系的一整套法律、文化和制度性安排。

张宗益、宋增基在二人主编的《中国公司治理：理论与实证分析》一书开篇即对公司治理结构的概念做了界定：公司治理结构，简单地说，就是关于企业的组织方式、控制关系、利益分配等方面的制度安排和制衡机制。它界定的不仅是企业与所有者之间的关系，还包括企业与所有相关利益集团之间的关系。

可见，公司治理结构围绕着作为受托人的董事会如何通过对经理层的有效授权和控制来解决委托人（股东、公司所有者）利益的最大化与利害关系方利益诉求之间的矛盾这一核心内容展开，其理论基础来自早期英国的信托责任制度，治理的内容便是如何在股东（公司所有者）、董事会以及经理等公司高级管理人员之间合理配置决策权与职责，如何设计有效的监管机制保障这种信托责任不因董事会和高级管理人员滥用授权和对公司的控制权损害股东及利益关系方的利益。

二、公司治理结构的类型

良好的公司治理结构能够给一个国家带来巨大的资产收益，研究表明，美国和欧洲在生产效率方面的差距约为 30%，其中近 1/4 源于管理差别。这就不难理解为什么许多经济发达国家把建立良好的公司治理结构当作增强经济活力、提高经济效益的基本手段。纵然好的治理方式和手段可以被借鉴、移植，但经济、社会和文化等方面的差异也使得不同国家和地区在选择治理结构时有自己的偏好，因此，不同经济区域的公司治理结构存在较大差异。

（一）英美模式（外部治理模式）：单层委员会制

在英美国家，公司治理结构的特点是机构投资者、大量的社会股东组成股东大会，股东大会下设董事会，董事会任命首席执行官。公司不设监事会，董事中的非执行董事负监督之责，同时在公众公司中又增设了独立董事，独立董事承担对公司重大事项的监督职责。公司内部的权力分配是通过公司的基本章程来限定公司不同机构的权力并规范它们之间的关系。现代各国公司在治理结构上基本都采用决策、执行、监督三位一体的框架体制，不过各国的公司法在具体的机构设置和权力分配上存在不同之处。

（二）德日模式（内部治理模式）：双层委员会制

德日模式主要表现为：股东大会下设监事会，其职权强大，包括任命董事和行使监督权两大职能。监事会任命董事组成董事会，董事会负责执行监事会决议并负责公司日常运作，与经理共同承担执行职能。监事会在形式上似乎就是股东大会的常设机构。德日治理模式也称为银行控制主导型治理模式，其特点在于银行在公司治理结构中处于核心地位。这一模式下，银行与企业之间不再是单纯的借贷关系，银行可以通过法律规定和合约安排成为企业的股东或者对企业间接持股。德日治理模式下，股东对于公司经营者的监控是积极主动的，因为公司的大股东往往为银行和其他企业法人，故其不像英美公司股东那样选择“用脚投票”，而是直接干预公司经营决策。

（三）东南亚模式（家族式治理模式）

东南亚模式又称股东决定直接主导型模式，是指某一家族的一个或数个成员或者若干家族，通过股权投资形式直接或者间接持有某一企业相当数量的股权份额，从而把控该组织决策系统的话语权，成为该企业组织的控股股东或者实际控制人，属于一股独大加上内部人控制形式。在东南亚模式下，经营者往往是控制公司的某一家族的成员，受到来自家族利益和亲情的双重激励和约束。与其他公司的经营者相比，家族经营者承受了更多非职业的道德约束，这种约束对于他们而言，更多的是压力而非动力。在经营决策方面，稳定地增长是他们首要考虑的问题，所以家族企业在公司战略布局方面显然要弱于采用英美模式和德日模式的企业。

三、缓解公司代理权冲突的股权安排

公司的股权结构决定了公司内部权力的设置和归属，基于股权持有状况，股东以法定或协议约定的方式行使着公司权力并决定着公司的利益分配。在这一层面，股权结构是公司治理问题的逻辑起点，而通过股权结构的架设和持股方案的设计，在一定意义上可以缓解因公司所有权与经营权相分离造成的代理权矛盾。制约的因素来自以下几个方面：其一，寻找能够扩大股东与管理层之间利益重叠区域的方法；其二，加强公司所有者对于管理层的监管和控制；其三，引入外部监督主体或者监督机制。

管理层将公司所有者的利益置于自身私利之下的一个重要原因在于，公司所有者因相互之间的利益诉求有别而导致无法在股东会（或股东大会）形成有效制约管理层的合力。从现代公司制度设计来看，公司所有者参与并主导的股东会是公司的最高权力机关，选聘管理者与组建经营管理团队均取决于股东会的决定，但在无实际控股股东或者无法形成有效多数意见的情况下，股东会无法顺利替换不再胜任代理人角色的管理层。相对控股股东（主要指单独或者协议持股股权未过公司全部股权份额的半数但掌握着公司实际控制权的股东）通过管理层侵占其他中小股东利益，达到掏空公司的目的，又导致发生另一种常见矛盾：大股东侵占小股东利益或者股东相互倾轧。

通过诸如股票期权制度、股权激励方案以及员工持股计划等方式，将公司的股份授予或者以附条件或附期限的方式在未来授予管理层，也能在一定程度上缓解公司所有者与管理者之间因代理权派生的冲突。这种制度设计基于所有权理论假设，将符合条件的管理层纳入公司股份的所有者行列，谋求管理层与公司股东利益诉求同一化，预期管理层的决策将优先考虑股东利益的最大化，在实现股东利益最大化的同时也实现了管理层利益的最大化。目前，无论是传统制造业还是新型互联网行业，乃至金融服务业，都尝试以不同方式的股权激励提升公司的竞争力和盈利能力，以利益诱导化解来自管理层的信托风险。但同样随之而来的一个问题是，持有股份（通常同时享有表决权与分红权）或者享有分红权的管理层会谋求在公司权力机构的更多话语权，由代理权派生的管理层与股东之间的利益冲突必然转变为股东与股东之间的利益冲突。

大多数企业在融资过程中倾向于选择单纯的财务投资人，当股东以财务投资为目的而不以控制公司为目的时，专业的财务投资人将以更加严苛的标准“盯死”管理层——“拿我给你的”而不是“拿属于我的”，给多少当然取决于管理层能够给以财务投资为目的的股东创造多大的价值回报。通常情况下，资本市场上的机构投资者往往充当了财务投资人的角色，它们在公司风险防控方面具有绝对的专业优势，有着极强的信息收集能力、敏锐的市场观察能力和信息解读能力。更直接地说，机构投资者会扫除一切横亘在其利益之前的障碍，无论你曾经给这家公司创造了何种价值，故而机构投资者对于防止管理层窃取股东利益能够起到有效的控制作用。但是，机构投资者对于短期投资利益的追逐会不惜牺牲公司的长远利益，而机构投资者撤出后公司难免留下肆虐过的痕迹，更何况还有来自机构投资者与管理层合谋牺牲其他股东的道德风险。

四、公司治理结构的制度安排

公司治理结构是一种制度安排，用以支配若干在企业中有重大利害关系的主体——投资者（股东和贷款人）、经理人员、员工之间的关系，并从这种联盟中实现经济利益。公司治理结构包括：(1) 如何配置和行使控制权；(2) 如何监督和评价董事会、经理人员和员工；(3) 如何设计和实施激励机制。大多数国家的公司法和证券法均对公司治理结构做了简单的制度安排。

（一）董事会制度

董事会是公司治理机制的重要组成部分，是公司最高权力机构股东会或股东大会的执行机构，是由公司股东会根据公司法以及公司章程的规定选举产生、对内管理公司内部事务、对外代表公司的权力执行机构。对于公司法及公司章程规定的董事会职权事项，董事会有决定权；对于个别股东会授权事项，董事会亦享有最终决定权。董事会一般行使监督职能和咨询职能。在上市公司中，董事会的职权一般会授予类似于审计、薪酬、提名等委员会行使。

董事会的人数各国有不同的规定，我国《公司法》规定，有限责任公司董事会一般由3～13人的单数组成；股份有限公司的董事会一般由5～19人的单数组成，董事任期不超过3年，可连选连任。董事会决议采取少数服从多数的通过方式，董事会的决定以集体决议形式表述，比个人决定更具客观性和准确性。董事会的职权包括对股东大会决议的执行权和对股东大会授权事项的决定权，董事会服务于股东大会并对股东大会负责。董事会审查和监督管理层及首席执行官，一般也会负责雇佣、解聘首席执行官及高管。

（二）独立董事制度

独立董事制度是指在董事会中设立独立董事以形成权力制衡与监督的一种制度。独立董事是指不在公司担任除董事外的其他职务，并与其所受聘的上市公司及其主要股东不存在可能妨碍其进行独立客观判断的关系的董事。独立董事对上市公司及全体股东负责。相较于内部董事，独立董事与管理层并无太多勾连，也不依赖于管理层，他们对外界的评论较为敏感，并且负有客观、公正且负责任地提供独立专业评论意见的职责。从这个角度来讲，独立董事可以对管理层起到很好的监督作用。

美国的《萨班斯-奥克斯利法案》强制要求在美国上市的公司在其审计委员会中设置绝大多数独立董事席位，美国证券交易委员会监管的纽约证券交易所和纳斯达克也对此做了类似规定。中国证监会于2001年颁布了《关于在上市公司建立独立董事制度的指导意见》，根据该规范性文件，上市公司应当建立独立董事制度。独立董事应当按照相关法律法规，认真履行职责，维护公司整体利益，尤其要关注中小股东的合法权益不受损害。独立董事独立履行职责，不受上市公司主要股东、实际控制人或者其他与上市公司存在利害关系的单位或个人的影响。独立董事原则上最多在5家上市公司兼任独立董事，并确保有足够的时间和精力有效地履行独立董事的职责。上市公司董事会成员中应当至少包括1/3的独立董事，其中至少包括1名会计专业人士。

独立董事除行使公司董事的一般职权，还被授予以下特别职权：(1) 重大关联交易（指上市公司拟与关联人达成的总额高于300万元或高于上市公司最近经审计净资产值5%的关联交易）应由独立董事认可后，提交董事会讨论；独立董事做出判断前，可以聘请中介机构出具独立财务顾问报告，作为其判断的依据。(2) 向董事会提议聘用或解聘会计师事务所。(3) 向董事会提请召开临时股东大会。(4) 提议召开董事会。(5) 独立聘请外部审计机构和咨询机构。(6) 可以在股东大会召开前公开向股东征集投票权。

（三）监事会制度

监事会是公司的最高监督机构，它执行监督职能，主要职责是对董事会、董事长、董事、经理人员以及其他高级管理人员执行事务的行为进行监督，防止其滥用职权和地位，损害公司、股东、员工以及利益相关方的利益。监事会同样也是由股东大会根据《公司法》以及公司章程的规定选举产生，监事会人数不少于3人，任期3年，可连选连任。监事会中1/3的监事由职工代表出任，职工监事通常由职工大会或职工代表大会通过民主方式选举或罢免。监事会的职权包括对董事会执行事务的行为进行监督，对董事会会议和董事长、公司经理的决定提出质询并要求答复，检查公司的财务会计账簿，制止董事、经理以及高级管理人员违反法律法规和公司章程规定的行为，以及代表公司对董事、经理和高级管理人员提起诉讼以维护股东权益以及职工的合法权益。

五、中国的公司治理结构现状

（一）低效管理给公司经营带来的问题

企业每发展到一个阶段，都应当有与其人员规模、资金规模、生产规模以及战略规划相适应的管理人员和管理体系，当企业的发展没有与其规模和战略相适应的治理结构时，企业遭遇失败的可能性剧增。德勤中国企业风险管理服务组织于 2010 年对在中国上市的约 100 家公司的治理结构情况的调查结果显示，绝大多数参与调查的上市公司都意识到较低的治理水平会导致不能及时发现管理层发生的逾越控制的行为、信息披露质量无法满足利益相关者的需求或存在潜在的违规行为而违背监控等风险，从而使公司整体管理水平下降、经营风险增大，最终导致股东利益受损。

（二）中国公司的治理动因

相比发达国家较为成熟的企业成长环境和经济发展模式，中国公司在健全的法律政策体系构建、资本与证券市场的成熟度以及治理水平上的短板使得没有几家像样的能称得上国际型企业的公司，纵然有数十家走出国门的跨国公司，但其知名度和市场竞争力相对较弱，与承担市场规则制定者角色的外国寡头公司相比，显然还有较大的差距。大多数已成规模的中国企业对于自身的市场定位较为清晰，也意识到差距所在，近年来有实力的公司类企业纷纷借助通过首次公开募股等方式上市等契机提升自身的治理水平。究其治理的动因，可以简单归纳为以下几个方面：（1）提升公司管理水平；（2）保护包括中小股东在内的股东权益；（3）提高决策的准确性和决策的效率；（4）增加企业的品牌效应和市场价值，获得竞争优势；（5）降低代理成本，加大决策的执行力度；（6）满足企业挂牌上市的合规性要求等。

（三）治理结构标准问题

在公司治理结构标准层面，国内公司类企业主要受《公司法》和《证券法》的规范，大多数公司均能够按照《上市公司治理准则》、《上市公司章程指引》、《关于在上市公司建立独立董事制度的指导意见》、《上市公司信息披露管理办法》、证交所《上市公司内部控制指引》以及《股票发行与交易管理暂行条例》等法律法规、监管制度以及相关指引构建公司的治理体系，但是参考监管要求以外的诸如《世界经济合作与发展组织公司治理原则》《企业内部控制基本规范》等相关规则、指引和要求提升公司治理结构水平的情况则较为少见。在治理体系构建中，已经普遍设立战略、审计、提名、薪酬与考核等根据《上市公司治理准则》规定设立的专门委员会，但是设立准则以外的与公司内外部治理相关的委员会的情形并不多见。

（四）公司治理结构存在的问题及发展方向

1. 中国公司治理结构普遍存在的问题

在中国各类公司的股权结构中普遍存在的问题包括：股权结构不合理；股东“用脚投票”的激励机制未发挥应有作用；经理人员事实上或依法掌握了控制权；缺乏对董事、经理人员的约束机制；独立董事的作用难以发挥。

具体来看，公司中“一股独大”的情形较为普遍，即使在上市公司中，股权高度集中、控股股东占统治地位的现象也不少见。统计数据表明，事实上有高达 83%的公司第一大股东的股份份额大于第二大股东与第三大股东的合计份额，中小股东的股东权利普遍缺失，对公司经营决策缺少发言权，而公众股东更是没有发言权或者其发言权被直接忽略。监事会虽然是一个法定的公司组织机构，但其作用被严重弱化，监事会在股东大会中的建议权、对董事会以及董事和经理人员的监督权均没有得到体现，股东大会在监事人选的选择上较少考虑公司监管所需的专业背景和职业背景，大多数情况下是基于管理便利而做出便宜抉择。

2. 完善中国公司治理结构的主要思路

第一，加强并完善内部控制建设，进一步完善薪酬和绩效考核制度，完善决策程序和相应的议事规则，提升内部治理的效率和效果。第二，建立董事会的自我评价体系和合理的经理人员激励制度，增强董事会决策的正确性和前瞻性，强化经理人员的信托责任意识。第三，进一步完善信息发布制度，建立信息定期报送机制，既要保证信息发布的数量和频率，同时还要兼顾所发布信息的质量，综合提升治理的透明度。第四，构建全面的风险控制系统，既要有健全的风险控制制度，又要有合理科学的风险评估办法，还要建立齐备的风险控制团队和协同风险管控机制。

第3节 企业运行管理制度设计

企业运行管理制度是对企业日常经营管理活动的制度安排，包括中观层面的企业组织结构设计、职能部门划分及职能分工与职责配置，以及微观层面的日常管理制度（激励、考评、人力资源等）。由于组织结构设计与职能分工前面已有论述，本节将以微观层面的日常管理制度为研究对象。

一、企业管理制度设计原则

企业管理制度设计要保证其合理性、可行性，必须遵守以下原则。

（一）系统原则

企业制度是一个完整体系，虽然在设计制度时是逐一进行的，但是每个设计参与者在起草或讨论制度时，必须通盘考虑，明确某个具体制度在整个制度体系中的位置，防止出现制度交叉、内容重叠甚至前后矛盾的现象。

（二）效益原则

企业经营的目的就是价值最大化。所有制度出台的目的都是确保经营顺畅、提高工作效率和经营业绩。这就要求我们在设计制度时必须充分考虑管理成本，减少不必要的监管，减少重复检查、重复审核，杜绝层层请示、层层汇报。制度设计要充分体现“让专业的人做专业的事”和“一次把事情做对”原则。管理成本投入过高，一方面让做事的人感到不受信任，另一方面也会导致管理者之间“争权夺利”，对企业而言完全是得不偿失。

（三）风险可控原则

是制度就会有授权。如何授权，授权幅度多大，因企业而异。一方面要防止管理者滥用权力，另一方面又要确保工作顺利进行，平衡的尺度就是风险可控原则。管理的前提是充分信任员工，但一旦有人辜负企业的信任，滥用权力，则给予加倍甚至十倍的惩罚，以确保企业利益不被随意损害或侵占。在风险控制点，企业可以设置复查复核制度，此外，还可以引入“一次把事情做对”原则。风险可控原则与权责利对等原则密不可分。

(四) 权责利对等原则

有多大的权力就应该负多大的责任，有多大的责任目标实现之后就应该享有多大的利益。权责不对等，就无法有效开展工作；权责利不配套，就不能有效激励员工努力工作。在国内企业中最典型的就是一个主管有随意处罚下属的权力，却不能奖励下属一分钱。另一个极端的例子就是一个人做错了事情处罚无上限，超额完成任务奖励却少得可怜。一个主管的奖罚权必须对等。当然干好干坏一个样、员工工作出现失误一切由企业买单也不可取。权力意味着责任。授权授责应该同步，不认真履行职责，出了差错承担责任也是理所当然的。

(五) 合理性原则

要确保制度设计合理，唯一的办法就是广泛听取员工的意见，集思广益，直至上下认同。闭门造车或者照搬照套的制度是不会有生命力的，合理性也会大打折扣。制度确定的标准要合情合理，不能强人所难，更不能违背人心人性。

(六) 可行性原则

可行性原则也称实事求是原则。制度设计一定要吻合企业员工水平，符合企业发展实际。切实可行，才能行之有效。一切从实际出发应该成为所有工作的基本准则。

(七) 可操作原则

所有制度出台后都必须被遵守、被执行。如果制度条款不可操作、模棱两可，制度就失去了存在的意义。可操作性体现在语句表述的唯一性，不能随意解读，不可断章取义。特别是责任界定条款不能设立上下幅度，不能出现“酌情处理”字样，不能留下想象空间。

(八) 守法性原则

企业制度当然是企业的权力，但是任何企业都无权制定违反法律法规的条文。“以道德为底线，以法律法规为准绳”是一切企业制度制定的出发点。这是不容置疑的，故无须多言。

二、企业管理制度的主要类型

以企业为例，其管理制度主要包括如下内容。

(一) 人力资源管理制度

1. 招聘管理制度

具体包括员工聘用制度、人员选聘测试制度、面试制度、劳动合同管理制度。内容涉及员工招聘计划的制定与审核、录用条件和录用标准、面试流程和面试规则、录用时的告知义务以及录用文件的通知与送达、对员工提交文件资料的审核与确认、对不符合录用条件的说明、对试用期考核制度及对试用期的约定、人事考核方案和考核结果的运用，以及劳动合同的签订、签署、签收、变更、鉴证、延期、续签、终止、解除，经济补偿金、经济赔偿金的支付等。

2. 培训管理制度

具体包括新员工培训指导制度、在职员工培训制度、岗前人员培训制度、管理人员培训制度、员工职业生涯管理制度。内容涉及培训需求分析、培训风险评估、培训经费的来源与使用、培训内容安排、培训方式选择、培训效果分析、培训监督管理、服务期协议的拟定与签署、竞业限制协议的签署以及与员工培训相关的培训激励方式选择和培训晋升方案设计等。

3. 出勤管理制度

具体包括公司员工考勤管理制度、加班管理制度、员工请假管理办法。内容涉及工时制度、作息时间、特殊作息时间、出勤与退勤、迟到、早退、半天缺勤、旷工的认定及处理、因公外出、休息日、加班以及加点、加班工资的支付、补休、调休、出差，还包括事假、病假、婚假、丧假、产假、哺乳假、工伤假、年假、探亲假的请假程序和假期待遇等休假制度方面。

4. 人事变动管理制度

具体包括人员晋升管理制度、辞退与辞职管理制度、员工退休管理规定、公司人员资遣管理办法、员工离职管理制度。内容涉及入职条件和入职前的准备、入职流程和档案管理、转正的条件和转正的程序、调转的前提和程序、升职的条件和程序、降职的前提和流程、员工辞职的原因、劳动合同（聘用合同）的解除和终止、辞退员工的程序、离职人员档案的管理等。

5. 考核管理制度

具体包括员工综合考评制度、自我管理评议制度、试用期员工考核办法。内容涉及考核的原则、考核的目的、考核对象的选择、考核标准的设定、考核工具和考核方法的选择、考核结果的使用、评审人员的确定以及考核结果的反馈等。

6. 激励管理制度

具体包括员工参与管理制度、提案管理制度、公司内部创业制度、奖惩制度。内容涉及激励的前提条件、激励的目标、激励方法的选择、激励方案的确定，工资、奖金、福利等物质激励形式的选择和方法的运用，培训机会、组织荣誉、个人荣誉等精神激励形式的选择和方法的运用，还包括激励考核组织的设立、激励效果的评估等内容。

（二）行政管理制度

1. 办公室管理制度

主要包括办公室布置制度、计算机管理和使用制度、网络使用管理制度、电子邮件使用管理制度、保险库管理制度、行政办公规范管理制度。

2. 会议管理制度

主要包括企业会议管理制度、部门会议制度、销售会议制度、每周例会制度、会议布置管理制度。

3. 资料管理制度

主要包括档案管理制度、人事档案管理制度、重要文件保管处理制度、印章使用管理制度、企业收文管理制度、企业发文管理制度。

4. 出差管理制度

主要包括员工出差制度、国外工作人员差旅费制度、出差手续及差旅费支付制度。

5. 公关事务管理制度

主要包括电话接待服务制度、参观管理制度、接待费用管理制度。

6. 总务管理制度

主要包括卫生管理办法、值班管理制度、管理人员住宅规定、员工工作餐供应管理制度。

（三）薪酬管理制度

1. 基本工资管理制度

主要包括员工薪酬管理制度、外务人员薪酬制度、员工提薪管理制度、机动加薪制度。

2. 奖金管理制度

主要包括绩效奖金制度、年终奖金发给办法、资历资金和全勤奖金管理制度。

3. 福利及津贴管理制度

主要包括社会养老保险制度、员工伤害补偿制度、婚丧礼金核给制度、员工子女教育补助金支给办法。

（四）客户管理制度

主要包括客户信息库管理制度、客户名册管理制度、客户资料保密制度、客户提案意见处理制度、售后服务管理制度、客户满意度评价制度、客户投诉处理制度。

三、企业激励制度设计

基于“理性人”假设，经济和市场活动中的主体往往通过对可获得的信息的判断和计算，做出有利于自身利益最大化的选择。而激励“是引起一个人做出某种行为的某种东西，诸如惩罚或奖励的预期。由于理性人通过比较成本与利益做出决策，因此他们会对激励做出反应”[①]。故而，组织的管理者或者决策者希望对组织进行变革，或者引导组织成员的行为时，可以考虑激励制度对于组织的行为效果。

（一）有效的激励离不开科学合理的绩效考核制度

公平激励的一个前提是科学的绩效评估体系，李东生在谈到 TCL 的企业文化时说，我们正从粗放型管理向理性数据系统支持的规范管理过渡，我们将在整个集团推进关键业绩指标考核，尽管它还有这样那样的不完善，但毕竟引入了一个大家都接受的观念——工作是做出来的，其优劣是要用各种指标度量的，干得好而不是说得好才是英雄。企业竞争力的提高，是靠每一个员工、每一个环节、每一个部门和每一个企业竞争力指数的提高累积起来的，所有人都要给自己制定目标、接受考核，包括总裁本身。

（二）激励制度的设计应当考虑组织成员的真实需求

激励是否能发挥作用取决于组织采取的激励制度和激励手段能否适合并满足组织成员的真实需求。事实一再证明，高工资和高福利并非留住最优秀员工的有效激励方式，最优秀的员工大多有更高层次的需求，因此，企业在采取激励措施时一定要考虑员工最真实的需求。山姆·沃尔顿早在 1971 年就开始建立利润分享机制，他认为：“高技术的设备离开我们合适的管理人员和为整个系统尽心尽力的员工，是毫无价值的。”

（三）激励制度的设计应当尽量公平合理

激励制度需要建立在公平原则的基础上，这特别体现在薪酬公平之上。一般而言，薪酬公平指的是按工作价值的大小支付给组织成员相应的报酬，组织需要通过它的薪酬机制来吸

---

① 曼昆．经济学原理：微观经济学分册：第 5 版．北京：北京大学出版社，2009：7.

引、激励和留住有能力的组织成员，所以组织必须做到薪酬公平。但组织要将因薪酬问题引起的争议、矛盾和纠纷降到最少，必须解决以下问题：其一，保证组织内部成员所得到的报酬与同性质、同行业组织内成员的薪资水准相当；其二，确定薪酬支付条件应当尽量客观合理，在分配劳动报酬的时候做到结果相对公平。组织在采取包括薪资在内的激励方式时应当考虑到成员的不同文化背景、能力水平、办事效率而区别对待，但具体采用组织激励时则应严格限制其适用范围，不能因事实性差异而导致标准差异。简而言之，激励制度在设计时应当考虑到组织成员完成组织任务时的数量、质量、态度以及对于组织的附加性贡献，既要满足组织成员的基本性需要，又要体现能力的差别，而不能脱离实际，否则将导致组织成员的流失。2006年3月，华盛顿州技术工人联合会的一份出版物 *WashTech News* 发布报告称，微软不公平的“业绩评价体系”是导致越来越多的高级工程师跳槽的重要原因。

（四）通过非固定福利设计提升激励效果

非固定福利是在法定福利之外的一种制度安排，它主要参照社会上或者其他企业约定俗成的做法，或者通过平等协商与职工代表或者工会代表协商确定，是企业复合竞争力的一个体现。它并非用于满足组织成员的生存和发展需要，而是对于员工的一种精神抚慰。在国外，非固定福利又称边缘薪酬，主要是雇主用来吸引优秀人才的，随后慢慢成为一种普惠的福利措施，在组织薪酬制度中占据非常特殊的地位。位列全美最值得为之工作的100家公司之一的斯马克公司的一项非固定福利便是：如果员工家里发生紧急事件，可以免费乘坐公司的专机直接飞回家。

□ 本章小结

本章从制度的作用入手，解释了制度的概念和特征，指出制度是存在并适用于一定组织内部，对组织成员的权利义务进行安排，并以此为根据对组织成员的行为进行引导和规制的正式规范的总称。合理且适于组织发展的制度能够有效地规制、规范组织成员的行为，并在某种意义上对组织成员产生归化效应。制度具有合法性、确定性、公平性、稳定性、权威性和习惯性特征，在组织活动中对组织成员的行为发挥着指引、预测、评价、强制和教育作用。与此同时，组织制度也存在诸如僵化、滞后、片面以及遏制创新等问题，故而在设计制度时，应尽量避免影响制度功能和作用发挥的限制性因素和障碍。

企业是最常见的社会组织形式，企业制度主要体现在产权制度和日常管理制度上。从制度层次上看，组织制度可以细分为处于顶层的公司治理结构制度，处于中层的组织结构制度和职能分工制度，以及处于微观层面的包括出勤制度、休假制度、薪酬制度、绩效制度、考核制度、奖惩制度、会议制度、客户服务制度等日常管理制度。在顶层制度设计中，本章重点考察了公司治理结构及其类型，描述了公司治理结构的制度安排，并对中国的公司治理结构现状做了介绍。在具体管理制度层面，重点介绍了激励制度及其作用，对设计激励制度时应考虑的问题做了全面介绍。

组织制度是组织活动的依据和组织管理的手段，基于此，组织制度设计在整个组织设计中应当占据基础性地位，发挥根本性作用。

□ 关键术语

制度　企业　董事会　监事会　独立董事　激励制度

□ 复习题

1. 科斯是如何认识企业的本质的？
2. 什么是公司治理结构？
3. 为什么要在董事会中设置独立董事？
4. 激励制度设计应该考虑哪些问题？
5. 人力资源管理制度包括哪些具体制度？

案例分析

格力、南玻殊途同归的公司治理缺陷

董明珠和曾南，一个如雷贯耳，不用介绍大家就都知道是格力电器的董事长；一个则名不见经传，如果不说是南玻的董事长，业界外几乎没有人知道他。这种巨大差异决定了一个强势，一个弱势。2016 年 11 月发生的两件事对此做了深刻的演绎。格力电器董事长董明珠在股东大会上公开教训股东的霸气让人产生了谁是老板的疑惑；南玻董事长曾南携众高管集体辞职，原因是公司管理层和大股东之间的矛盾激化，凸显曾南的弱势地位——惹不起躲得起。强势的格力电器管理层与弱势的南玻管理层表面上是两个极端，但殊途同归，折射出的都是上市公司法人治理结构中存在的缺陷。

董明珠持有格力电器的股份占格力电器总股本的比例微不足道，即便是控股股东格力集团的持股比例也只有 18.36%。这些年来格力电器高速发展、业绩优良，让董明珠获得了很高的声誉和地位，董明珠在格力电器中具有绝对支配地位。

董明珠在股东大会上说了这么一段话："你看看上市公司有哪几个这样给你们分红的？我 5 年不给你们分红，你们又能把我怎么样？"这段话的信息量极其丰富，某种意义上可以说董明珠在格力电器的权力几乎完全失去了制约。上市公司给予股东投资回报是基本的要求，股东是上市公司的老板，公司管理层受股东委托进行经营管理，管理层的经营权力来自股东授权。给股东的分红并不是可有可无的，是否分红取决于股东的决定，而管理层在未经股东会决议的情况下是不能对分红问题做出独立表述的。

再来看南玻管理层。碰上了强势股东宝能系，南玻管理层连一个股权激励计划也无法推行，管理层成了跛脚鸭。南玻管理层显然无力抗争宝能系，采取的抗拒方法是极端的集体辞职，给控股股东宝能系来了一个下马威。南玻从事的是一个高危行业，多晶硅、硅材料行业需要专业知识和技能，专业人才很重要，如果南玻的专业人才纷纷离职外流，靠宝能系是玩不转南玻的，内斗的结果将是多输。

宝能系指责南玻离职的管理层损害公司利益、蛊惑南玻核心员工离职。双方已撕破脸，两败俱伤的局面不可避免。宝能系作为一个新进的控股股东，没有处理好与公司管理层的关系，其中究竟有何内情外界不得而知。曾南作为南玻的创始人，在南玻工作 30 多年，位至公司董事长却寂寂无名，可见其为人非常低调。如果说是以曾南为首的管理层强势对抗宝能系，一般没人会相信。即便是管理层试图集体离职再另造一个玻璃王国来对抗宝能系，那也是被逼无奈的结果。

强势的格力电器管理层和弱势的南玻管理层，完全相反的两个极端折射出的都是公司法人治理结构上的缺陷。现代企业法人治理的结构是股东会、董事会和经理层三足鼎立，股东

会是公司的权力机构，决定公司的经营方针和投资计划等事项；董事会执行股东会的决议，决定公司的经营计划和投资方案，决定公司内部管理机构的设置等事项；经理层主持公司的生产经营管理工作，组织实施董事会的决议和公司年度经营计划、投资方案等。如果股东层面的事归股东，董事会层面的事归董事会，经理层面的事归经理层，各司其职，互不越位，就不会出现格力电器和南玻这两种极端情况了。

由此看来，理顺公司法人治理结构是关键，能人或强人并不会总是正确的，还是要依靠制度的力量。各方应依规行事，谁也不要摆出一副总是正确的架势居高临下，和气才能生财，实在不可调和，就召开股东会让全体股东投票决定。

资料来源：格力、南玻殊途同归的公司治理缺陷．［2016－11－19］．http：//stock.jrj.com.cn/2016/11/19021121729181.shtml.

思考题

1. 怎样看待股东与企业管理层之间的关系？
2. 在两个截然不同的事例中，你认为股东应当做出何种选择？

第10章　组织文化设计

导读案例

强生的信条

泰诺一直是美国最畅销的止痛药品牌，市场占有率达35%。当强生公司的瓶装止痛药泰诺在芝加哥被人掺进了氰化物并导致7人死亡后，整个美国都被吓坏了。针对这一事件，广告天才杰里·德拉·费米纳（Jerry Della Femina）在1982年10月8日对《纽约时报》评述说："我要做一个没有悬念的预测：用不了一年，你就再也看不到任何带有'泰诺'字样的东西，他们无法再销售任何另一种以'泰诺'命名的产品。"此时很多人相信费米纳的判断：泰诺完蛋了。强生公司遭到了沉重打击。

在危机爆发的第二天，也就是星期五，强生公司首席执行官詹姆斯·伯克（James Burke）马上采取了行动，考虑进行全国性的召回。他让公司生产的所有泰诺止痛药从全美国的商店下架并设计了防破坏药瓶——这些共花了1亿美元。部分高管反对召回，因为这样会引起大众的恐慌；为了避免万圣节期间出现恐慌，联邦调查局也反对召回。为此，伯克去了美国食品和药品监督管理局（Food and Drug Administration），向局长阿瑟·海耶斯（Arthur Hayes）说明召回的理由。

公司在星期二宣布将各商店里3 100万瓶超强泰诺胶囊下架，这是零售业历史上数量最大的召回。Cap Cities/ABC的前首席执行官、担任强生公司董事长达20年的汤姆·墨菲（Tom Murphy）说，伯克对此事的管理根源于他多年前做出的"让公司的信条适用于所有情况"的关键决定。这个信条是：领导者首先要对使用强生的产品与服务的人负责。就这么简单。在危机降临之际，他的脑子里想的问题并不是该怎样对付。墨菲说："他没有下什么决心，只是明白就该这么做。"

为了防止投毒事件再次发生，强生发明了今天人们熟悉的三重封装法：在瓶盖下面垫箔纸，瓶颈处贴收缩薄膜，用胶合板做包装盒。11月，强生公司除了免费更换消费者弃用的所有泰诺，还印制了4 000万张价值2.5美元的优惠券向购买任何泰诺产品的用户发放。强生的行动收到了效果。在投毒案发生一年后，泰诺的市场占有率回到了30%。《纽约时报》注意到了这个事实，写道："可能不会有人知道此案的原因和过程，但至少对于这种热卖的红白色胶囊的生产商来说，此事简直就像没发生过一样。"

强生是那种有信条的公司之一。1943年，时任公司董事长罗伯特·伍德·约翰逊（Robert Wood Johnson）在公司上市的前夕写道："我们相信，我们的首要责任在于医生、护士、病患、父母以及其他所有使用我们的产品和服务的人。”在过去几年，强生的高级管理层似乎忽视了这一信条，在质量控制方面出现了大量问题。可以说，正是由于詹姆斯·伯克坚守“所有人都在股东之前，要把股东放在最后”这一信条，才能带领强生在短时间内走出泰诺危机。

第1节 组织文化概述

一、组织文化的概念与特征

（一）关于文化

1.“文”义追踪

在甲骨文中，“文”字就像一个人，正面站着，这个人的胸口有一个交错的图案，这个图案很简单，可能是文身，也可能是衣服上的花纹，它是当时审美情趣的表现。渐渐地，“文”成为人类内心美好感受的外在物化。在中国古汉语中，“文，犹美，善也。”（郑玄《礼记注》）进一步可以理解为，“文”是后天修养习得、符合时代审美情趣的外在表现与行为方式。

2.“文化”追踪

“化”在甲骨文中是两个人正倒相对，暗含着事物之间的相互转变。文与化相联系最早出现在《周易》中。中国早期的文化意味着以符合时人审美情趣的行为教化天下。近代以来，文化渐渐与西方“culture”概念杂糅，成为内涵极其广泛的概念。不同的学者从不同视角对它有不同定义。我们现在采用的文化概念大致有三层含义：“第一层是人类在社会历史发展过程中所创造的物质财富和精神财富的总和；第二层特指反映一定价值观的精神财富，如文学、艺术、教育、科学；第三层是指运用文字的能力及一般常识。”

可见文化是一个外延很广的概念。我们在不同的时间、地点、场合都在用这一概念。文化之于人、文化之于组织、文化之于民族、文化之于社会，都有着深刻的影响与烙印。

（二）组织文化的概念

组织文化是人类文化、社会文化的一个子属，是一种集团文化。它是一个组织中代表成员的特性，并影响其态度和工作方法的惯常行为方式的综合体系，主要由理念（价值观）、行为方式以及外部标识构成。

埃德加·沙因认为，组织文化是在组织中发展起来的、指导组织成员行为的共同信念与价值观体系。[①] 斯蒂芬·罗宾斯认为，组织文化是组织成员共有的能够影响其行为方式的价值观、原则、传统和做事方式。[②]

---

① 安杰洛·基尼齐，布赖恩·威廉姆斯．认识管理：管什么和怎么管的艺术：第4版．北京：世界图书出版公司北京公司，2013：220.

② 斯蒂芬·罗宾斯，玛丽·库尔特．管理学：第11版．北京：中国人民大学出版社，2012：49.

在论及组织文化时，人们往往将其类同于企业文化，甚至在表述的时候互为替代，因而学者关于企业文化的定义对于理解组织文化也有一定的帮助。约翰·科特和詹姆斯·赫斯克特在论及企业文化时认为，企业文化是指一个企业中各个部门，至少是企业高层管理者所共同拥有的那些企业价值观念和经营实践，是企业中一个分部的各个职能部门或地处不同地理环境的部门所拥有的那种共通的文化现象。特伦斯·迪尔和艾伦·肯尼迪认为，企业文化包括价值观、英雄人物、习俗仪式、文化网络、企业环境。日裔美籍学者威廉·大内认为，企业文化是进取、守势、灵活性——确定活动、意见和行为模式的价值观。故而，我们可以将组织文化简单理解为组织成员解决问题的思维方式、价值倾向以及依据该类行为准则处理组织事务所采取的固有方式和办法的总和。

我国学者在企业文化与组织文化之间也经常进行互换、相互替代，即使是同一学者，在论述这两个概念时也无法做到同一性。张德教授在其主编教材《企业文化建设》第一版中界定企业文化概念时认为，企业文化“是指企业全体员工在长期的创业和发展过程中培育形成并共同遵守的最高目标、价值标准、基本信念及行为规范。它是企业理念形态文化、物质形态文化和制度形态文化的复合体”①。在第二版中张德教授用组织文化替代了企业文化概念，并将其界定为“组织在长期的生存和发展过程中所形成的，为组织多数成员所共同遵守的最高目标、基本信念、价值标准和行为规范”②。在表述组织文化的分层时，张德教授用行为制度形态文化替代了早前的制度形态文化并调整了表述的顺序，使得逻辑更加清晰。在与潘文君共同编著的《企业文化》第二版教材中，张德教授再次用“企业文化”取代“组织文化”，对其他内容未做变动。③ 由此可见，在论及组织文化的时候，国内外学者并未将其与企业文化严格区分，甚至将二者完全混同。

（三）组织文化的特性

1. 组织文化受地域文化限制

在组织的相互交往中，误解和不良沟通时常出现，特别是跨地域的商业活动经常会因为彼此间的沟通不畅而导致商业关系紧张，因为来自不同文化圈的组织活动参加者并不了解对方的期望。例如，来自北美、英国、斯堪的那维亚、德国或者瑞士的人，他们出生于低语境文化（low-context culture），主要通过书面和口头的话来表达意思；另一方面，来自中国、韩国、日本、越南、墨西哥或许多阿拉伯国家的人，他们出生于高语境文化（high-context culture），与他人交流时十分依赖情境所暗示的意义，对于他人的官职、地位或家庭关系依靠非语言暗示进行判断。即使在组织内部，也不能完全排除因沟通不畅或者缺少沟通而导致的严重后果。比如，1999 年美国宇航局（NASA）火星人造气象卫星发射失败，其原因就在于协作的两个技术团队分别使用了不同的计量单位来编写任务程序。

2. 组织文化受民族文化的影响

一个民族的文化是一个群体共有的一套信念、价值观、知识和行为模式，组织成员自小便通过与周围人的互动来学习自身的文化。人类学家爱德华·霍尔曾说：“由于文化的大部分是在我们意识之外运转的，因此我们甚至经常不知道我们了解什么……我们无意识地了解到要注意什么，不注意什么，怎样划分时间和空间，如何行走和交谈以及如何使用我们的身

---

① 张德．企业文化建设．北京：清华大学出版社，2003：1-2.

② 张德．企业文化建设．2 版．北京：清华大学出版社，2009：1.

③ 张德，潘文君．企业文化．2 版．北京：清华大学出版社，2013：2-3.

体，如何与他人相处，如何对待责任。”霍尔说，其实我们所看到的“思想”就是内在的文化。组织文化深受民族文化的影响，它是民族文化延伸出来的一种亚文化。一项调查研究了750家公司（美国、欧洲和日本），让这些公司的外派员工和他们的管理者评价他们的经历。调查发现因为对工作不满意或者存在适应困难，外派出国的美国管理人员中10%～20%提早回国了。而那些在国外待满工作期限的员工，大约有1/3完成的工作没达到上级的预期，1/4离开了公司转投竞争对手，这一流失率是没有出国的管理人员流失率的2倍。如今，在研究日本企业、美国企业以及欧洲的英国企业、法国企业、德国企业时，潜意识中我们会将这些企业的行事风格和组织文化与其所属的民族和国家紧密联系。

3. 组织文化符合文化的一般发展规律

组织文化现象的产生和发展是与组织活动，特别是经济类组织的生产、经营活动相适应的，有其自身的运动规律。但究其本质而言，其产生、发展、变革、重整均符合一般文化发展的特性。组织文化是社会文化的一个分支，它同样反映人们参与组织活动、从事生产经营的观念和方式。就组织文化的具体内容而言，它取决于组织的发展历史，所处的社会、地理环境。它来自组织日常的活动，客观地反映组织成员特别是组织高层管理人员的素质以及价值取向等。从组织文化的发展历史来看，它继承了组织既往文化中优秀的文化因子，认可具有不同文化背景的组织成员对于组织文化发展的贡献，在组织文化的发展历程中充分地体现了文化的包容性。但在一定时期，组织文化也兼具稳定性，在组织内外部环境发生变化时，组织成员的认知和行为往往会具有滞后性；同时，改变组织成员的思想观念和行为习惯需要相对较长的时间，因此，组织文化的改变往往从符号层开始，而理念层的变更则是一个渐进的过程。

4. 组织文化以是否促进组织发展为评判标准

不论人们承认与否、喜欢与否，也不论被人们感知到多少、认识到什么程度，组织文化都会对每一名组织成员的行为产生一定的影响，从而影响组织的发展变化。组织文化本身并不具有优劣性，人们对于组织文化的价值判断主要看其是否适应组织本身的发展。在其初创时期，很多企业的组织文化都发挥了很好的作用，但是随着社会环境的改变和组织本身的发展与进步，管理者仍然抱着原有的组织文化不放，不做任何改变，就会使早前促进组织发展、适应组织需求的文化逐渐成为阻滞组织发展的原因，甚至成为主要的原因。特别是由于不同的组织具有各自的特点和特殊性，加之组织所处环境的不同，适应此组织发展的文化并不能促进彼组织的发展，即使两组织在外在形态上具有相同或类似性。因此，组织文化建设应与时俱进，只有那些不断适应组织发展、符合生产力发展需求的文化才是我们认可并倡导的优秀组织文化。

二、组织文化的形成过程与组织文化理论的发展

（一）组织文化的形成过程

通常情况下，组织文化的形成会经历感知、认同、内化三个阶段。

首先，组织文化被成员感知到。对于个体而言，组织文化的内容在大多数情况下只有通过观察组织成员的行为、组织物化的成果或者与组织相关的物质存在才能意识到它的存在。对于一个成熟的组织而言，我们可以采取由表及里的方式探知其组织文化，也可以借助组织对于自身文化的宣传，由内而外地解读其组织文化。然而，对于一个新生的组织而言，我们

很难把握其组织文化的内涵和精髓。通常，人们习惯于将组织缔造者或者主要创始人所倡导的理念、精神和做事的原则当作组织的文化。在这一时期，只有置身于组织内部，尝试着从组织成员的角度去感受它、认知它，才能在组织文化的最初形成阶段把握区别于领导者的这一组织自有的文化。

其次，组织文化的形成是一个被认同的过程。组织中具有一定地位、处于较高层的领导者对组织文化的形成有较大的影响力。在组织成员的相互交往中，某些观念和行为方式逐渐得到多数成员的认同，成为影响新成员的潜在规矩与意识。认同组织文化的成员会强化组织文化的存在感和影响力，不认同组织文化的成员大多会选择离开或逃避。当然，组织文化也是可以进化的，但进化的过程也将是一个新的认同过程。这一分化会产生过滤和聚集效应，使那些不认同组织文化的成员选择离开，而那些崇尚组织文化的外部成员则选择加入，组织成员的流动进一步强化了组织文化的内核，丰富了组织文化的内容。

最后，组织文化内化为组织成员所属文化的一部分，或者说组织成员已经完全融入组织文化之中。组织文化中的文化因子与组织成员的文化产生共鸣并交织在一起，组织成员在组织文化中找到了归属感，这一归属感跨越组织成员的个体差异，对组织成员产生深刻的影响。即使组织成员拥有不同的文化背景，或者在不同的组织层级中工作，他们也会用相似的词语来描述该组织的文化。将组织文化内化为自身文化一部分的组织成员与组织外部成员相比，更能理解组织的愿景和价值观。《基业长青》的作者之一、著名管理学者詹姆斯·柯林斯认为，伟大的公司都有“利润之上的追求”与“教派般的文化”，并且十分推崇“自家长成的经理人”。柯林斯经过研究后发现，“18 家伟大的公司在总共长达 1 700 年的历史中，只有 4 位首席执行官来自外部”。

（二）组织文化理论的发展

组织文化理论的发展与理论界对于企业文化的研究密切相关。1979 年，美国哈佛大学东亚研究所所长埃兹拉·沃格尔出版了《日本第一，美国要吸取的教训》一书，用大量无可辩驳的事实证明，日本的经济发展和工业成就源于日本特有的管理模式。日本与美国管理模式的不同源于两个国家不同的文化传统和价值观。此后不久，日裔美籍学者威廉·大内出版了《Z 理论——美国企业界怎样迎接日本的挑战》，该书分析了企业管理与文化的关系，认为根源于日本民族文化的“文化均质”的管理模式更适应现代生产，能带来更高的生产率。威廉·大内把典型的美国企业管理模式称为 A 型，把典型的日本企业管理模式称为 J 型，主张美国应向日本学习，在两国成功经验结合的基础上建立 Z 型模式。他认为，Z 型模式的核心就是信任、微妙性和人与人之间的亲密性，这是企业提高劳动效率的关键。美国学者理查德·帕斯卡尔和安东尼·阿索斯在《日本企业管理艺术》一书中认为，企业管理不仅是一门科学，还应是一种文化，一种有其价值观、信仰、工具和语言的文化。他认为美日企业管理的区别在于，日本企业管理人员认为人既是供使用的客体，也是应该给予尊重的主体，美国管理人员则只把员工看作被动受制的工具，正是这种差别导致两种不同的增长率。

特伦斯·迪尔和艾伦·肯尼迪在其著作《企业文化——企业生活中的礼仪与仪式》一书中认为：“一个强大的文化几乎一直是美国企业持续成功的幕后驱动力。”因此，对企业的管理，首先应当是对企业文化的管理。美国学者彼得斯和小沃特曼在《成功之路》一书中对于企业文化做了较为系统的定义，认为企业文化汲取传统文化之精华，结合当代先进的管理和策略，为企业员工构造一套明确的价值观念和行为规范，创造一个优良的环境、气氛，以帮助企业整体地、静静地进行经营管理活动。美国学者劳伦斯·米勒在《美国企业精神——未来企业经营的八大原则》一书中强调每一家企业都必须检讨其文化，这是为了加强本身的竞争地位，也因为国家未来的财富由企业的文化决定。在未来的全球竞争时代，企业唯有培育出一种能激励员工竞争的企业文化，才能立于不败之地。也正是这一时期，中国的企业文化和组织文化研究开始萌芽，并随着中国经济的持续增长和中国企业的不断扩张而构建了自己的组织文化理论体系。

三、组织文化的功能

组织文化的功能是指组织文化发生作用的能力。组织文化既有积极功能，也有消极功能。组织文化是发挥积极功能还是消极功能，取决于组织文化能否适应组织自身的特点及其发展的需求。

（一）提升组织绩效，为组织创造效益

对于组织的管理活动而言，在影响组织绩效的诸多因素之中，组织文化扮演了十分特殊的角色。“利润可以统计，顾客的忠诚度可以衡量，市场占有率可以计算，然而组织文化对企业表现的影响却是无法量化的。”[①] 哈佛商学院终身教授、世界领导与变革领域的权威约翰·科特以及詹姆斯·赫斯克特曾经指出，“企业文化与长期经营绩效有巨大的正相关性”。特伦斯·迪尔和艾伦·肯尼迪在科特和赫斯克特研究的基础上修正了强弱文化对公司绩效的对比数据，认为“在营业收入上，强文化公司比弱文化公司平均高出571%；在投资回报率上，强文化公司比弱文化的竞争对手平均高出417%”[②]。在1981年美国爱依斯电力公司（AES）创立之初，董事长桑特和首席执行官巴基就开始着手建立一种能够让公司雇员每天都有不同体验，体现公平、正直、社会责任和乐趣四个原则的公司文化。把这些原则贯彻到实际行动中就会产生一些独特的东西——一个真正的、运转良好的“生态系统”。正是这种组织文化，使得AES在短短不到20年的时间内将公司业务拓展到美国之外的巴基斯坦、英国、匈牙利、哈萨克斯坦、澳大利亚、波兰、乌干达、墨西哥、巴西等国，固定资产达38亿美元，投资规模超过50亿美元。

（二）给予组织成员身份认同，增强组织凝聚力

特伦斯·迪尔和艾伦·肯尼迪曾在其合著的著作中阐述道：“如果员工知道自己的公司代表什么，明白他们要维护什么标准，那么他们会更容易做出支持公司标准的决策。他们同样更有可能感觉他们是组织的重要部分，他们有动力，因为公司的生活对他们有意义。”在美国西南航空公司，高级执行官不断强调公司的宗旨——对待员工要像对待顾客一样，而且他们不断赞美那些在自己职责以外做出贡献的员工。良好的组织文化能够为员工创造一种强烈的归属感，这种归属感同样会转化成组织成员对组织的忠诚，从而增强组织的凝聚力。3M公司的价值观之一是成为“员工对成为其一部分感到骄傲的公司”。这种集体认同感使3M公司的离职率低于3%。3M公司的一名管理者说：“我在公司工作了27年之久，坦白说，没有什么原因可以让我离开，我有很多机会去从事不同的工作并开创一番事业。3M就

---

① 罗伯·高菲，盖瑞士·琼斯．公司精神——决定成败的四种企业文化．哈尔滨：哈尔滨出版社，2003：11.

② 特伦斯·迪尔，艾伦·肯尼迪．新企业文化：重获工作场所的活力．北京：中国人民大学出版社，2009：7.

是这样一家伟大的公司。”著有《大败局：美国在伊拉克的军事冒险》一书的两届普利策美国全国新闻报道奖获得者托马斯·雷克斯在描述美国海军陆战队的组织文化时说道：“文化——塑造该组织成员的价值观和理念——是全体成员所拥有的、将所有成员凝聚起来的力量。”

（三）帮助员工认识周围环境以塑造其行为，改善员工关系

组织成员与组织发展之间的矛盾并非必须采用对立的解决方式，好的组织文化能够在貌似冲突的组织与组织成员之间找到最佳的博弈状态。例如，Headwaters MB 是一家位于美国丹佛的投资银行，在经济衰退期间为保证公司生存而解雇了 7 名关键员工。但随后该公司邀请这几位被解雇的人员创建一些独立的子公司。如今，Headwaters 公司将大量投资交易并入这些子公司，而母公司自身却只保留很少的交易，从而成功地使得管理层能够自由地进行更多的市场营销活动，而不只限于从事日常的投资银行业务。

（四）保证组织的稳定与健康发展

连续 8 年入选《财富》杂志最值得工作的公司的韦格曼斯食品连锁超市异常重视员工的组织文化，在韦格曼斯公司，员工被鼓励尽其所能地取悦消费者。他们不必事事请示主管或老板，有时为了确认一张食物订单会亲赴顾客府上，或在店内帮助顾客烤感恩节火鸡。一位肉品部门的兼职员工说：“不论我有什么想法，他们都让我放手去做，即便有点风险。”丹尼·韦格曼斯说：“我们试着创造一个倾听和充分授权员工决策的环境。”虽然韦格曼斯公司的员工成本有些高（约为销货的 16%，大部分超市约为 12%），但是全职员工的年流动率只有 6%，远低于同行业的 19%。较低的员工流动率是韦格曼斯公司稳定的保障，也是其超额利润的来源之一。组织文化同样能够在组织面临关键抉择时做出最正确的选择。生产硅藻土的曼维尔公司会在自己出口的产品贴上警告标签——一张印有 12 国语言的标签。世界贸易组织已经把结晶硅石列为可能致癌的物质，而该产品含有沙质土——结晶硅石。当产品运到日本后，日方通知该公司不允许印有日文癌症字样的箱包进入该国，要求揭下日文标签，或只用英文标签，但曼维尔公司不愿违背自己的原则，最终选择放弃了这笔生意。

四、组织文化的理论分层

对层次划分的依据和标准是寻找两个相邻层次之间的“关节点”，它是由量变到质变的区分标志，当它出现时，系统或事物的层次随之发生转换。一般而言，当系统或事物的某一参数发生引起存在方式的质的变化时，往往就会显示出层次性的变化。在对组织文化的体系进行分层时，学者们根据自己对组织文化的观察做出了不同的划分。

（一）两层次

美国知名管理学者约翰·舍莫霍恩在叙述组织文化分层时采用了一种描述的表述方式，他认为组织文化由表层文化和核心文化组成。表层文化是一个参观者、一个客户或者一个员工在组织内部的所见所闻，包括组织的事迹、英雄人物、例行仪式以及组织象征等；核心文化包括核心价值观，以及能够潜在地塑造和影响组织成员的行为并能实质性地提升组织表层文化的基本假设以及信仰。① 斯蒂芬·罗宾斯根据组织核心价值观被其成员坚持的强烈程度

① 约翰·舍莫霍恩．管理学：第 8 版．北京：中国人民大学出版社，2011：72.

以及共享的广泛程度将组织文化区分为强文化和弱文化，严格意义上讲，斯蒂芬·罗宾斯是按照一定标准对组织文化进行分类而非分层，因为在强弱组织文化之间很难发现二者的作用联系，缺乏结构性要件。

（二）三层次

大多数学者对于组织文化均是按照三层次进行划分的，但在分类方式和标准上有所差异。埃德加·沙因在描述组织文化的层次时，将组织文化分为可以看到和感觉到的那些有形的、可触摸的表层形式，作为文化本质来界定的深层次的、未经发现的基本假设，以及介于二者之间的组织信奉的信念、价值观、规范和行为准则。① 哈佛商学院教授兰杰·古拉蒂、安东尼·梅奥、尼汀·诺里亚则通过观察组织成员的行为进而分析其行为在不同层次的含义，将组织文化分为文化构件（可观察到的日常行为）、信仰与价值观（被组织和组织成员视为重要的行为方式与精神原则）以及组织品格（组织成员行为方式的深层本质）。② 周三多教授在其《管理学》中，认为组织文化由潜层次、表层和显现层组成。他认为潜层次是组织文化的核心和主体，包括管理哲学、敬业精神、价值观念和道德观念；表层是制度层，包含组织规章制度、道德规范和员工行为准则；显现层指凝结着组织文化抽象内容的外在物质显现。③ 王成荣教授虽然述及企业文化的四个基本要素，但也将企业文化划分为深层、中层和表层三个层次。另外，尽管在不同时期对组织文化的表述存在差异，但张德教授始终是按照三层次划分法对组织文化进行解构的。

（三）四层次

荷兰学者吉尔特·霍夫斯泰德在和其长子格特·扬·霍夫斯泰德合著的《文化与组织：心理软件的力量》一书中，将组织文化的层次形象地描述为洋葱的几层皮，在其绘制的“洋葱图”中，组织文化由表及里分别为组织成员能够理解的词汇、手势、图画和物体等符号层，代表某一文化推崇的品格并被视为行为楷模的英雄层，对预期结果无影响但有重要社会意义的行为仪式层，以及带有一定指向性情感的核心价值观层。④ 但若从性质上加以划分的话，吉尔特·霍夫斯泰德和格特·扬·霍夫斯泰德其实是根据可观察的程度将组织文化划分为可被观察的实践活动层和难以观察到的价值观层两个层次。我国学者刘光明教授在其《企业文化》一书中按照企业文化的物化形态将企业文化划分为物质层、制度层、行为层和精神层四个层次，这一分层方式虽然区分了制度和行为，但是较难解决制度和行为之间的关系。

五、几类常见的组织文化

（一）创新型组织文化

创新型组织文化是一种灵活的、适应性和包容性强的文化类型。拥有创新能力的组织一定是具备将创新意识转化为有价值的、前所未有的精神产品或者物质产品，或者提出更易为组织相对方所接受的服务标准和服务理念等实践能力的组织。创新导向型文化尤指使组织能

---

① 埃德加·沙因．组织文化与领导力：第4版．北京：中国人民大学出版社，2014：21.

② 兰杰·古拉蒂，安东尼·梅奥，尼汀·诺里亚．管理学．北京：机械工业出版社，2014：186.

③ 周三多．管理学．3版．北京：高等教育出版社，2010：222.

④ 吉尔特·霍夫斯泰德，格特·扬·霍夫斯泰德．文化与组织：心理软件的力量：第2版．北京：中国人民大学出版社，2010：6-8.

够快速适应多变的竞争环境并在其中保持独特竞争优势的文化，拥有这一文化特质的企业如果不是具有极佳的灵活度和市场应变能力，就是崇尚竞争者或者本身就是造成这一竞争局面的始作俑者。3M 公司是崇尚创新的典型，除了其经典的鼓励创新的“青蛙王子”故事，还有很多关于不经意间的小发明造就了 3M 公司不寻常的产品和可观的市场占有率的传奇。其中，有一则故事讲述的是，3M 公司一位科学家不小心把化学品溅在自己的网球鞋上，却因此发明了思高洁吸湿易去污系列产品（Scotchgard）。还有一则故事讲述的是，该公司研究员阿特·弗莱依（Art Fry）想用更好的方法来标记教堂赞美诗集的页数，却因此发明了即时贴。这些故事均反映了一个事实——创新使 3M 公司变得伟大并使其能够再续辉煌。

（二）攻击型组织文化

攻击型组织文化往往存在于富有竞争力且盈利状况良好的企业之中，它们通常并不关注甚至是缺乏社会责任意识。这类公司通常会使用诸如“干掉我们的竞争对手”等颇具攻击性的口号，实际上它们也是这么做的。微软公司是拥有该类组织文化的典型。在与网景公司诉讼期间，一封内部邮件显示，微软采取了“切断网景的空气供给”的攻击战略，虽然将自己拖入漫长的诉讼程序，但是成功地狙击了网景公司，迟滞了网景公司爆发式的增长。为了打压 RealNetworks 公司开发的新产品 Realone，微软利用其 Windows 操作系统的支配地位，在强迫个人电脑生产商安装 Windows Media Player 的同时，对可能安装的其他同类软件设置了重重障碍，限制 RealNetworks 公司在多媒体软件市场的发展壮大，并最终导致 RealNetworks 公司在欧盟针对其提起反垄断诉讼。因极富攻击性的文化特质，微软在过去的 20 年里不得不面对竞争者大量的反垄断诉讼和相关指控。

（三）官僚型组织文化

官僚型组织文化以制度控制为核心，强调对规则的使用，要求组织事务的决策和组织的运行应当遵循事先确定的组织规范和工作流程，组织的行为结果被限定在可控的范围之内。在这类组织文化中，行为结果应当是可预测的，组织谋求对风险的规避和有效控制，不确定性规避倾向相对较高。通常情况下，组织成员被要求在做出决策或采取行动之前对即将采取的措施及其结果有充分的讨论和评估。该类文化在组织环境高度稳定、组织行为单调且频繁的公共部门中较为常见，对于身处复杂经济环境或者需要对外部环境做出灵活反应的组织而言，则难觅其踪迹。卡夫食品公司是这一类型组织文化的典型，其官僚文化中的集权主义和规则导向的一个结果就是将大批好的想法和设计扼杀于摇篮之中。

（四）人际关系型组织文化

人际关系型组织文化普遍崇尚公平、互助以及对个体权利的尊重，不仅强调组织应当以友善的态度和方式对待组织成员，也同样要求组织成员以同样的态度和方式对待利益相关者。此类文化类型组织的一个突出表现是，虽然其业绩表现不见得优异于其他文化类型的组织，但其在员工稳定性和离职率方面的表现通常优于其他文化类型的组织，其在人员招聘以及培训等人力成本控制方面的表现较为突出。星巴克是人际关系导向型组织文化的代表，该公司向员工支付高于最低工资标准的薪资，为所有兼职和全职员工提供医疗保健和学费报销福利，并为员工提供诸如每周免费咖啡等创意性质的福利。受益于这些政策，星巴克员工的离职率远低于行业平均水平。

（五）团队协作型组织文化

团队协作型组织文化强调组织成员之间的协作和合作，组织的目标、理念、知识以及成果能够在组织成员间共享。辉瑞公司人力资源副总裁凯瑟琳·多诺万（Kathleen Donovan）在接受《财富》杂志访谈时说："在大变革或者环境紧张时期，团队在组织中变得更加重要了。"如果没有团队成员间良好的协作，丰田的燃料电池部门就无法对公司第一款燃料电池汽车完成超过160万千米的道路测试。该测试项目要求每次道路测试都要持续9周的时间，其间隔只有短短3分钟的充电时间。一个总部设在美国加利福尼亚托伦斯的9人测试团队要把汽车从加拿大的耶洛奈夫开到美国加利福尼亚州的死亡谷，中间在拉斯韦加斯、旧金山和洛基山脉短暂停留。

（六）细节型组织文化

细节型组织文化的典型特征在于对工作精细度的强调和对细节的关注。苹果公司对产品细节的持续关注不仅没有影响到其产品的销售，而且一直以来都是其取得成功的因素之一。已故首席执行官史蒂夫·乔布斯在多个场合公开宣扬公司对于软硬件都亲力亲为的做法，也正因为此，苹果公司为世界带来了Mac，iPod，iPhone，iPad等突破性的产品。同样，注重细节是薄睿拓（Carlos Brito）领导的安海斯布希英博公司（Anheuser-Busch InBev）的一大特点，在拜访世界各地提供安海斯布希英博公司的啤酒的餐馆时，他会走到后台，亲自检查装着空酒瓶的箱子；在大型超市的过道上，薄睿拓也会时不时停下脚步，把箱装的啤酒拉到货架上靠前的位置，让它们更加显眼。入住率高达70%的豪华酒店丽思卡尔顿，关注关于客户需求的每一个细节，在其全球联网的档案中记载了每一个客户和丽思卡尔顿员工共同拥有的小秘密，让客户每一次入住都有回家的感觉。一位丽思卡尔顿的员工说："我们或许住不起这样的酒店，但是我们却能让住得起的人还想到这里来住。"

六、组织文化的冲突与整合

（一）组织文化的冲突

组织文化冲突是组织中不同类型、不同内容、不同区域以及不同历史阶段的文化相互接触、碰撞、对抗和竞争的过程。组织文化冲突的原因主要是构成组织文化各要素相互之间的价值诉求差异较大。组织始终处于发展和变化状态，在组织文化向内传递、向外传播的过程中，文化的冲突不可避免。2002年，可口可乐公司和雀巢公司联合推出瓶装茶饮，当时双方明确的概念是西方没有绿茶，雀巢公司只提供红茶口味的产品销售，不会去卖绿茶。但是雀巢西式茶的推广在中国消费者面前遭遇挫折，市场对于雀巢的红茶文化和西式生活并不买账，最终的市场表现还是绿茶占先。2005年雀巢转而发展绿茶，却发现市场已经是统一的天下。索尼收购了美国哥伦比亚电影公司之后，把在日本执行得很成功的企业文化和管理方式照搬到美国，可执行一两年后便出现了问题。公司为美国员工提供和日本员工一样优厚的待遇及福利，但员工的离职和跳槽事件依然持续不断地发生。索尼公司为此进行了大量调查研究，结果发现，这并不是自己公司的企业文化或战略本身有问题，也不是自己企业的管理和提供的待遇、福利有问题，而是美国人的习惯问题。美国员工习惯于在一个企业或一个岗位干上两三年就换工作或换企业，并且这种行为在美国文化中并没有任何对企业侮辱或否定的成分，也没有对员工否定或耻辱的成分，就是一种正常的社会现象。组织文化的冲突既包括同一文化圈内不同组织的文化冲突，也包括组织的跨文化冲突，还包括组织内部各组成部分的文化冲突。也正是由于冲突的存在，才推动了组织的进步和发展，促进了组织文化的繁荣。

（二）组织文化的整合

组织文化发展到一定阶段必将遭遇组织文化的变革——现有的文化因不能适应组织发展的需要而寻求突破，从而导致新文化与旧有文化共存，这必然在组织内部产生摩擦。在这种情况下，人们通常认为是组织文化出了问题，必须遵循组织文化发展的规律对组织文化进行整合。组织文化整合就是指有意识地对组织内不同的文化倾向或文化因素以及组织外部的文化环境进行有效的整理和安排，使其适应组织发展需要并与组织结合为一个有机整体的过程。组织文化整合的过程是组织成员以及各组成部分的共同意识、共同价值观调整、再造的过程。因为组织文化往往隐藏于组织成员的观念以及行为之中，组织文化的整合与组织的技术整合、管理整合相比，更加抽象，更加困难，难以进行系统整合。组织文化整合既是一个文化变迁的过程，也是文化再造和文化创新的过程。组织文化整合有两种不同的情况：其一是组织内部各文化要素的整合；其二是同一时空中不同组织文化之间的整合。在组织文化整合中，首当其冲的就是愿景观念的整合。这是因为在遭遇组织文化冲突时，组织成员往往会感到组织和自身发展的不确定因素在不断增加，恐惧、不安和安全感的丧失会对组织成员的工作效率及情绪产生影响，由此会加剧对组织文化整合的抵制。只有明确组织发展的愿景，使得原有的和新进的组织成员都能够接受和认可组织的发展战略，才有助于组织文化整合战略的逐步实施，减少可能的阻力和抵制。收购 IBM 的个人电脑部门后，联想的管理团队必须回答合并后的企业为什么比原来的 IBM 更强大，新联想未来新的发展目标是怎样的，新联想为什么有能力与戴尔和惠普这样的世界级企业进行竞争等问题。

第 2 节　组织文化设计

一、组织文化设计概述

（一）组织文化设计的原则

1. 目标性原则

组织成长遭遇挫折，多半与组织文化有着某种难以切割的联系。组织实践表明，良好的组织氛围能够推动组织的有序发展。组织文化设计的初衷既是为了解决组织发展遇到的现实障碍和潜在问题，也是为组织发展提供新的契机，创造新的条件。因此，以明确的目标作为组织文化设计的导向性原则是组织文化建设首先要考虑的问题。目标性原则要求组织文化设计在考虑当前组织环境时兼顾组织长远发展的需求；在协调平衡组织文化各组成要素之间的关系时能分清轻重缓急；在实践组织文化建设中短期目标时能够坚守组织文化长远发展规划。同时，在组织文化设计之初，应当充分利用现有的资源和条件对组织未来发展可能遭遇的风险进行科学合理的评估，尽量避免组织发展的不确定性，消除组织文化建设可能遇到的障碍。

2. 现实性原则

组织文化设计在目标原则的指引下会尽可能地考虑组织长远发展的需求，但也不可避免地受到现实条件的制约。第一，组织文化设计应当充分考虑组织所处的社会环境、发展阶段以及时代背景；第二，组织文化设计应当首先针对组织当前最需要解决的问题，确保组织的生存再谈组织的发展；第三，组织文化设计受制于现有的资源条件，特别是组织的人力条件和财务资源；第四，组织文化设计受组织发展历史、传统习惯和现有价值观的影响，难以寻求突破；第五，组织文化设计成功与否同组织文化设计者的认知水平、创造能力和执行能力也有直接的关系。因此，组织文化设计只有立足于现实，方能将设计工作落到实处，方能显现设计功效、实现设计目的。

3. 差异性原则

每个组织均有其自身的发展历史，在发展过程中因受组织环境、社会文化、行业特征以及自身历史的影响，会逐渐凸显不同于其他组织的特点，因而在设计组织文化时，应当予以充分考虑。首先，因组织的结构、构成要素存在差异，即使处于同一行业、从事同一工作、设立于同一地域，组织也会存在个性差异；其次，就组织本身而言，在不同的发展阶段，组织及其文化所呈现出的态势也不尽相同；最后，鲜明的个性特征也是组织文化的活力所在。因此，在设计组织文化时，必须时刻把握组织的个性特征，关注组织与其他组织之间的差异性；在内容选择上，切不可照搬照套，不加任何选择地参考、借鉴、照搬其他组织的文化。

4. 可操作性原则

组织文化不是装饰，不是对组织的美化和对缺陷的掩饰，组织内部深层次的、看不到的、只能够感受并通过长期的观察才能发现的问题，往往需要借助组织文化方能解决。因此，设计组织文化时，必须深入组织的各个层级、各个领域、各个部分，确保能够从现实出发，用简单朴素、通俗易懂的语言和形象生动的文字、符号提炼组织文化的内核，使组织文化的表述与组织发展的现状保持一致。在设计组织文化时，不仅要考虑到组织中高层成员的理解和接受程度，更要考虑到组织一般人员的理解和接受程度，因为他们是组织活动的主体，他们的行为和表现是组织文化最集中的体现，只有组织一般成员无障碍地贯彻组织文化、落实组织文化，组织文化才能发挥对组织建设的积极作用。

（二）组织文化设计的步骤

组织文化设计遵循流程再造的一般规律，可以细分为组织文化的整理、分析、计划、组织、实施、反馈六个步骤。

1. 整理

组织文化的整理是组织文化设计的前置条件，它将散布于组织各组成部分、各环节的文化碎片按照一定的标准收集、归类，包括组织文化内容的发现、组织文化表现形式的梳理、组织文化结构层次的归类等，承担着从组织领导者、组织参与者、利益相关者以及组织自身的行为观察组织文化，从组织的物化成果、组织与外部的沟通方式，以及组织内部使用的语言、文字、符号等方面发现、挖掘、梳理、归纳组织文化内容的工作。

2. 分析

如果收集、整理得到的组织文化没有经过精细化处理的话，本质上还是文化碎片的简单集合，对组织文化建设没有太大价值。组织文化设计者应结合组织发展的现状、组织的目标和组织行为的基本原则，对收集整理的文化碎片在系统分析的基础上做进一步的精细化处理，才能将其适用于组织文化建设，这是一个价值判断的过程。在这一阶段，需要区分组织现有的文化中哪些有利于组织的发展、促进组织的成长，哪些对组织发展不发挥作用，哪些不利于组织的发展，甚至阻碍组织的成长，并对这些文化产生和发挥作用的内在原因进行分析总结。

3. 计划

在组织设立之初，设立者对于设立组织的目的、价值和现实意义都有较为细致的规划，这是组织得以持续存在的前提。在组织文化建设过程中，同样需要对组织文化的设计工作做详细规划，弄清楚设计的目的和价值所在，准确盘点现有的资源和条件，对设计过程中可能遭遇的困难以及设计结果做客观、全面的评估，必要时还要对组织文化设计行为进行风险评估。在这一阶段，需要统一思想，确定组织文化设计的目标、原则、设计方案和实施方案。

4. 组织

计划能否按照预设的目标准确实施完全有赖于良好的组织。在组织环节，文化设计者需要将现有的、与组织文化相关的人和事安排成一个整体或是一个系统，将组织文化与组织发展融为一体。在文化的组织实施过程中，组织文化设计者要充分利用现有的组织资源和条件，对于目前尚不具备但组织文化建设必需的一些资料和条件，组织设计者还负有创造和构建的责任。

5. 实施

组织文化不仅要静态地存在、散布于组织每一个角落，还要动态地呈现于组织发展的每一个阶段和节点。静态组织文化的实施涉及组织LOGO的设计和使用，组织标准字、标准色以及文化符号等组织识别体系的构建；动态组织文化的实施涉及组织成员的行为规范、组织的行事风格、组织的内外部沟通方式以及组织与利益关系者关系的处理方式等。但无论是静态的组织文化还是动态的组织文化，只有按照设计的目标组织实施，才具备现实价值。组织文化设计的实施还涉及人员的配备和分工协作、资料的安排和优化配置。

6. 反馈

组织文化设计工作是一个循环往复的过程，反馈既是这一轮组织文化设计工作的终点，也是下一轮组织文化设计工作的起点。组织文化建设是否能够适合组织发展的需要，是否能够促进组织的发展，是组织文化设计者在设计工作启动之初就需要考虑的问题。反馈是信息的返回，组织文化设计者需要对组织文化设计和实施过程中返回的信息进行有效处理，为下一轮组织文化建设工作做好准备。

二、组织精神文化层设计

精神层面的组织文化是核心，它包括组织认可、共享的价值观及附属精神文化内容。

（一）梳理价值理念

组织价值理念又称组织核心价值观，是一个组织最重要和最持久的指导原则，是不需要任何外部证明的一系列永恒的根本信条，它在组织文化诸要素中起着核心作用。在论及价值理念的重要性时，美国著名的广告业巨头奥美国际公司原首席执行官夏兰泽（Shelly Lazarus）认为："营销的诀窍仅仅在于找到世界承认的核心理念。你找到这一普遍性的理念，然后就把它作为你所做一切的核心。"凯尔蒂戈德史密斯国际咨询公司董事安东尼·史密斯（Anthony Smith）和美国国家地理频道原总裁蒂姆·凯利（Tim Kelly）研究后认为：麦肯锡公司、迪士尼公司、微软公司等以"保留优秀人才"作为核心价值观，并"在核心价值观上建立了自己的公司文化，因而避免了危机"。赫曼米勒公司（Herman Miller）原总裁兼首席执行官迈克·沃尔克玛（Mike Volkerma）也说："优秀的领导者必须拥有一套不妥协的核心价值观，这些价值观使他们在最困难的时候能够做出正确的决策。"

具体来看，组织价值理念主要反映了对股东、员工、客户、社会利益的处理方式。譬如，如何看待短期回报与长期回报；如何在股东与员工之间实现利益分配平衡；如何看待组织与社会的依存关系；如何看待企业对客户在产品、技术、服务、质量上的承诺；如何关注员工收入、福利、个人职业生涯、工作与生活的平衡等。

（二）勾勒组织愿景

组织愿景是组织对未来发展目标的总体性概括和认识，它回答了"我们想成为什么"这个最根本的问题。1977年，诺基亚的总裁卡拉莫（Kar Kanvmo）提出的诺基亚的企业愿景曾经在很长一段时间内激励着诺基亚人——让现实的发展服务于理想。诺基亚也坚信自己"现实理想主义"的发展特征。有什么样的初衷就会有什么样的文化扦插方式，也会有什么样的成长历程。1984年，在德国人夸赞烟花爆竹是中国在德国最畅销产品时，张瑞敏深受刺激，决心创造出世界级的中国产品。经过深思熟虑之后，他打出了"海尔——中国造"的口号，要和世界一流产品一比高低。此后，海尔以品质为基础，瞄准海外市场，首先确立自己在德国的市场地位。经过艰辛的努力和大胆的探索，海尔决定在美国设立工厂，依托美国市场打入国际市场，拉开"海尔——中国造"的序幕。

（三）确立组织使命

组织使命是一个组织存在的理由，描述组织在什么领域为人类社会提供有价值的产品与服务。一个有效的使命告诉组织内部的成员和社会大众，"除了赚钱，我存在的价值和存在的意义还有什么"，它更多地体现了组织存在的理想主义动机。20世纪20年代，AT&T的创始人提出"要让美国的每个家庭和每间办公室都安上电话"。比尔·盖茨在描述微软的使命时如法炮制，"让美国的每个家庭和每间办公室桌上都有一台个人电脑"。美国著名管理学家彼得·德鲁克从战略角度定义企业使命时认为，企业使命应当能够系统地回答"我们的事业是什么""我们的顾客群是谁""顾客的需求是什么""我们用什么特殊的能力来满足顾客的需求""如何看待股东、顾客、员工、社会的利益"这一系列问题。

（四）坚守组织伦理

组织伦理是组织追求的道德规范和道德准则，它主要处理并调整组织内部成员、组织与社会、组织与利益相关者之间的关系。王石在谈到万科的社会责任时说，万科从成立之初就有句口号，叫不行贿。当时也有人在说：不行贿怎么做房地产生意？事实证明，我们不行贿不仅做成了房地产生意，还做成了全球最大的住宅开发商。个中辛酸，不足为道。对待组织伦理的态度事关企业的生死。2001年美国安然公司因关联交易以及被披露发布虚假财务报告而最终倒闭。2002年世通公司、美国第七大保险公司Conesco、环球电讯、Adel均因财务丑闻而申请破产。曾屡次创造利润神话、一度号称"中国第一蓝筹股"的银广夏，因伪造经营业绩、虚报财务报表而受到中国证监会的处罚。丑闻公司的失败有相同之处，即它们的商业行为均与其标榜的企业核心价值观相违背，欺骗了市场、投资人和客户，违背了诚信这一最为基础的商业道德准则。即使丑闻企业或者其负责人能够侥幸逃脱法律的制裁，最终也会因为违背商业诚信和企业伦理而为市场所抛弃。

组织伦理也确定了组织的管理风格（控制型、授权型、全方位），个人、团队之间的合作与竞争取向和组织对待产品、技术、质量的态度。

（五）塑造组织精神

组织精神作为支持组织实现愿景并维护组织形象的思想动力，是组织在生产经营活动中，通过领导者的宣传教育和组织成员的积极参与而逐步形成，并且为组织成员所认同的一种健康向上的群体意识，比如奉献精神、团队精神、协作精神、服务精神、爱国精神、感恩精神等。团队协作、集体奋斗是华为企业文化之魂。华为公司允许个人主义存在，但必须融入集体主义之中。华为强调团队合作，其团队精神的核心就是互助，与同事合作是华为考核表单的一个关键要素，即使遇到投诉也是对事不对人，解决问题的方式就是自我反省和与人沟通，通过毫无保留的沟通，员工凝聚力不断增强，团队协作能力显著提升。也正因为此，狼的忠诚、群聚特性和团队合作精神不仅为华为所推崇，而且是华为精神的真实写照。

三、组织制度文化层设计

组织制度也是组织文化的载体，二者密不可分却又各有侧重。组织文化所要体现的价值观、理念往往要通过制度加以强化和体现。因此，制度设计也属于广义的组织文化设计。由于前面已谈过组织制度设计，此处从略。

四、组织行为文化层设计

（一）建立行为规范

行为规范是行为的准则、原则等的统称，是对组织成员的行为进行约束、评价的尺度和标准。行为规范体系建立在理念体系基础上，用以规范组织内部行为，引导、监督并约束组织成员的一切活动，使组织所倡导的价值理念通过组织成员的行为体现在组织生活和组织实践中，是组织成员在言论、行动等方面所依据的原则。在通用电气公司流传着这样一个故事——下班了公司总裁还在实验室穿着白大褂做实验。有位员工来实验室锁门时看见了总裁，由于不认识自己的老板，他皱着眉高声质问道："昨天晚上你没有关灯就走了吗？"总裁承认："哦，我想可能是我。"员工斥责说："你不知道公司正在执行节能计划吗？总裁特别提醒要注意关灯。""对不起，我下次注意一定改正。"总裁回答。两天后，该员工碰到总裁。此时总裁西装革履，胸前佩戴姓名卡。员工大吃一惊，然而令人没有想到的是，他非但没有被解雇，而且因为严格执行公司节能减排的制度和敬业精神受到称赞。通过这一事例，公司所有员工普遍意识到遵守公司行为规范的重要性，也意识到公司价值理念需要在每一个组织成员的行为中得以体现。

（二）确立风俗仪式

典礼和仪式是"组织精心策划的有计划的活动，通常以能给参加者带来某种利益的方式举行，被视为组织中不平常的事件"[①]。它能够使组织成员清楚地了解所发生事情的重要性，组织通过这一形式将组织文化、价值理念和行为规范正确地向组织成员以及组织利益相关者传输。最常见的典礼仪式包括入门仪式、融合仪式以及强化仪式。[②]《水浒传》第 11 回中，

---

① 理查德·达夫特．组织理论与设计：第 11 版．北京：清华大学出版社，2014：413.

② 陆雄文．管理学大辞典．上海：上海辞书出版社，2013：55.

王伦要求林冲拿一个人头来当见面礼，此即所谓的“投名状”，是梁山好汉入绿林时必须签署的一份生死契。有了“投名状”便落草为寇，而摆脱“投名状”的方法只能是接受官府的招安。一家名叫温柔巨人的搬家公司的入门仪式是在体育场跑步，公司首席执行官拉里·奥图尔将员工入职仪式设在哈佛大学体育场，只有完成跑步仪式才能成为温柔巨人的员工。玫琳凯·艾施被认为是20世纪美国最伟大的工商界领袖之一。玫琳凯公司的成功很大程度上应归功于玫琳凯·艾施通过隆重的典礼仪式将公司的经营理念和组织文化灌输给自己的员工。在一年一度的公司庆功会上，销售代表将得到各种形式的奖励，如粉红色卡迪拉克、豪华环球旅行、黄金钻石手镯等。认可员工的最高形式是玫琳凯·艾施本人的赞赏。

此外，纪念日、节假日、目标达成、娱乐活动（体育比赛、文艺比赛、劳动竞赛）、交流礼仪（座位、站位、称谓、激动的可容忍程度）、赞赏礼仪（奖品、奖章、礼物）、聚餐（正式交流、非正式交流）、工作程式（早操、集会唱歌、领导训话、祭奠、准备）、事务处理原则（常规、例外事务）都可以成为组织文化的载体和表现方式。

（三）树立英雄榜样

英雄人物是组织文化的人格化，往往是组织对行为文化的归纳、抽象和总结，是组织文化的象征。在特伦斯·迪尔和艾伦·肯尼迪看来，“英雄角色体现了文化价值，通过长年累月地讲述这些英雄人物，把他们作为角色榜样或者活生生的公司标识，通过他们的言辞和行为来表现公司热切的理想”。英雄人物代表着组织所推崇、赞赏并期望的行为模式，他们是组织对于组织成员行为与组织价值观之间完美契合的一种情境假设，属于组织行为文化应然状态的内容。在诺德斯特龙公司流传着这样一个传奇故事：男装推销员范·门萨（Van Mensah）某日收到一封顾客来信，信中说误将12件新衬衣在热水中洗涤了，结果这些衬衣全部缩水，他想知道门萨有没有办法帮助他解决这个难题。门萨立即给这位远在瑞士的顾客打电话，通知他一打与原衬衣同型号、同样式和同颜色的衬衣已于当日寄出，并代公司向他致以问候。① 在高盛公司内部也流传着西德尼·温伯格（Sidney Weinberg）的故事，他没有名牌大学学位和MBA学位，从保安助理干起，一路升为高盛的一把手，直到77岁去世。温伯格执掌高盛长达40年，是高盛历史上贡献最大、任职一把手时间最长的金融家，有人把他称作“华尔街先生”，为高盛扭转了数次危机，开发了福特汽车、通用电气这些“巨无霸”客户。

企业英雄是企业价值观的化身，是组织力量的缩影，是企业文化的代表人物。从企业中发现和塑造企业英雄，是彰显企业文化特色的有力手段。英雄人物往往是企业的先进典型、开拓型人才、革新迷等。英雄人物是振奋人心、鼓舞士气的导师，是众人仰慕的对象，他们的言行体现着企业的价值观。他们不一定担任企业的高级职务，也许算不上出类拔萃的人才，但在他们身上体现着企业所要弘扬的某些精神，具有强大的号召力，成为企业文化的一个代表性“符号”。对内来说，企业英雄是员工心目中有形的精神支柱；对外来说，企业英雄赋予企业文化以特色，使企业在公众心中具有形象感和亲和力。

五、组织物质文化层设计

（一）企业标识设计

企业标识是企业的文字名称、图案或文字图案相结合的一种平面设计。标识是企业整

① 张明玉，等．管理学．北京：科学出版社，2005：148.

体形象的浓缩和集中表现，是企业目标、企业哲学、企业精神等的凝聚和载体。企业标识的重要功能是传达企业信息，即通过企业标识让社会公众（包括员工、用户、供应商、合作者、传播媒介等）产生对企业的印象和认知。企业标识通常由企业名称、企业标识、企业标准字、企业标准色四个基本要素及其他各种辅助设计组成。企业标识设计常见的方式有：（1）表音形式，即由企业名称的关键文字或某些字母组合而成；（2）表形形式，即由比较简明的几何图形或象形图案组成；（3）表音表形形式，即把音形结合起来，为大多数企业所采用。

（二）组织环境设计

良好的企业物质环境不但能够给置身其中的员工以美的享受，使他们心情舒畅地投入工作，而且能够充分反映企业的文化品位。一个组织的标志性建筑、建筑风格、布局、装饰、绿化、美化、环保、标语、警示、厂容、厂貌等内容都成为与组织文化互动的特征。工作现场的布置、装饰、整洁度，工作场所的便利程度、个性化、愉悦程度都可以体现出一个组织对待人的态度。因此，对组织环境的设计和改造是组织物质文化层设计不可忽视的内容，在设计时要按照功能区分、整体协调的原则，实现人与环境、人与自然的和谐。

（三）产品形象设计

产品和服务是组织与社会发生关系的纽带，人们往往是通过组织所提供的产品和服务来认知组织的。组织为消费者提供安全、可靠、持久、创新的产品和服务，可以对组织形象的塑造发挥巨大的作用。从审美角度、便利角度入手，产品的颜色、形状、结构、风格、使用便利性、舒适性、个性化，都可以成为组织文化的载体。良好的产品和服务是组织文化的标签，甚至在某种意义上，组织所提供的产品和服务不仅是组织的象征符号，也可以上升到民族文化的层次，代表一个国家的形象。

（四）品牌形象设计

品牌具有区分功能，能够将组织提供的产品和服务与其他组织提供的相同或类似的产品和服务区分开来。同时，品牌也是信誉和品质的保证，反映了组织所信奉的理念和核心价值观，良好的品牌不仅能够维持一定数量的消费群体，还能发挥竞争优势。品牌形象设计应在产品质量上下功夫，在售后服务上多努力，应具有独特性和鲜明的个性特征，品牌的图案、文字等应与竞争对手有区别，代表本企业的特点。

六、企业形象设计

企业识别系统（corporate identity system，CIS）是组织文化建设的重要组成部分，具体包括理念识别（mind identity，MI）、视觉识别（visual identity，VI）、行为识别（behavior identity，BI）。其中，MI 和 BI 主要是对组织持有的价值观念、使命承担、行为方式等要素进行规范，前面已有论述，在此只对 VI 设计加以论述。

VI 设计就是要将与组织文化相关的信息，如名称（企业、品牌、产品、称谓）、标识（商标、标志物、代言人）、LOGO、企业标准色等有机地组织在一起，形成以视觉冲击为主的组织标签。

（一）VI 设计原则

VI 设计原则主要体现在以下几个方面：

（1）战略性原则：应立足当前，放眼长远。它绝非是1～2年的近期规划，而是企业未来10年、20年甚至更长时间的具体发展步骤和实施策略。

（2）适应性原则：组织文化的外在符号要符合现行法律法规，要与当地风土民俗相兼容，既要迎合时代潮流，又要确保相对稳定。

（3）民族性原则：创意、策划、设计工作的基础应该立足于民族文化传统、消费心理、审美习惯、艺术品位等，如此才有可能为公众所认同从而获得成功。

（4）知识性原则：要与消费者、受众的知识水平相适宜，尽量采用文字、图形或者二者结合的方式呈现给受众。

（5）可呼性原则：文字商标容易被称呼。

（6）易识性原则：要明确、简单，同时具有强大的表现力，让人过目难忘。

（7）美观性原则：要具有艺术性，符合受众的审美情趣。

（8）普适性原则：要能够广泛应用于建筑、产品、包装、办公用品。

（二）VI设计的核心：LOGO

LOGO是徽标或者商标（logotype）的缩写，起到对LOGO拥有公司识别和推广的作用，通过LOGO可以让消费者记住公司主体和品牌文化。

在竞争日益激烈的全球市场上，严格管理和正确使用统一标准的公司LOGO，将树立一个更有效、更清晰和更亲切的市场形象。LOGO是人们在长期的生活和实践中形成的一种视觉化的信息表达方式，具有一定含义并能够使人理解，具备简洁、明确、一目了然的视觉传递效果。它是一门实用性很强的专门学科，涉及心理学、美学、色彩学等领域。在生活实践中经过提炼、抽象与加工，集中以图形的方式表现出来，并且表达一定的精神内涵，传递特定的信息，形成人们相互交流的视觉语言。LOGO作为一种识别和传达信息的视觉图形，以其简约、优美的造型语言，体现着品牌的特点和企业的形象。

LOGO作为CIS战略的最主要部分，在企业形象传递过程中是应用最广泛、出现频率最高，同时也是最关键的元素。企业强大的整体实力、完善的管理机制、优质的产品和服务，都应涵盖于LOGO中。

（三）VI设计标准色、标准字的选择

要恰当地选择色彩、明度、彩度、冷暖色调，与组织理念、战略相符。标准字的设计要确保识别性、易读性、艺术性、延展性、系统性。

（四）VI设计的全覆盖性

VI设计要尽量覆盖到组织的每个角落，包括：（1）办公用品：名片、信函系列、办公用纸系列、证书、卷宗、笔记本、手袋系列；（2）证件系统：工作证、名牌、徽章、臂章；（3）账票系统：单据、通知、报表；（4）制服系列：冬夏服饰及佩饰；（5）指示符号系列：指示、警示、告示、招牌；（6）办公环境：办公设备、桌上用品、空间设计；（7）交通工具：公务用车等；（8）产品应用：商标、包装系列、标签、说明书；（9）广告应用系列：报纸、杂志、电视、电台、海报、灯箱、宣传品；（10）公司出版物、印刷品：内部刊物、奖状、报告等。

□ 本章小结

就组织文化概念的表述而言，组织文化学者并未将其与企业文化做严格区分，两者在概念层面经常互换，从某种意义上可以说，对企业文化的深入研究奠定了组织文化理论研究的基础。本章尝试通过对比不同学者对组织文化的表述来重新定义组织文化的概念，但因组织文化结构的复杂性和内容的广泛性，最终选择通过对其结构和组成要素的梳理来界定组织文化，而不是直接给出概念。就组织文化的结构而言，理论界有二层次、三层次和四层次之分，但无论以何种标准、何种方式进行划分，其目的均在于希望通过合理的结构分层来揭示构成组织文化的各要素的内容及其相互之间的关系。组织文化具备一般文化形式的共性，自然也遵循文化从感知、服从到认同、内化的形成过程，组织文化每一阶段的深入发展都与其自身所具备的功能以及对组织成长和发展所产生的作用密不可分。从组织文化的功能上讲，组织文化与组织成员的发展、组织的绩效、组织凝聚力以及组织的稳定性之间存在正相关关系，这也是组织进行文化设计和文化建设的一个重要原因。组织进行文化设计时通常出于两方面原因的考量：其一，组织现有的文化成为组织发展的障碍；其二，组织现有的文化不能适应组织发展的需求。因此，组织文化设计必须结合组织发展的需求，遵循特定的原则，按照既定的程序和标准实施才能保证组织文化设计落到实处。组织文化设计包含精神文化层的设计、制度文化层的设计、行为文化层的设计和物质文化层的设计，在所有的设计中，企业识别系统的设计最具典型性和代表性。

□ 关键术语

文化　文化分层　文化要素　价值观　企业识别系统

□ 复习题

1. 组织文化有哪些特性？
2. 霍夫斯泰德是如何对组织文化进行分层的？
3. 企业并购中的文化冲突主要有哪些表现形式？
4. 进行组织文化设计时应当考虑哪些问题？
5. 组织文化设计的内容有哪些？

案例分析

A. O. 史密斯：成就跨国企业成功典范

2016年，在由《财富》评选的“年度商业领袖”榜单上，一些互联网巨头以优异的经营业绩表现名列其中。而同样引人瞩目的，还有这样一位低调与实力兼备的上榜者——阿吉塔·拉金德拉（Ajita Rajendra），A. O. 史密斯历史上第9任首席执行官，在榜单50强中位列第34名。值得一提的是，由拉金德拉执掌的A. O. 史密斯公司是唯一一个入选的家电制造公司，这对于整个家电行业而言都意义非凡。

拉金德拉的入选绝非偶然。事实上，在担任热水器制造商A. O. 史密斯首席执行官的4年里，拉金德拉不仅带领这家总部位于美国威斯康星州密尔沃基的水系统制造巨头保持了强劲的增长势头，实现了利润翻番，还使其股价增长至原先的三倍；除了北美“大本营”，中国市场更是强劲增长，已然成为行业范本。

毋庸置疑的是，作为本次榜单评选的重要维度之一，A. O. 史密斯近三年的市场领跑能力令人惊喜。拉金德拉继任首席执行官时恰逢全球家电市场整体步入调整期，行业增长明显放缓，但如果纵观 A.O. 史密斯 2016 年度的财务表现、股票市值，以及企业领导者的形象和业内深刻影响力，会发现在倍感压力、市场价格竞争激烈的家电行业，惯以低调示人的 A.O. 史密斯却不负众望地递交了一份逆市成绩单，在业内呈压倒之势。

创纪录的销售额和收益

作为 1936 年进入热水器生产领域、至今已拥有 140 多年传奇历史的领军家电企业，A.O. 史密斯公司以其创新技术及节能解决方案应用于产品的高超能力，成为产品行销世界各地的知名企业。如今，它已成长为北美最大的家用和商用热水设备、水处理及锅炉制造商之一，其热水器及供热系统赢得了众多消费者的青睐。

截至 2016 年底，A.O. 史密斯全球营业额达到 26.9 亿美元，营利性增长促成 5 年累计总股票回报率达到 427%，并持续实现创纪录的销售额和收益。

报告显示，2016 年，中国国内热水器零售市场共有 14 个品牌的零售额超过了 1 亿元，合计达 114.82 亿元，占比达市场总量的 91.9%。其中，A.O. 史密斯以 32.13 亿元的业绩稳居首位。

这份成绩单与拉金德拉的市场战略布局密不可分。“进入 50 强榜单，是因为符合入选标准，这是对公司、品牌的认可。我们不会只重视短期利益，关注的一定是长久的发展。所以我们在人员、技术和新的品类上不断投入，就是为了实现长久的发展。”他表示，如今，A.O. 史密斯全球雇员近 1.55 万人，在全球 10 个国家和地区拥有 26 家工厂及分支机构；而作为公司总部于 1998 年投资成立的位于南京经济技术开发区的独资公司，艾欧史密斯（中国）热水器有限公司已拥有完善的研发、生产、销售及服务一体化的现代化管理体系，产品跨家用、商用两大领域。如今，公司在中国热水、净水领域都做到了行业第一，是近 20 年来在中国市场表现最稳定且唯一保持份额持续上升的外资品牌。

深耕细作，践行核心价值观

谈及引领企业持续辉煌 140 多年的核心价值观，拉金德拉本人与 A.O. 史密斯公司高级副总裁兼 A.O. 史密斯（中国）投资有限公司总裁丁威都提到了四个字：不惧改变。在消费升级趋势日益显现的形势下，A.O. 史密斯决胜市场的重要因素之一就在于：在深耕细作的同时保持高度敏锐的嗅觉，并适时果断地出击。

品质是 A.O. 史密斯的核心所在。据了解，早在 20 世纪 20 年代，A.O. 史密斯工程师和销售人员的比例就高达 500∶8；如今，包括新启用的全球超级产研基地在内，公司总投资额高达 1.8 亿美元。

对于这个以研发为导向的家电大鳄而言，研发工作每天都在进行。A.O. 史密斯中国公司拥有近 500 名研发人员——他们的日常工作便是设计新产品，抑或钻研新技术。公司拥有庞大的工程师团队，专业团队则负责研究各行业的难题，他们把行业的难题按照优先顺序排列出来，由工程师团队从这些难题里选择，并进行相应的攻关。也正因如此，尽管 A.O. 史密斯在市场推进上大步流星，但仍得以在前期技术储备和后期持续改进上维持深耕细作，也在一定程度上促进了品牌的“年轻化”。

拉金德拉不乏骄傲地表示：“这是我们在行业内保持领先地位的秘诀。我们要保证向用户提供最好的产品，所以必须投入研发，而且要坚持不懈地投入。而这也将使我们获益，始终优于竞品。”

毋庸置疑的是，A.O. 史密斯始终保持独到的眼光及高效的执行力。比如，由于盈利状况不佳，集团果断剥离了拥有90余年历史的车架业务，以及拥有近50年历史的电机业务。纵观拉金德拉的市场布局策略，也可以发现其在数次收购中起到了关键作用——最引人注目的是2011年收购了烈骑（一家高效锅炉和热水设备的领先制造商）；2016年8月又收购了水净化产品公司Aquasana。此外，还于2010年在印度市场推出水处理业务。

“当某个品类变得普及或没有新的增长机会时，集团就会选择合适的时机，积极拓展进入全新的品类。”拉金德拉说，“纵观A.O.史密斯的历史，我们经手的业务有很多，从婴儿车到汽车车架等。如今，我们成功转型为水技术公司。”

的确，集团的探索从未止步，其中还包括对本土消费者需求的深入洞察。谈到给自己留下深刻印象的一项专利时，拉金德拉与丁威提及了集团在净水领域的成果。在多数欧洲国家，水质本身较高，净水产品主要是为了改善口感，大部分使用活性炭技术。不过，近年中国工业污染严重，各种有机物、无机物、重金属导致河水、地下水受到了污染，使得消费者意识到了饮用水的不安全，对净水产品的接受度走高。

A.O.史密斯看到了中国消费者的需求，研制净水产品。针对中国水质污染严重的现状，A.O.史密斯调研发现，解决重金属污染是消费者的当务之急。A.O.史密斯2009年进入净水市场，在当时净水行业还处于各类技术流派分割市场的情况下，A.O.史密斯明确提出，反渗透技术是目前消费者饮水安全问题最有效的解决方案。目前，反渗透净水机已成为净水市场绝对的主流产品。

新进上市的采用A.O.史密斯专利的MAX 3.0 plus长效反渗透净水机，一举将净水产出率提高至75%，实现了净水的高水效，反渗透膜寿命长达3年。这款产品成功改写了行业标准，引领了净水机的技术潮流。

尽管已经成为行业第一，A.O.史密斯认为，目前的反渗透技术仍然有难点要攻克。“净化后的水如果放置一段时间，仍存在细菌滋生的情况。所以在如何时刻保持饮用水的新鲜和安全方面，我们仍在进行技术攻关，以期找到最佳的解决方案。”丁威表示。

与此同时，除了净水领域，空气净化技术也成为企业进化的一大里程碑。然而，空气净化不同于水质净化，季节性和不稳定性是其最大的特点，并且消费者无法直观体验到产品的性能优劣。基于此，A.O.史密斯开始立项开发改善用户体验的产品。

“我们已实现了精准的PM 2.5实时数字监测显示。”丁威指了指立在身边的A.O.史密斯空气净化器说。其采用的技术为应用于工业无尘室的激光传感器，它可以通过米氏光散射原理（激光物理投影技术）精确计算颗粒物的大小及浓度，将红外传感技术与激光传感技术整合为一体——既有激光传感器监测精确的优势，又保留红外传感器寿命长久的特点，从而可以让消费者能最直观地看到空气净化器的实际净化效果，对空气质量有一个明确的感知。

A.O.史密斯进入空气净化行业虽然只有三年时间，但凭借对消费者的深度洞察和对产品的创新研发，市场占有率逐年提升，获得消费者和行业的一致认可。如今公司正试图通过净化技术、传感器来实现测量包括甲醛在内的指数。“我们有信心在空气净化上有明显的技术突破或创新，超过其他对手，哪怕它们在空气净化领域的历史比我们长很多。”丁威表示。

不仅如此，A.O.史密斯采取全球视角，将先进技术共享于全球。在中国研发的新技术也将陆续引入美国等其他市场。

143年后再续传奇

对于研发的投入是否充分？对于人员的投入是否充分？是否真的确定团队成员清楚了解发展战略以及核心价值观？这是拉金德拉经常思考的三个问题。

交谈中我们了解到，A.O. 史密斯年均产出的大小专利可达百项之多，对于一个以“工匠精神”为立足之本的企业，其高超专利技术无疑在一定程度上成了支撑其领跑市场的原动力。据悉，在中国申请专利时有实用新型专利和发明专利两种选择，A.O. 史密斯更看重的是“不容易被模仿”的后者，这部分专利有力地保护了企业的价值诉求。

面对当前中国家电行业遭遇的集体阵痛，拉金德拉依然保持乐观态度，他表示非常看好中国经济的长期增长前景，未来仍将继续加大在中国市场的投入，推动中国家电制造业的升级，为中国消费者带来具有更好使用体验的家电产品。

严守商业道德、不断创新的传统、精准的洞察力以及百年如一的“工匠精神”，正带领A.O. 史密斯中国公司稳健前进，而其“不惧改变”的巨大魄力也仍将为其指引方向，续写未来。

“我们不能为成功而沾沾自喜，因为有很多对手无时无刻不在想着超越我们。”拉金德拉说，“即使在顺境中，我们也要保持警醒和质疑的态度，求新思变。我们要站在对方的角度来看清局势。”

资料来源：栾永斌．企业文化案例精选精析．北京：中国社会科学出版社，2008：193－196.

思考题

1. 你认为A.O. 史密斯在其140多年的发展历程中，获得成功的最主要原因是什么？
2. 你认为A.O. 史密斯“不惧改变”的信条是如何确保其在跨国商业活动中取得成功的？
3. A.O. 史密斯的企业文化对中国家电企业有什么样的启示？

参考文献

[1] 泰勒．科学管理原理．北京：机械工业出版社，2007.

[2] 斯蒂芬·P. 罗宾斯，等．管理学：第 11 版．北京：中国人民大学出版社，2012.

[3] 理查德·达夫特．组织理论与设计：第 11 版．北京：清华大学出版社，2014.

[4] 彼得·杜拉克．杜拉克论管理．海口：海南出版社，2001.

[5] 梅雷迪思·贝尔滨．未来的组织形式．北京：机械工业出版社，2001.

[6] 许玉林．组织设计与管理．2 版．上海：复旦大学出版社，2010.

[7] 苏勇，何智美．现代组织行为学．2 版．北京：清华大学出版社，2011.

[8] 朱勇国，孔令佳．组织设计与岗位管理．北京：首都经济贸易大学出版社，2015.

[9] 彭剑锋．人力资源管理概论．2 版．上海：复旦大学出版社，2011.

[10] 中国就业培训技术指导中心．企业人力资源管理师（二级）．2 版．北京：中国劳动社会保障出版社，2007.

[11] 邵冲．管理学案例．北京：清华大学出版社，2006.

[12] 刘松博，龙静．组织理论与设计．2 版．北京：中国人民大学出版社，2009.

[13] 武忠远，马勇．管理学．北京：高等教育出版社，2012.

[14] 李方华，李庆场，步建东．管理思想史．沈阳：东北大学出版社，2003.

[15] 郑石桥，马新智．管理制度设计理论与方法．北京：经济科学出版社，2004.

[16] 马仁杰，等．管理学原理．北京：人民邮电出版社，2013.

[17] 迈克尔·波特．竞争战略．北京：中信出版社，2014.

[18] 徐炜．企业组织结构——21 世纪新环境下的演进与发展．北京：经济管理出版社，2008.

[19] 郭红玲．论泰罗科学管理理论的基本特点和借鉴意义．四川师范大学学报（社会科学版），1998（4）：133－141.

[20] 周成仓．泰勒的科学管理思想对现代管理理论的重要影响．青海师范大学民族师范学院学报，2006（2）：58－59.

[21] 铁真．泰勒科学管理理论的辩证思考．武汉：华中师范大学，2012.

[22] 罗珉．泰罗科学管理的遗产及其反思兼纪念《科学管理原理》诞生 100 周年．外国经济与管理，2011（9）：1－10.

[23] 周颖洁，张长立．试析西方组织理论演变的历史逻辑．现代管理科学，2007（5）：68－69，80.

[24] 原毅军．企业组织结构创新与管理咨询业发展．中国软科学，2000（11）：101－104.

［25］彭璧玉．组织生态学理论述评．经济学家，2006（5）：111－117.

［26］梁磊，刘桦．组织生态学理论与应用——2011组织生态学学术会议论文集．北京：科学出版社，2012.

［27］赫伯特·西蒙．管理行为．北京：机械工业出版社，2014.

［28］凡勃伦．有闲阶级论：关于制度的经济研究．武汉：武汉大学出版社，2014.

［29］约翰·康芒斯．制度经济学．北京：华夏出版社，2013.

［30］道格拉斯·C. 诺思．制度、制度变迁与经济绩效．上海：格致出版社，上海三联书店，上海人民出版社，2014.

［31］理查德·斯科特．制度与组织——思想观念与物质利益．北京：中国人民大学出版社，2010.

［32］罗伯·高菲，盖瑞士·琼斯．公司精神——决定成败的四种企业文化．哈尔滨：哈尔滨出版社，2003.

［33］罗纳德·H. 科斯．企业、市场与法律．上海：格致出版社，上海三联书店，上海人民出版社，2014.

［34］张维迎．理解公司：产权、激励与治理．上海：上海人民出版社，2014.

［35］宁向东．公司治理理论．北京：中国发展出版社，2006.

［36］刘汉民．企业理论、公司治理与制度分析．上海：上海三联书店，上海人民出版社，2007.

［37］杨锡怀，等．企业战略管理——理论与案例．3版．北京：高等教育出版社，2010.

［38］兰杰·古拉蒂，安东尼·J. 梅奥，尼汀·诺里亚．管理学．北京：机械工业出版社，2014.

［39］吉尔特·霍夫斯泰德，格特·扬·霍夫斯泰德．文化与组织：心理软件的力量：第2版．北京：中国人民大学出版社，2010.

［40］栾永斌．企业文化案例精选精析．北京：中国社会科学出版社，2008.

［41］王关义，等．现代企业管理．3版．北京：清华大学出版社，2012.

［42］张德，潘文君．企业文化．2版．北京：清华大学出版社，2013.

［43］埃德加·沙因．组织文化与领导力：第4版．北京：中国人民大学出版社，2014.

［44］周三多．管理学．3版．北京：高等教育出版社，2010.

［45］姜付秀，肯尼思·A. 金，王运通．公司治理：西方理论与中国实践．北京：北京大学出版社，2016.

图书在版编目（CIP）数据

组织理论与设计/陈俊梁等编著．—2版．—北京：中国人民大学出版社，2019.1
21世纪工商管理系列教材
ISBN 978-7-300-26645-9

Ⅰ.①组… Ⅱ.①陈… Ⅲ.①企业管理-组织管理学-高等学校-教材 Ⅳ.①F272.9

中国版本图书馆CIP数据核字（2019）第005492号

21世纪工商管理系列教材
组织理论与设计（第2版）
陈俊梁　袁　炜　陆静丹　编著
Zuzhi Lilun yu Sheji

出版发行	中国人民大学出版社		
社　　址	北京中关村大街31号	邮政编码	100080
电　　话	010－62511242（总编室）		010－62511770（质管部）
	010－82501766（邮购部）		010－62514148（门市部）
	010－62515195（发行公司）		010－62515275（盗版举报）
网　　址	http://www.crup.com.cn		
经　　销	新华书店		
印　　刷	固安县铭成印刷有限公司	版　　次	2015年9月第1版
开　　本	787 mm×1092 mm　1/16		2019年1月第2版
印　　张	14.75 插页1	印　　次	2025年1月第6次印刷
字　　数	368 000	定　　价	49.00元

中国人民大学出版社　管理分社

教师教学服务说明

中国人民大学出版社管理分社以出版工商管理和公共管理类精品图书为宗旨。为更好地服务一线教师，我们着力建设了一批数字化、立体化的网络教学资源。教师可以通过以下方式获得免费下载教学资源的权限：

- ★ 在中国人民大学出版社网站 www.crup.com.cn 进行注册，注册后进入“会员中心”，在左侧点击“我的教师认证”，填写相关信息，提交后等待审核。我们将在一个工作日内为您开通相关资源的下载权限。
- ★ 如您急需教学资源或需要其他帮助，请加入教师 QQ 群或在工作时间与我们联络。

中国人民大学出版社　管理分社

教师 QQ 群： 648333426(工商管理)　114970332(财会)　648117133(公共管理)

教师群仅限教师加入，入群请备注（学校＋姓名）

联系电话： 010-62515735，62515987，62515782，82501048，62514760

电子邮箱： glcbfs@crup.com.cn

通讯地址： 北京市海淀区中关村大街甲 59 号文化大厦 1501 室（100872）

管理书社　　人大社财会　　公共管理与政治学悦读坊